复旦中文系
文艺学前沿课堂系列

朱立元　主编

现代美学史简论

Essays on the History of Western Modern Aesthetics

〔美〕保罗·盖耶　著
刘旭光　等译

商务印书馆
The Commercial Press

Paul Guyer

Essays on the History of Western Modern Aesthetics

© The Commercial Press, 2025

The copyright of the Chinese edition is granted by the Author.

本书中文翻译版权由作者本人授权出版。

保罗·盖耶（Paul Guyer），1974年获哈佛大学哲学博士学位，曾长期在宾夕法尼亚大学任教，现为布朗大学教授、《剑桥康德研究指南》主编，曾任美国美学协会主席。主要研究领域为康德哲学、现代哲学和美学史。著有《康德与鉴赏的主张》《康德与知识的主张》《康德》《康德的道德形而上学基础》《知识、理性和趣味》《现代美学史》等。

总 序

"复旦中文系文艺学前沿课堂系列"第一批(三本)2018年由商务印书馆出版后,受到学界和大学文科师生的普遍欢迎,我感到非常高兴,觉得我们这件事做对了,做好了。记得当时我说过,这是一件有助于我们文艺学学科和我们的教学科研在国际化方面迈出实质性步伐的大事,现在看来得到了证实。这三部著作的出版确实起到了记录国外学者在复旦讲课的精彩内容、展示复旦中文系文艺学学科拓展国际学术交流具体实绩的作用。

现在,我们将继续推出第二批译著,也是三本。2019年,我们邀请了美国学者保罗·盖耶(Paul Guyer)教授、保罗·考特曼(Paul Kottman)教授和法国学者贝尔唐·韦斯特法尔(Bertrand Westphal)教授来复旦中文系做系列讲座,每人8—12讲。在征得他们同意后,我们将三位专家的讲课内容整理、翻译成中文,每人出一本。众所周知,我们文艺学学科的创建者蒋孔阳先生是我国德国古典美学研究的开创者,为了在新时代把中国的德国古典美学研究提高到一个新水平,我们在邀请外国专家讲课时也注意到重视这方面的借鉴。盖耶教授是国际公认的康德哲学、美学研究的重量级学者,他的讲课内容主要是"康德美学与现代美学史";较为年轻的保罗·考特曼教授主要讲"论艺术的'过去性'与人文学科的未来：黑格尔、莎士比亚与现代性"。当然，他们并不局限于康德、黑格尔研究，而是以更加开阔的视野论及许多西方现代美学、文学研究的重大问题，对我们深有启发。韦斯特法尔教授是有国际影响的"地理批评"理论的创始者，我曾在2016年11月专程到法国利摩日大学与他进行过学术对话，就"地理批评"问题与他展开了深入交流。这次他在复旦的讲课，也集中于"地理批评的提出、主要观点和发展态势"这个主题。他们三位的讲课内容十分丰富，既有在当代语境下对德国古典哲学、美学现代性的新探讨，也有对最晚近的西方文论的前沿性研究；既有纯粹的理论思辨，也有结合古今文学创作实践和作品，运用新的文论观点加以创新性的评析。讲课过程中，老师们很重视答疑的环节，在与学生的对话中进一步阐发讲课的内容，使我们的学生不但增加了相关的专业知识，而且对西方大学里文科课堂教学的方式和特点有了感性的了解和切身的体验，这方面的收获很值得我们师生珍视。

现在呈现在读者面前的三部著作分别是：盖耶教授的《现代美学史简论》、考特曼教授的《论艺术的"过去性"：黑格尔、莎士比亚与现代性》和韦斯特法尔教授的《地理批评拼图》。与第一批书系稍有不同的是，这三部著作，我们都请主译者撰写了译者前言，除了对作者的学术经历进行简要介绍外，重点对书的内容及有关背景情况做出比较深入的概述，以利于读者的阅读、思考和吸收。这是我们对第一批书系的一个小小的改进，希望能得到读者的认可。

在此，我们还特别要感谢商务印书馆上海分馆的领导和编辑，他们对我们第二批书系的出版给予了多方面的支持。比如，对盖耶教授的《现代美学史简论》一书所选论文涉及的一些版权问题，他们不但十分关注，而且专门请有关人员帮助我们联系原文出版单位，甚至专门建立了一个由译者参加的解决版权问题的微信群，及时沟通情况，终于顺利解决了版权问题，达到主编、作者、译者和出版社"四满意"。我觉得，这堪称学术著作编撰人与出版人和谐合作的典范。

  最后，需要说明一点，由于新冠肺炎疫情严重，这一批书系的翻译等工作有所推迟，但是，译者们还是尽力保质保量地完成了任务。在此，我对主译者和全体译者的辛勤劳动，表示衷心的感谢。

朱立元
2020 年 7 月 30 日

译者前言

在一个批评理论方兴未艾的时代,美学,特别是哲学美学的研究,没有受到足够的重视,但是,对文艺的立场性的批评,不能够代替对审美的原理性问题的探索,而且,批评理论越是繁荣,时代性的新经验越丰富、越独特,就越需要从原理性的高度来解释:这些经验在什么意义上是审美经验,这些经验的获得过程与审美是什么关系?批评理论一直在刺激着美学,逼迫美学在新的审美现象、新经验、新艺术上发表自己的看法,这个看法既要符合美学史学术传统的话语体系与知识谱系,又要能够对新时代的新的审美现象进行应答。这本质上是要求美学研究既要能自守,守住自己的话语方式与知识谱系,又要求美学研究要应变,要能跟上时代的发展。这或许能够解释:从20世纪70年代开始,随着批评理论的勃兴,西方人的美学理论与美学史研究,也取得了令人赞叹的成果。

过去五十年,在英语美学界,哲学美学的深化与发展最初展现为对康德美学研究的展开。对康德美学的极具历史连续性的研究,从最先的尤林(Theodore Edward Uehling, Jr.)的《康德〈审美判断力批判〉中的形式概念》("The Notion of Form in Kant's *Critique of Aesthetic Judgment*", 1971)、科尔曼(Francis X. Coleman)的《理性的协和一致:康德美学研究》[1]和克劳福德(Donald W. Crawford)的《康德美学理

---

[1] *The Harmony of Reason: A Study in Kant's Aesthetics* (Pittsburgh: University of Pittsburgh Press, 1974).

论》[1]发轫，保罗·盖耶以《康德与鉴赏的主张》[2]承其绪，范克利夫（James Van Cleve）和阿利森（Henry Allison）以《康德之问》[3]和《康德的鉴赏理论》[4]继其澜，金斯伯格（Hannah Ginsborg）以《自然的示范性：有关康德〈判断力批判〉的文章》[5]承其泽，四十多年间研究者众多且观点各异，问题既有继承，又有反驳与争论，还有融合，佳作不断，思绪绵绵不绝。

康德美学的相对繁荣意味着对于审美原理性问题的重新关注，一些传统的问题，比如审美自律性、非功利性、艺术自律性、审美与欲念的关系、共通感问题、想象力问题以及审美认知的机制与过程等问题，重新得到了思考与检讨，这势必要求对现代美学史的发展进行重新审视。因此，在康德美学研究不断深入化的同时，美学史研究也得以继续发展。70年代我们最先见到的是比尔兹利（Monroe C. Beardsley）的《美学简史》[6]和塔塔科维奇（Wladyslaw Tatarkiewicz）的三卷本《美学史》[7]，之后又有一批美学史著作脱颖而出，如亚历山大·内哈马斯（Alexander Nehamas）、拜泽尔（Frederick C. Beiser）、埃克伯特·法斯（Ekbert Faas）、弗兰克·西布利（Frank Sibley）、安东尼·萨维尔（Anthony Savile）、詹姆斯·科万（James Kirwan）等美学家对美学史的通史或断代史、问题史的研究，名家辈出，美学史的研究，无论是深度还是广度，都体现着西方哲学界对于审美问题的关注与深入探究。

在康德美学的繁荣和美学史研究的众多名家中，美国当代美学家保

---

[1] *Kant's Aesthetic Theory* (Madison: The University of Wisconsin Press, 1974).

[2] *Kant and the Claims of Taste* (Cambridge: Cambridge University Press, 1979).

[3] James Van Cleve, *Problems from Kant* (Oxford: Oxford University Press, 1999).

[4] Henry Allison, *Kant's Theory of Taste* (Cambridge: Cambridge University Press, 2001).

[5] Hannah Ginsborg, *The Normativity of Nature: Essays on Kant's Critique of Judgement* (Oxford: Oxford University Press, 2015).

[6] *Aesthetics from Classical Greece to the Present: A Short History* (Alabama: University of Alabama Press, 1966).

[7] *History of Aesthetics*, 3 vols (The Hague: Mouton, 1970–1974).

罗·盖耶是其中最为显眼的一位。保罗·盖耶自2012年以来一直是布朗大学（Brown University）哲学和人文学科的乔纳森·纳尔逊（Jonathan Nelson）讲席教授。盖耶1969年毕业于哈佛大学哲学和德语系；他的哲学博士学位也是在哈佛大学取得的，师从斯坦利·卡维尔（Stanley Cavell）。盖耶于1983年加入宾夕法尼亚大学，之后晋升为哲学教授和人文学科F. R. C.穆雷（F. R. C. Murray）讲席教授。在进入宾夕法尼亚大学之前，盖耶先后任教于匹兹堡大学（1973—1978年）、伊利诺伊大学芝加哥分校（1978—1983年）。

盖耶于1999年当选为美国艺术与科学学院院士。他曾获得美国国家人文基金会、约翰·西蒙·古根海姆纪念基金会和普林斯顿大学人类价值中心的奖学金。他还曾获得过德意志联邦共和国亚历山大·冯·洪堡基金会的研究奖，并曾成为柏林美国科学院的戴姆勒研究员。2011—2013年，盖耶曾担任美国美学协会主席。

到目前为止盖耶共写了九本关于康德和康德主题的书，并将康德的一些重要作品（特别是《判断力批判》）重新翻译成英文。除了对康德的研究，盖耶还发表过哲学史上的许多其他人物的相关研究，包括洛克、休谟、黑格尔、叔本华等等。在盖耶的众多美学著作中，最负盛名的有两部。第一部是《康德与鉴赏的主张》，这部著作一经推出，就引发了巨大的争论，他对康德美学的创造性阐释和批判吸引了大量的康德学者和美学研究者投入康德美学的研究中，使得这部著作成为一部里程碑式的著作。他对审美反应与审美判断的区分，他对康德鉴赏判断之演绎的批判，都成为之后康德美学研究要处理的核心问题。第二部著作是2014年出版的三卷本巨著《现代美学史》[1]，这部著作从18世纪初的夏夫兹博里（Shaftesbury）开始，以"真理"、"情感影响"和"自由游戏"这三个观念为支点，对三百年来的哲学美学的发展，做了全面、细致、深入的概

---

[1] Paul Guyer, *A History of Modern Aesthetics* (New York: Cambridge University Press, 2014).

括与研究，观点独到，材料丰富，人物涉猎极广，真正做到了历史与逻辑的统一。这部著作注定将成为美学史研究的巅峰之作。

在盖耶的康德美学与美学史研究中，哲学美学的最主要的核心问题得到了历时性的关切，也就是把一些审美的基本问题，还原到它们所诞生的历史语境中去，然后观察这些问题是如何在美学史的发展中被深化、被解答、被辩证地讨论的，并且往往能对问题给出一个极具穿透力的回答。盖耶的美学史研究，循着两条线索前进：一条线索是以人物为主导，从一些具体的美学问题的角度，概括人物的美学思想；另一条线索以问题为主导，研究不同的历史人物如何对这些问题做出自己的回答，并进行辩证分析。应当说，他的《现代美学史》是以人物为主导的；而他的其他美学史著作，则是以问题为主导的。

受复旦大学朱立元教授和上海大学刘旭光教授的邀请，2019年6月盖耶在上海举行了八次讲座，这八次讲座就是以问题为主导的美学史研究。他研究了想象力、审美非功利性、审美自律性、艺术自律性、爱与美、经验主义方法与形而上学方法、审美多元论、当代审美经验等问题，研究总是按照先提出问题，然后看问题在历史中是如何展开的，通过历史演绎辩证地分析问题，最后给出自己的回答。这种研究是史与论的结合，以史带论，无论是对原理问题的回答，还是对历史线索的刻画，都具有观念上的和方法论上的启发。

在本书中呈现的，还有2019年6月盖耶在复旦大学中文系与上海大学中文系合办的"西方美学史研究的方法与最新动态学术研讨会"上的主题发言，在本书中以《我的美学史观》为名呈现出来。为了让读者对盖耶的美学史思想有更具体的认识，本书也收录了正在由上海大学的刘旭光教授主持翻译的盖耶《现代美学史》一书的导言部分，以飨读者。

本书由刘旭光教授主导翻译，并进行统稿和学术上的总体把关，具体分工为：《我的美学史观（代序）》（刘旭光译）；第一章《现代美学史的内在逻辑——〈现代美学史〉导言》(刘旭光译);第二章《想象着的想象力——18世纪的一些观念》(刘旭光译);第三章《不以"无功利性"为名的无功利性——康德与门德尔松》(任继泽译,刘旭光校);第四章《18世纪美学中的爱与美》(陈艳、刘旭光译);第五章《审美自律性不是艺术自律性》(刘旭光、谢淑祎译);第六章《经验与形而上学——狄尔泰与桑塔亚纳的反黑格尔美学》(韩筱蓁、刘旭光译);第七章《双重性、三重性和审美多元性》(刘宸译,刘旭光校);第八章《什么成了电影中的人?——斯坦利·卡维尔》(沈若然、刘旭光译);第九章《美与爱——亚历山大·内哈马斯》(刘宸、刘旭光译)。本书关涉到美学理论中一些最艰涩与最抽象的问题,许多命题与话语,肯定还有另一种理解和翻译的可能,不足之处,敬请读者批评。

刘旭光[*]

---

[*] 刘旭光,上海大学文学院教授,博士生导师,主要从事美学理论与艺术理论研究。

目 录

我的美学史观（代序）　*1*

第一章　现代美学史的内在逻辑——《现代美学史》导言　*17*

第二章　想象着的想象力——18世纪的一些观念　*51*

　　　一、想象力和审美经验　*53*
　　　二、康德哲学的想象力　*54*
　　　三、亚当·斯密论模仿　*62*
　　　四、门德尔松论审美距离　*64*

第三章　不以"无功利性"为名的无功利性——康德与门德尔松　*67*

　　　一、导　言　*69*
　　　二、康德的"无功利性"观念　*71*
　　　三、门德尔松　*79*

第四章　18世纪美学中的爱与美　*91*

　　　一、爱与美　*93*
　　　二、无功利的美　*95*
　　　三、美、爱与性　*101*
　　　四、混合情感　*104*
　　　五、又及：自18世纪以来　*109*

第五章 审美自律性不是艺术自律性 113

　　一、导　言 115
　　二、英国前康德时代的审美而非艺术自律性 119
　　三、杜博与门德尔松：谈艺术作品的激情与混合情感 127
　　四、康德的审美自律性 133
　　五、又及：叔本华 144

第六章 经验与形而上学——狄尔泰与桑塔亚纳的反黑格尔美学 147

　　一、导　言 149
　　二、狄尔泰 153
　　三、桑塔亚纳 163
　　四、结　语 168

第七章 双重性、三重性和审美多元性 171

　　一、导　言 173
　　二、双重性 174
　　三、三重性 182
　　四、结　语 194

第八章 什么成了电影中的人？——斯坦利·卡维尔 197

　　一、导　言 199
　　二、怀疑论和完美主义 203
　　三、《看见的世界》：自动的世界投影和好莱坞明星 212
　　四、再婚喜剧 218
　　五、关于无名女人的情节剧 222
　　六、接　受 224

第九章 美与爱——亚历山大·内哈马斯 227

我的美学史观
（代序）

大家要求我谈谈美学史研究的方法。在我的著作中关于方法论，我提到的并不多。在这一点上，我想起了门罗·比尔兹利和威廉·温萨特在1946年发表的著名文章《意图谬误》[1]中提到的关于艺术意图的观点。就像我们有时认为的那样，他们并不认为理解艺术家的意图与欣赏一件艺术作品之间是毫无联系的；除了在一些模棱两可的情况下以外，一件艺术作品是一个或多个人的有目的的创作。所以，要理解一件艺术作品，就需要理解它的创作意图。他们认为，与一件成功的艺术作品有关的意图是那些从作品本身的体验中可表现出或可被人理解的意图。如果一个人必须在作品之外，例如艺术家的证词或传记等，而去探讨它的意图，那就意味着该作品本身并没有成功实现艺术家的意图。事实胜于雄辩，或者我们可以更恰当地说：一件成功的艺术作品，或者一部成功的哲学史著作，都应该在不需要借助额外解释的情况下明确其意图。为了正确地欣赏一件艺术作品，我们可能需要各方面的知识，无论是关于艺术、哲学还是哲学史，例如语言或图像或它所使用的代表性的惯例的知识，例如单一没影点透视。同时，了解其历史背景可能是必要的，还有

---

[1] Monroe Beardsley and William K. Wimsatt, "The Intentional Fallacy", *Sewanee Review* 54 (1946): 468–488.

对技术问题的知识，如古典奏鸣曲的什么和弦是允许的，什么键是允许的，什么转换是允许的，或者是一阶或模态逻辑的特定系统，等等。但要解释艺术家或作者的意图呢？除非作品本身没有实现这些意图，否则就没有必要这样做，但在解释艺术家或作者的意图的情况下，谁会关心作品呢？

尽管有这种问题，我还是会说一些我对美学史的看法。第一，必须要确定我们想要研究的是哪种历史问题，因为"美学"（aesthetics）一词并不能很狭义或精确地确定它自己的主题。在亚历山大·戈特尔布·鲍姆嘉通于1735年提出"美学"一词之前，欧洲历史文化中的哲学家们对美和艺术的本质进行了几千年的讨论：自柏拉图和亚里士多德时代以来，这些问题一直是哲学讨论的核心，而这并没有得益于那个名字。而且，当鲍姆嘉通引入这个术语时，"美学"并不是具体地指艺术哲学或艺术经验，而是关于"感性"（sensibility）的一般理论或关于在认知中感官经验之作用的一般理论。作为一位拉丁诗歌鉴赏家，虽然鲍姆嘉通确实使用了许多艺术例子，但是关于他所想到的"美学"这个新术语，这也许是所得出的最具一般性的理论了。尽管如此，只有等到黑格尔在1818—1829年以"美学"为名讲授艺术哲学时，"美学"一词才逐渐被理解为"艺术哲学"（philosophy of art）。黑格尔对这个词的限定有一个非常具体的原因：虽然黑格尔已经意识到了自然美的审美经验，但他认为自然美并不是"精神"所产生的美，因此这不具有哲学讨论的价值。所以，一位历史学家需要确定的一件事是，他/她是否能接受黑格尔的定义，甚至是否能在黑格尔重新定义"美学"之前就只讨论艺术哲学，又或者拒绝这种对"美学"的定义，赞成更广泛的定义（如鲍姆嘉通的观点），从而将自然的审美经验以及艺术的本质都囊括在其研究范围之内。

第二，如果自然美和自然的其他方面也都被允许的话，如何在更大范围的对艺术的讨论中界定"美学"的领域呢？毕竟，人们谈论艺术的方式多种多样，人们也以各种方式去使用"美学"一词。在专业哲学领域之外，许多人用这个词来表示某些个体或群体的风格和喜好，而不是指代艺术或自然美的理论分析。事实上，至少在美国，一些美容师和美甲师会自称为"美学家"（aestheticians），但他们并没有成为美国美学协会成员的资格。这只是一个简单的案例，还有其他的一些案例——对各种关于艺术家当前市场价格趋势的探讨属于商业领域而不是报纸的艺术版面的内容，很明显，这也不是哲学美学的一部分。然而，哲学美学与艺术史、艺术批评等相关艺术的专门性和学术性话语之间的界限并不总是清晰的。考虑到这类文献的广泛性，没有人提出要写美学史，因为不能掌握它的开始或任一具体阶段的全部内容。因此，我们必须决定哪些是哲学美学的部分而哪些不是，哪些作者将被涵盖在美学史中而哪些则不能。最近的一段时间里，大学哲学系的专业研究可能使这标准具备了一种可行性。但由于在其他时期还没有大学哲学教师，如17和18世纪，甚至在哲学最核心领域中最著名的哲学家，如笛卡尔、霍布斯、斯宾诺莎、洛克、莱布尼茨、休谟和卢梭也都不是大学哲学教师，所以这一标准不可能适用于所有时期或地方。它们之间的界限必须被跨越，即使已经有人能合理地指出。例如，在我的美学史中，我讨论了18世纪的约翰·约阿希姆·温克尔曼（Johann Joachim Winckelmann）和19世纪的约翰·罗斯金（John Ruskin），并不是因为我认为这些学者是按照他们所处时代的相关标准所确定的哲学家，而是因为他们对那些按照这些标准来衡量哲学家的人产生了如此大的影响，以至于没有他们，我的美学史故事就很难被人理解了。这是我把他们囊括在内的标准。

第三，即使在一些目前已被接受的专业概念范围内，我们真正将要讨论的问题有哪些？比方说在过去的七十五年里，欧美大学哲学系的学者们讨论了许多不同的问题。虽然有些问题属于较早时期的一些中心议题，但并非所有都与较早时期讨论的议题相关——例如，18世纪美学的核心主题是悲剧悖论和绘画与诗歌的比较，近几年来这些议题一直没有得到太多的讨论。其他一些引起广泛关注的议题，如艺术作品的本体论或虚构人物，在早期并没有被直接讨论。有时专业术语的变化掩盖了真正问题的连续性，例如从18世纪关于审美判断的讨论到20世纪的审美话语或语言学的审美转向，可能并不像听起来那么激进。但无论如何，历史学家必须选择讨论哪些问题。世界上没有任何一个人甚至没有任何一个团队，能够将每个问题的整个故事都讲述出来，并且能用一个合理的说法使之成为哲学美学的一部分。

第四，史学方法论的问题，虽然这与前几个问题无关。哲学史中的方法更可能被认为是相对延续的而不是二元对立的，但通常还是可以将这些方法论分为两个阵营。一方面，虽然也许带有一些偏见，但我们还是可以谈谈牛津大学的做法：哲学有着长期存在的问题，而哲学史的任务就是研究对这些持续存在的问题的以往的解决方案。从过去的历史中反思，我们可以避免哪些错误以及学习哪些技巧，以应用于当下的问题。另一方面，我们可以在谈论剑桥的方法时少一些偏见，尽管我知道剑桥的政治哲学方法是由像昆汀·斯金纳（Quentin Skinner）和约翰·邓恩（John Dunn）这些作者提出的：他们的观点是，哲学家聚焦于他们所处的时代急需解决的问题，但认为一个时代的紧迫问题对于另一个时代来说也同样重要，以及认为研究过去的哲学除了**实际上是**（*wie es eigentlich gewesen war*）纯粹的历史学习乐趣以外还有任何别的价值的观点都是错误的。我会把注意力放在这两个观点之间的连续性上：虽然我当然认识到在美学中有一些理论是对特定时空下的议题的回应，例如，18世纪关于绘画和雕塑之间的区别的争论（赫尔德和莱辛之间的争论），对于我们这样一个许多视觉艺术并不能简单地被纳入任何流派中去的时代，大多是过时的兴趣了，但有一些问题能够引起更为持久的兴趣，比如批评的逻辑是什么？或者在审美问题上达成一致意见的理由是什么？在美学中，就像我所从事的哲学史的其他领域如道德和政治哲学史，至少我个人对过去的理论不是很感兴趣，纯粹出于过时的原因，除非我认为它们对我们现在持续关注的议题有一定的影响。我同意已故的理查德·罗蒂（Richard Rorty）的看法：并非所有哲学问题都是长远存在的，但这并不代表没有这类哲学问题。

在说完所有这些问题之后，接下来我说一下自己的观点，解释一下研究美学史的方法。在 20 世纪 60 年代中期至 70 年代初，我还是哲学专业的一名本科生和研究生。当时，美学在美国（或英国）的哲学学术中并不是一个特别突出的部分，语言哲学和科学哲学才是享有威望的。而我选择写了一篇关于康德美学及其历史背景的论文并且成为我所从事的领域，这到底是为什么呢？这在一定程度上是因为虽然我对康德的实践哲学理论有一定的把握，但我还没有研究过《判断力批判》（*CPJ*）[1]。就这一点而言，其他学者也没有研究得很多——当时关于这一专题的学术研究甚少，因此对这部论著的解释具有开放性。对我来说幸运的是，我以前在康德哲学的其他部分的研究工作足以让我站稳脚跟——当时和现在的情形一样，单凭康德美学的研究是很难做到的。但我还有另一个原因。虽然我父亲靠商业艺术为生，但他是一名画家兼广告艺术总监。在我的学生时代，他画了许多画，并且确实成功地展览了甚至卖出了他的画作。所以，当我放学回家时，我还没有脱掉外套，就已经被他拉到地下室。地下室有他的工作室，父亲会给我展示他的最新作品，并且询问

---

[1] "*CPJ*" 为 Immanuel Kant, *Critique of the Power of Judgment*, ed. Paul Guyer, trans. Paul Guyer and Eric Matthews (Cambridge: Cambridge University Press, 2000) 的缩写。页源源自 29 卷本 *Kants gesammelte Schriften*，普鲁士皇家科学院（即后来的德意志科学院与柏林-勃兰登堡科学院的前身）编辑（Berlin: Georg Reimer，后为 Walter de Gruyter, 1900— ），其中 *Kritik der Urteilskraft* 位于第 5 卷，由 Wilhelm Windelband 编辑（1913）。（中译参照：康德：《判断力批判》，邓晓芒译，北京：人民出版社，2002 年。同下，不再注出。——译者注）

我对这些作品的看法。嗯，我有喜欢的也有不喜欢的作品。有时，我全都不喜欢。但是当我的父亲问我的看法时，我会觉得如果我能拿出一些理论法则去支撑我的评论，那就再好不过了。这样，我可以说的也不仅仅是"我喜欢这个"和"我不喜欢这个"了。因此，我转向哲学美学和哲学美学史寻求帮助，看看我能否在其中找到相应的法则。

当然，我很快就从休谟和康德以及后来的一些学者那里领悟到，你**不要**指望能在美学理论中寻找到那些会让你以理性和可辩护的方式去判断艺术价值的规则和标准。正如康德在《判断力批判》中写道："虽然如休谟所言，一切批评家都比厨师更能**推想**，但他们却和厨师有同样的命运：他们不能期望从论证之根据的力量中……来获得他们判断的规定根据。"（*CPJ*, §34, 5:285-286）然而，我逐渐从美学史中认识到，在艺术经验中或更宽泛地说是在审美经验中，我们可以发现多样的价值来源。而且，我们也可以根据这些**理论**观点更好地谈论我们对具体作品的经验，即使不是按照确定的标准或规则。我们可能无法向我们自己或我们的朋友证明我们的审美判断是正确的，更不用说向我们的父亲证明了。但是，我们在反思时可以借鉴美学史，以给予自己和他人一些值得思考的东西。在康德看来，我们对具体艺术作品的经验是这样的：哲学家在艺术或更普遍的审美经验中发现了价值的各种形式，以及特定作品如何以一种或多种方式实现这些价值。这正是我在美学史上所关注的主题。当然，其他学者会发现更有趣的问题，会在美学史上关注比我所强调的更有趣的其他内容，从而呈现出美学史的不同叙事。每一门学科的历史，无论它是以什么形式呈现的——叙事、说明性的插图还是表格等等——实际上都只是从无限的材料中精选出来的，所以任何特定的历史都不能被认为是明确的。因此，没有任何一段历史可被视为是确定的。

我的《现代美学史》（*A History of Modern Aesthetics*）首要关注的是审美价值的来源，这不能简单地归结为认知、情感的体验和表现或纯粹的感官满足等其中的一种，任何一种或全部都可能成为我们在具体的艺术作品、流派或媒介等中感到愉悦的一种解释。所有的审美经验都可能有一个共同的要素——康德形象地将之比喻成想象力的自由游戏（free play）——但是想象力本身是一个具有全面性和开放性的概念，它并不是有严格的限定的概念。它更像是一个普遍的观点，即艺术和审美经验是我们尝试各种各样的新事物的地方，而这些新事物并没有被编入我们的科学和道德实践及其规则中。我将之称为"以想象力概念为基础的审美多元化"，而这本身就是一个极具多元化的概念。但是有一点需要强调，即这种审美多元化的概念并不意味着，利用了更多的这些愉悦感来源的某一艺术作品或艺术类型必然会优于那些较少利用的。这就是我所说过的美学从来没有给予过的那种规则。这些都是艺术可以从中获得愉悦感的潜在来源，但对任一特定作品价值的质询总是一个具体的问题，即要具体分析这些来源是什么，怎么样，有多少。

我直接用一个案例来说明这个美学论点，它是我关于美学史的论著中出现过的案例。专业的哲学家和有哲理倾向的艺术作家都不得不去研究保罗·塞尚的绘画体验中所必需的是什么，这令人惊讶。举几个例子，英国作家克莱夫·贝尔（Clive Bell）不是一名专业的哲学家，而是布鲁姆斯伯里（Bloomsbury）圈子的一员。和许多布鲁姆斯伯里人一样，他受到剑桥哲学家 G. E. 摩尔（G. E. Moore）的影响。就在塞尚第一次在英国大放异彩时，贝尔在《艺术》(Art, 1914) 这本著作中明确承认了他的影响。贝尔认为一切视觉艺术体验的本质是"有意味的形式"，"线条、色彩以及某种特殊方式组成某种形式或形式间的关系"所激起的是特殊的"审美情感"，而不是日常的情绪（如喜悦、爱、愤怒和仇恨），使得拥有这共性的不同种类的物体类属于"艺术"。特别的是，贝尔把塞尚的画列入了他列举的各类作品的清单中，例如，"圣·索菲亚教堂、卡尔特修道院的窗子、墨西哥的雕塑、波斯的古碗、中国的地毯、帕多瓦的乔托所绘的壁画，以及普桑（Poussin）、皮埃罗·德拉·弗朗切斯卡（Piero della Francesca）和塞尚的作品中"[1]，如果不是因为它们共同呈现的"有意味的形式"，就不会构成一个类别。贝尔认为，"人们只需承认，按照某种不为人知的神秘规律排列和组合的形式，会以某种特殊的方式感动我们，而艺术家的工作就是按这种规律去排列、组合出能够感动我们的形式"[2]。这样看来，无论塞尚是画一条河，上面有一棵树和一些老建筑，一些苹果和一张桌子上的皱巴巴的桌布，他的妻子，还是他自己，他的目的只是安排线条和色彩，以激发一些独特感情。这些独特感情不同于我们对划船者和树木、苹果、妻子或我们自己外表的普通感情。

　　四分之一个世纪之后，另一位英国人科林伍德对塞尚的绘画进行了研究。科林伍德毕业于牛津大学哲学系，是一位职业的哲学家兼历史学家。因为他的父亲曾担任过约翰·罗斯金的秘书，所以科林伍德是在约翰·罗斯金的艺术影响下长大的。科林伍德把对塞尚的诠释放在他的《艺术原理》的核心位置上，却对塞尚的绘画体验给予了完全不同的描述。在科林伍德看来，一般来说艺术并不是为了培养一些独特的审美情感，而是为了**阐释**我们一切体验所伴随的普通情感。科林伍德对待塞尚的态度似乎与这一说法自相矛盾，因为最初科林伍德可能认为，塞尚的绘画是为了传达**绘画体验本身**以及伴随着**那种**活动的情感；但通过仔细思考后，科林伍德认为塞尚的画表达了体验，并传达了人关于物质世界的感动的情感：在科林伍德看来，塞尚的画不仅仅是视觉艺术，更是一种"凸出与凹进的令人迷惑的交错，在它的四周左右我们发现自己在摸索道路，你可以想象，这就如一个小孩光着身子开始学爬，他在保育室的家具中间摸索自己的道路一样。在风景画中呈现着圣维克多山的迷

---

[1] Clive Bell, *Art* (London: Chatto & Windus, 1914; New York: Capricorn Books, 1958), p. 17.
[2] Ibid., p. 19.

人风景,我们绝对看不到它,却总是在捉摸它,像一个孩子捉摸他后脑顶上的桌子一样"。在这里,科林伍德确实才引用了绘画体验本身,但将之作为人类物质活动的一种形式,更普遍地说,是人类活动的典范:"塞尚当然是对的,绘画绝不能是视觉艺术。一个人是用手而不是用眼睛画画……塞尚笔下的物体的形态根本不是二维空间的,也根本没有留痕迹于画布之上,它们是立体的东西,而且我们是透过画布去了解它们的。"[1] 总而言之,塞尚不仅记述或创造了有意义的形式,而且还记述下了探索和描绘它们时的感受。总的来说,这成为物质活动的一个案例,这也就是为什么欣赏塞尚作品的观众能够体验到画家的一切。塞尚一定是这样做的,"他作画时所具有的那种经验,或多或少像我们看画时为自己建造的那种经验"[2],而作为这幅画的观众,反过来我们的体验也必须像艺术家通过他的画表达出来的那样。

最后一个例子,让我来谈谈法国的现象学哲学家莫里斯·梅洛-庞蒂(Maurice Merleau-Ponty)。受马丁·海德格尔的启发,梅洛-庞蒂提出了一个著名的观点:我们对世界的经验,首先不是我们自己在视觉或其他感官的印象或知觉的经验——我们原本想从这些经验来推断外部对象的存在——而是对象本身的经验;对经验的经验本身是一种派生现象,由哲学或科学推动,但不是从主观领域到客观领域的(不可能的)笛卡尔式推理的起点(来自不同背景的美国哲学家威弗里德·塞拉斯在他的著名论文《经验主义和心灵哲学》中也得出了同样的观点)。[3] 然后,梅洛-庞蒂用塞尚来说明他的现象学。梅洛-庞蒂有一篇文章以《塞尚的疑

---

[1] Robin George Collingwood, *The Principles of Art* (Oxford: Clarendon Press, 1938), pp. 144–145.
[2] Ibid., p. 149.
[3] Wilfrid Sellars, "Empiricism and the Philosophy of Mind", in Sellars, *Science, Perception, and Reality* (London: Routledge & Kegan Paul, 1963); Wilfrid Sellars, *Empiricism and the Philosophy of Mind*, new edition, ed. Robert Brandom, with introduction by Richard Rorty (Cambridge, Mass.: Harvard University Press, 1997).

惑》("Cézanne's Doubt")为题,因为文中首先讨论了塞尚对他的绘画价值的疑惑。在文中,梅洛-庞蒂认为塞尚"与印象派分道扬镳了",因为他没有像印象主义那样"试图在绘画中实现那种客体在现实中对我们耳目诸感官的冲击效果",而是试图将我们的绘画经验转化为对客体本身的经验,即"我们**看见**了物体的厚度,它的毛茸茸、软绵绵或硬邦邦的质地"。[1] 或者至少,塞尚拒绝了印象派把绘画限制在物体再现的"不可捉摸的表现方式"上,但是"他不愿意把那些出现在我们注视下面的确定的物体与它们不可捉摸的表现方式区分开来,他更倾向于描绘正在形成中的物质"。总的来说,这是为了逃避这样的二分法,"感觉的对理智的? 观察的画家对思考的画家? 自然的对构成的?"[2]……因为在英语国家中克莱夫·贝尔是十分出名的,所以作为受过法语教育的人,梅洛-庞蒂应该知道贝尔的观点。但令人难以置信的是,他的言论读起来像是对贝尔观点的直接否定。

然而,我对《马恩河畔》(The Banks of the Marne)(澳大利亚新南威尔士艺术馆)这样一幅画的体验却很有启发性——它并没有强迫我在塞尚的绘画秘密的不同方法之间做出选择,而是表明每一种方法都会给我带来一些关于我的体验的东西,但这就是我重视这种体验的原因。就这样,我发现了对塞尚作品的经验证实了我从研究现代美学史中学到的东西。[3] 在这段历史中,我发现了一些哲学家试图将艺术经验简化为视觉(或听觉或触觉形式)的自由游戏,就像贝尔一样;一些哲学家把它简化为唤起、表现或者有时是阐释普通情感,例如科林伍德;还有一些

---

[1] Maurice Merleau-Ponty, "Cézanne's Doubt", in *The Merleau-Ponty Aesthetics Reader: Philosophy and Painting*, ed. Galen A. Johnson (Evanston: Northwestern University Press, 1993), pp. 59–75, at pp. 61–65.

[2] Ibid., p. 63.

[3] Paul Guyer, *A History of Modern Aesthetics*, 3 vols (Cambridge: Cambridge University Press, 2014; paperback edition, 2018).

哲学家，他们在艺术中发现了有关现实本身的重要思想的交流，例如梅洛-庞蒂。但在我看来，最有趣的艺术哲学家是像18世纪的苏格兰人卡姆斯勋爵亨利·霍姆（Henry Home, Lord Kames）和德国犹太人摩西·门德尔松（Moses Mendelssohn），19、20世纪之交的西班牙裔美国人乔治·桑塔亚纳（George Santayana），在20世纪后期的英国人理查德·沃尔海姆（Richard Wollheim）和美国人斯坦利·卡维尔，在21世纪初的希腊裔美国人亚历山大·内哈马斯，这些艺术哲学家并没有要求我们在审美经验和我们在审美经验中的愉悦感之间做出选择，但他们认识到，**所有**这些经验和愉悦感的源泉都可以进入我们的艺术经验——虽然这并不意味着，每个人都必须进入我们对每件艺术作品的经验，或者这也不意味着，只因一件具体的艺术作品激发了更多而不是更少的反应，就能说它比其他作品好。但关键是，仅仅因为我们理解了艺术作品，用它们盖住墙壁上的洞，或者通过低价买下高价出售而赚到很多钱，是不能使我们从艺术作品中感到愉悦的。艺术作品可以通过吸引我们对有趣形式的热爱**和/或**吸引我们的情感**和/或**以一种独特和有趣的方式让我们了解这个世界，来取悦我们——毫无疑问，不仅仅是务实的方式，我们可以用其他一些富有想象力的方式。

正如我说过的，在这一方面，塞尚的画《马恩河畔》是具有启发性的。有一点值得注意，他将一棵树放置在图像的中心，而不是使用两边的几棵树来构建图像的中心；虽然在塞尚的**全部作品**中这幅画并不是独一无二的，但是它的处理方法十分独特。然而，我们可以用多样化的和非排他性的方式来回应这画儿中这棵树的中心性。我们可以把树看成是作为由它和两条船形成的三角形的顶点，来欣赏我们所看到的微妙的几何图形。我们也可以这样做出审美反应：这是在一个美好的夏日里有两个渔夫或可能只是两个靠在树荫底下做白日梦的人，就像我们过去的经验或和画家微妙的交流所得到的那样，我们体验到了平静、渴望、羡慕等情感。或者，就像科林伍德可能会体验的那样，我们可以进入画家的活动世界，想象他站在未被描绘出的但隐含着的对面河畔，在画这个场景。或者，就像梅洛-庞蒂可能会认为的那样，我们可以被带入一个真实的现实世界，也许把我们从21世纪的城市环境这个真实的世界带到了19世纪的乡村这个（曾经）存在过的真实世界。而我认为，这幅作品并不要求我们在相异的方法之间做出选择，而是鼓励所有这些方法，并且这样启发我们去思考美学理论应该是什么样的。

这并不是说每一幅以树为中心的塞尚作品都必须有同样的复杂效果，也不意味着这幅画一定比另一幅画的效果要好。塞尚的另一幅引人注目的《大松树》(*The Great Pine*)也是把一棵树放在他的意象中心，创作于1889年的这幅油画馆藏于圣保罗艺术博物馆。[1] 与我们之前讨论的画不同的是，这里没有人或者像建筑物和船只这样的人工制品，只有在较不确定的小背景下的一棵大树。但我们可以在几个不同方面对此做出反应：可以将之作为一个几何研究或一个有趣的标本插图，但也可能从情感角度看这幅油画，想象我们在开阔的草地和树林之间而感到特别舒适。在这样的对比之下，收藏在苏黎世美术馆的创作于1890年的水彩画《冷杉树》(*Large Pine Study*)显然只是形式上或形式和颜色上的作品，我们也许最好是通过贝尔的方法论来对它进行审美反应——虽然这也许只是一部简单的作品，但这并不意味着它就不再是伟大的作品。像对待保罗·塞尚的那些作品一样，我们珍视艺术作品，这是因为我们可以多种方式体验它们。而对我们来说，每一种方式都是有意义和有价值的。但是，我们也能珍视那些需要运用较少方法进行审视的艺术作品，因为它们能激发一种特殊的又非常强烈的体验——也许以下作品都可以作为例子：蒙德里安后期的几何抽象画，或者艾德·莱因哈德（Ad Reinhardt）的黑色绘画的抽象作品，或者梅尼尔教堂收藏的马克·罗斯

---

1 François Cachin et al., *Cézanne* (Philadelphia: Philadelphia Museum of Art, 1996), no. 153, p. 373.

科（Mark Rothko）的褐紫红色的绘画作品，或者还有巴赫创作的"创意曲"（Inventions）与他的"受难曲"（Passions）这类规模庞大的作品形成的鲜明对比（如果这些例子对你不起作用，那就换一些）。关于一个人对一幅塞尚或罗斯科作品的体验，我们没有办法去量化其广度或深度。基于这两种体验，我们也没有办法去判定哪一作品更好。但正如我说过的，我感兴趣于哲学美学不是为了找到评价的规则理论，而是为了得到关于美学价值的启发。因此，美学并不是去规定判断艺术作品的规则，而是从艺术作品中学习到各种可能的审美经验。在这里我需要向威廉·詹姆斯（William James，美国机能主义心理学派创始人）道歉，这就是我从美学史上学到的东西。一些人有着与我相异的问题，但同样是有趣且重要的。我相信正是因为他们，我们可以从美学史中学习到很多东西。

刘旭光译

第一章

现代美学史的内在逻辑

——《现代美学史》导言

本书将呈现哲学美学从 18 世纪初到 21 世纪初的一段历史。在 18 世纪部分，我考察了美学思想在英国、法国和还没有成为统一国家的德语区的发展。在 18 世纪末期，美学诸领域在德国得到了集中耕耘，而在整个 19 世纪，德国都保持着在美学上的学科优势，这反映在德国美学在本时期的突出表现上，不过我也讨论了本时期英国美学的发展，以及 19 世纪最后时刻出现在美国的最初的美学思想，我还对这一时期法国美学的重大问题做了一些蜻蜓点水式的观照。在 20 世纪甚至 21 世纪初我都在继续考察德国美学的发展，但也给了美国美学和最后这个世纪的英国美学许多空间（也包括不可或缺的被吸收进英国美学的意大利美学）。我完全没有讨论 20 世纪的法国美学，尽管它在 20 世纪的美学讨论中具有举足轻重的地位，特别是在由文学理论家撰写的，而不是哲学家撰写的美学史中，部分原因在于我想在一些被重新发现的 20 世纪初期一流的英国和美国美学家方面留下充足的篇幅，这些人由于路德·维特根斯坦在英美哲学中的巨大影响而被不公正地忽视了；另一部分原因在于，在结构主义时期语言模型和文本理论统治了法国美学，而后结构主义又把注意力引离了自 18 世纪以来就被接受的，人类对艺术与自然（有时候）之**经验**的本质与价值的研究，而这一点我将之确立为美学学科的本旨。这里还将讨论一些 19 世纪晚期和 20 世纪初期的，较少被关注的德国哲学家，我也要给他们一些空间。我吸纳了一些不寻常的人物而又放逐了一些通常都要写的人物，这在很大程度上能说明为什么我把自己的这部著作叫作"一部现代美学史"（a history of modern aesthetics），而不是"现代美学史"（the history of modern aesthetics）。

这也意味着，这个开放的框架会带来各种各样的问题。什么是我所说的"**哲学**美学"？是相对于其他美学而提出的，抑或仅仅是个赘冗？为什么我要把这个领域区分为三个不同的国家传统，而且在 18 和 20 世纪三个国家还各不相同？我为什么要把本书分为三卷，而每卷都以一个百年作为断代的依据，而不是具体的某一年，这难道不是一种武断的做法吗？我可以立即回答后两个问题。有时候人们区分美学的国家传统，有时候没区分，比如 18 世纪的德国美学，它充分吸收了同时期的法国和英国美学，却没有相反的影响；再比如，20 世纪上半期英国和美国的美学之间没多少相互影响，但在下半期，一些有影响力的美学家同时在两个国家展开他们的职业活动。对我而言国家区分有的时候很重要，但有的时候又不重要。这个领域的一些重大变化在一些国家比另一些国家更接近某个世纪之末，所以对这个问题的回答与时期划分问题有交集。我们将在一些适当的进程中具体处理这些问题。

更麻烦的问题是我所说的"哲学美学"（philosophical aesthetics）。在某种程度上，我可以给这个问题一个相对明晰的回答：如果一些著作或者一些讨论以某种方式在哲学系内被作为美学的主题而加以延续，那么无论这个作者是不是教授哲学的，无论这个人是不是把自己视为哲学家，都可以称之为哲学美学。一些被我们区分为批评家、艺术理论家或者实践艺术家的人，比如 18 世纪的莱辛，19 世纪的约翰·罗斯金，还有 20 世纪的本雅明，当他们在最近的哲学发展中有所反响或者有所触动，都可以写入我们这部美学史，但总的来说我的哲学美学史不包括艺术史、文学批评或者文学理论。[1] 但批评和哲学美学之间的界限并不明晰，有一些我本应吸收入这部美学史的批评家我并没有写，但考虑到有一些本打算要纳入这部美学史的哲学家我同样没有写，我想这些批评家或者他们的门生或许会因为事实上的公平对待而感到舒服一点。

但即便这样的附加说明，对此前的那个问题，我并没有给出真正的回答，而哲学家们自己也并不清楚地知道美学的对象是什么。而那些想弄清楚这个问题的哲学家们往往也达不成共识，无论是同时代的，还是不同时代的。事实上，在18世纪，德国哲学家们使用了"美学"（aesthetics）这个术语，而英国人与法国人却没有，尽管他们也在研究相同的主题；而19世纪德国和其他国家的哲学家在使用这个概念时，其意义和18世纪哲学家所使用的又不尽相同。晚近的哲学家把"美学"这个词等同于艺术哲学，早期哲学家所建构的美学领域更宽泛一些，关涉到我们对自然的一种经验，正如我们对艺术的经验——而一些哲学家正在重新这样去做。正如我之前曾建议过的，美学学科的核心问题是对某种特定经验的集中关注，而把美学聚焦于一种语言或言说是一个过于狭小的概念领域——这不仅仅是我不讨论最近的法国美学的部分原因，也是我在本书第三卷中指出的，这样一个概念领域也是维特根斯坦对英美美学的最初影响所带来的问题。但除此之外，提前给这个领域以明晰约定并没多少益处：哲学家们如何建构这个学科的边界，是这个学科的发展史的一部分。我们不得不简单回顾一下这段历史的进程。这段历史将为我们确定这个学科的研究领域，而不是颠倒过来。我甚至应当指出：这种约定在哲学上不太寻常，哲学上的某些方法，比如亚里士多德、笛卡

---

[1] 如勒内·韦勒克（René Wellek）经典的七卷本 [A] *History of Modern Criticism 1750–1950* (New Haven: Yale University Press, 1955–1992)，或者多位作者共同撰写的时间范围跨越自古至今的多卷本 *The Cambridge History of Literary Criticism*（至今已有九卷本之多，Cambridge: Cambridge University Press, 1989– ）。

尔、斯宾诺莎，或者被克里斯蒂安·沃尔夫（Christian Wolff）引领的18世纪德国理性主义者的方法，或许期待学术著作以明晰地陈述主题和核心问题开始。而另外一些哲学家，如年轻时的康德认为，在哲学中定义就算真的有，也不是一开始给出的，而是最后给出的。无论如何，美学严格意义上的学科对象和严格意义上的问题，自"美学"（aesthetics）[1]这个词最初被提出，自身就是有问题的，也是有争议的。

举例来说，自19世纪20年代，黑格尔在柏林讲授那门影响深远的课程"艺术或者美学哲学"[2]始，许多人假设"aesthetics"这个术语的意义是"艺术哲学"，或者更特殊一些，指"美的艺术"；如果假设艺术是一套独特而紧密的人类行为及其产品，包括形象化的叙述，比如诗、小说、戏剧，音乐和舞蹈这一对艺术姐妹；以及视觉艺术，比如绘画、雕塑、建筑，或许还有园林设计和景观建筑，那么看起来把美学研究主旨确定为艺术哲学就是很好的定义。所以即便古代或者中世纪真的没有把文学和视觉艺术从本质上联系起来，即便把诸门艺术视为一个整体观念，正如一些争论所揭示的[3]，是现代的发明，下面这个观念也能

---

[1] 由于"aesthetics"这个词在当时的语境中还不完全是汉语"美学"这个词的意味，因此在导言中我们保留原文中的aesthetics，而不是直接译为"美学"。这个词还有感性学、审美等意思。究竟是感性学还是美学，还是保留原文，我们将结合具体语境酌情给出。——译者注

[2] 参见 *Philosophie der Kunst oder Ästhetik. Nach Hegel. Im Sommer 1826, Mitschrift Friedrich Carl Hermann Victor von Kehler*, eds. Annemarie Gethmann-Seifert and Bernadette Collenberg-Plotnikov (Munich: Wilhelm Fink Verlag, 2004)。黑格尔的以遗稿形式保存下来的美学讲义，在黑格尔辞世后四年，由海因里希·古斯塔夫·霍托（H. G. Hotho）编辑整理，在1835年初版，并且在1842年出了修订版。霍托的版本是直到最近才出的英语标准版的基础，参见 G. W. F. Hegel, *Aesthetics: Lectures on Fine Art*, trans. T. M. Knox, 2 vols (Oxford: Clarendon Press, 1975)。

[3] 参见 Pual Oskar Kristeller, "The Modern System of the Arts", *Journal of the History of Ideas* 12 (1951): 496–527 and 13 (1952): 17–46; reprinted in Kristeller, *Renaissance Thought and the Arts: Collected Essays* (Princeton: Princeton University Press, 1980), pp. 163–227, 以及 Larry Shiner, *The Invention of Art: A Cultural History* (Chicago: University of Chicago Press, 2001)。但对 Kristeller 主张的批评，参见 James I. Porter, "Is Art Modern? Kristeller's 'Modern System of the Arts' Reconsidered", *British Journal of Aesthetics* 49 (2009): 1–24, 以及 Porter, *The Origins of Aesthetic Thought in Ancient Greece: Matter, Sensation, and Experience* (Cambridge: Cambridge University Press, 2010), pp. 26–40。

涵盖许多历史时期,特别是 19 世纪的大部分时段和整个 20 世纪,即,aesthetics 的主旨明确是:艺术哲学。

但把 aesthetics 限定为美的艺术的哲学仍然聚讼不已。18 世纪的许多哲学家,不管他们是否使用"aesthetics"这个名称,都不仅仅用"aesthetics"来处理"美的艺术"方面的哲学问题,这些问题还包括那些与美的艺术相区别的其他人类行为和产品,这些东西让人们结成一个有区分性的阶层,当然,也包含着对自然的某种反应,借通常的范式来说,即"理念"或"美感和崇高感"。[1] 事实上,当 21 岁的德国人亚历山大·戈特尔布·鲍姆嘉通在他 1735 年的学位论文《关于诗的哲学默想录》(*Philosophical Meditations Concerning some Matters Pertaining to Poetry*) 中,第一次创造了"aesthetics"这个学科的名字时,他的新术语暗示了一个新的探究领域,这个领域平行于传统逻辑学,它的主题不是纯粹观念(νοητα)[2],而是感官对象(αισθητα),包括通过感觉(*sensualibus*)[3] 呈现出的和没有在当前感觉中呈现的事物的形象(*phantasmata*)[4],以及那些能够成为一门研究事物如何被感性认知的科学的、低级认识的机能。[5] 这个定义并不包含对艺术的明确关联,或者我们

---

[1] 参见埃德蒙·博克(Edmund Burke)的 1757 年的名著 *Philosophical Enquiry into the Origin of our Ideas of the Beautiful and Sublime,* modern edition, ed. J. T. Boulton (London: Routledge & Kegan Paul, 1958),以及 Immanuel Kant, *Observations on the Feeling of the Beautiful and Sublime,* trans. Paul Guyer, in Immanuel Kant, *Anthropology, History, and Education,* ed. Robert B. Louden and Günter Zöller (Cambridge: Cambridge University Press, 2007), pp. 18–62, and in Immanuel Kant, *Observations on the Feeling of the Beautiful and Sublime and Other Writings,* eds. Patrick Frierson and Paul Guyer (Cambridge: Cambridge University Press, 2011), pp. 11–62。后一个版本有康德本人关于考察的大量笔记。(博克书名一般为 *A Philosophical Enquiry into the Origin of our Ideas of the Sublime and Beautiful*。——译者注)

[2] "νοητα",希腊语"明晰"。——译者注

[3] "*sensualibus*",拉丁语"感觉"。——译者注

[4] "*phantasmata*",拉丁语"幻觉"。——译者注

[5] Alexander Gottlieb Baumgarten, *Meditationes philosophicae de nonnullis ad poema pertinentibus/Philosophische Betrachtungen über einige Bedingungen des Gedichtes,* ed. Heinz Paetzold (Hamburg: Felix Meiner Verlag, 1983), §§CXV–CXVII.

对于自然和艺术的独特经验,而是表明,美学总体上关注感觉经验对于知识的贡献。然而在这本关于诗歌的著作中得出的这个结论,说明这个被有意建构的学科至少包含着美的艺术,而十五年后鲍姆嘉通在他的宏大而并不完整的《美学》(Aesthetica)一书中所给出的学科定义,则明确地指向了艺术。这是第一本以 Aesthetica 为题的美学著作。在这本著作中他写道,"aesthetics"尽管总体上是"有关感性认识的科学",但也是"自由艺术的理论,低级认识能力的逻辑,优美地思考的技艺,'类理性'的认识能力的技艺(the art of the analogue of reason)"。[1] 鲍姆嘉通所说的"低级认识能力的逻辑","'类理性'的认识能力的技艺"或许至今仍然超越于当下的"美学"概念,但他所表述的"自由艺术的理论"和"优美地思考的技艺"在现今指向这样一些概念:"自由艺术"(liberal arts)这个词他本想指称的,按中世纪的风尚,无论如何都是语法和修辞,但现在指向我们所说的文学和音乐,而不是那些主要包括物质媒介和劳动技艺的艺术,比如绘画、雕塑和建筑。[2] 但现在要从鲍姆嘉通自己所给出的美学这个新学科的主题中划出"美的艺术"这个概念,尽管他表述得不明确,但无论如何这是一个现代概念。在过去三百年中,如何确定美学这个哲学学科的恰当主旨是有争议的,而这个问题只能从以下我们将要叙述的路径给予解释,而不能从它当初被给定的意思解释。

现在我们的工作从回答如何给哲学定位开始,这个问题约翰·洛克

---

1 Baumgarten, *Aesthetica* (1750–1758), §1, in Hans Rudolf Schweizer, *Ästhetik als Philosophie der sinnlichen Erkenntnis: Eine Interpretation der 'Aesthetica' A. G. Baumgartens mit teilweiser Wiedergabe des lateinischen Textes und deutscher Übersetzung* (Basel and Stutgart: Schwabe & Co., 1973), pp. 106–107.

2 参见 H. M. Klinkenberg, "Artes liberales/artes mechanicae", in *Historisches Wörterbuch der Philosophie*, ed. Joachim Ritter, 13 vols (Basel: Schwaber & Co., 1971–2007), vol. 1, pp. 531–533; and Wolfgang Ullrich, "Kunst/Künste/System der Künste", in *Ästhetische Grundbegriffe*, eds. Karlheinz Barck, Martin Frontius, Dieter Schlenstedt, Burkhart Steinwachs, and Friedrich Wolfzettel, 7 vols (Stuttgart: Verlag J. B. Metzler, 2000–2005), vol. 3, pp. 556–616, at p. 571。

在他 1690 年发表的《关于人类理解力的论文》的最后部分论述过，那个时候所有的知识都被划分入物理学或自然哲学，伦理学，以及符号学或者逻辑学，即"符号理论"（doctrine of signs）[1]，但相对于当代的哲学实践，我们所确立的明确的哲学的领域不仅仅是伦理学和逻辑学，还有物理哲学、生物哲学、语言哲学、逻辑哲学、数学哲学、历史哲学等等，在一些地方甚至有运动哲学、爱的哲学、性哲学，当然也有艺术哲学。[2] 但是我叙述的起点不是 1690 年，也不是 17 世纪晚期的其他时刻，这是因为，尽管有一些早期的杂谈，其中比较知名的是法国的"古今之争"[3]，但有关美学这门现代学科之核心是什么的争论，至少在 1700 年之前没有出现。[4] 无论如何需要从 1735 年鲍姆嘉通给予这个学科的洗礼讲起，因

1　John Locke, *An Essay Concerning Human Understanding*, ed. P. H. Nidditch (Oxford: Clarendon Press, 1975), Bk. IV, ch. xxi, §§1–4, p. 720.

2　现在这本书原计划作为剑桥系列的《现代哲学的演进》（*The Evolution of Modern Philosophy*）的一部分，由 Gary Hatfield 和我主编，或许一个编辑编自己的书，就像一个律师代表作为当事人的自己一样傻。

3　参见 Rémy G. Saisselin, "Ancients and Moderns", in Saisselin, *The Rule of Reason and the Ruses of the Heart: A Philosophical Dictionary of Classical French Criticism, Critics, and Aesthetic Issues* (Cleveland: The Press of Case Western Reserve University, 1970), pp. 5–14。Richard Foster Jones 的经典著作 *Ancients and Moderns: A Study of the Scientific Movement in Seventeenth-Century England*, second edition (St. Louis: Washington University Press, 1961), 正如它的题目所表明的，争论关注自然科学，顺便关注关于艺术的讨论（例如 pp. 33–34）。更广泛地研究 17 世纪晚期的美学的一般性著作，可参见 Richard Scholar, *The Je-Ne-Sais-Quoi in Early Modern Europe: Encounters with a Certain Something* (Oxford: Oxford University Press, 2005)。

4　这样一来，这部美学史的起点正是塔塔科维奇的《美学史》的终点，他的美学史和我的美学史的重叠部分仅仅是对三位 18 世纪初期的法国与瑞士作家的讨论：杜博（Du Bos）、克劳萨斯（Crousaz）和安德烈（André）。参见 Władysław Tatarkiewicz, *History of Aesthetics*, vol. 3: *Modern Aesthetics*, ed. D. Petsch, trans. Chester A. Kisiel and John F. Besemeres (Warsaw: Polish Scientific Publishers, 1974; reprinted, Bristol: Thoemmes Press, 1999), pp. 429–437。塔塔科维奇的"现代"一词指从文艺复兴到 17 世纪的结束，我的"现代"指从 18 世纪到现在，除了这一基本事实之外，我和塔塔科维奇的不同还在于：他的著作对艺术理论和艺术批评的讨论多于我所说的哲学美学；他的书从内容上可分为对著作家的简评和对他们的理论的摘录，而我尽可能让著作家们自己说话，我的引用将被编入我的解释之中；由于他的美学史结束于 18 世纪初期，因此在 18 世纪大放异彩的英国和德国美学家在他的著作中未被呈现。而从 18 世纪初到 21 世纪初的德语和英语国家的美学家在我的这本著作中是核心。

为那是一个成年礼。及至鲍姆嘉通为这个学科命名之时，美学的领域已经是学院体系中一个蓬勃发展的学科，这个领域事实上也是作家团体中的一个兴旺的领域，不但在德国，法国和英国也是这样，无论是经院哲学家，还是其他作家，都为美学领域的繁荣做出了巨大的和拓展性的贡献，他们聚焦于我所认为的现代美学的核心问题：无论是谈论审美经验也好，展现了艺术的与众不同也罢，抑或是概括了艺术与自然共有的特征，它都可被视为一门独特的知识，一种情感的体验，一种对想象力的训练——它具备游戏的特质，而不仅仅只是表现为知识或情感——更进一步说，只有通过以上所述三种方式的结合才能真正地理解什么是现代美学。我在美学史研究中得出的结论是，一种多元的方法，相比于任何还原论的或者一元论的方法，能够对艺术与自然之经验的价值与本质提供更多的洞见，也能够给我们对自然与艺术之作品的共识提供更令人满意的基础。

我主张这种争论出现在18世纪的第二个十年，也就是1709—1720年（鲍姆嘉通1714年出生，正好是在这十年中间），这十年间英国贵族安东尼·阿什利·库珀（Anthony Ashley Cooper），即夏夫兹博里三世，做出了开创性的贡献，督导他的教育的正是约翰·洛克，洛克在其斑斓一生中是辉格党元老、伯爵夏夫兹博里一世的秘书、政治顾问和私人医生，此人正是哲学家夏夫兹博里的祖父；做出开创性贡献的还有英国议会议员、剧作家和散文家约瑟夫·艾迪生（Joseph Addison），以及法国外交官、历史学家、古物学家和批评家让-巴普蒂斯特·杜博（Jean-Baptiste Du Bos）神甫[1]；还有德国哲学教授克里斯蒂安·沃尔夫。1709

---

1 这个作家的名字通常被印为"Dubos"，但我根据1748年英译本的《对诗歌、绘画和音乐的批评性反思》一书的扉页，拼为"Du Bos"，参见 *Critical Reflections on Poetry, Painting and Music* (1719), trans. Thomas Nugent, 3 vols (London: John Nourse, 1748), 这种拼法还可以看到为现代作家所使用，如 Baldine Saint Girons, *Esthétiques du XVIIIe siècle: Le Modèle Français* (Paris: Philippe Sers éditeur, 1990), pp. 17–42。

年夏夫兹博里第一次出版了他的论文《道德家们》(*The Moralists*)，这篇极具影响力的论文包含着关于美与价值之关系的总体性的讨论（也拒斥了他的终身导师的哲学），这篇论文收入他在 1711 年出版的论文集《论人、风俗、舆论、时代的特征》(*Characteristicks of Men, Manners, Opinions, Times*) 一书中；1712 年，他写了《一封关于艺术或设计科学的信》(*A Letter concerning the Art, or Science of Design*)，以及题为《塑造，或者创意型艺术的内在进程与效用》(*Plastics or the Original Progress and Power of Designatory Art*) 的著作。在 1712 年 6—7 月，艾迪生在《旁观者》(*The Spectator*) 杂志上发表了论"想象之愉悦"的系列论文，这本杂志读者甚众，是他本人和理查德·斯蒂利（Richard Steele）合编的，但这些论文是他独著的。1719 年，杜博出版了他的《对诗歌、绘画和音乐的批评性反思》一书，该书在 1748 年被翻译成英语之前就已经在包括英国的整个欧洲产生了广泛影响。1720 年，沃尔夫把关于愉悦和美的言论收入到他的《关于上帝、世界和灵魂的理性思考》(*Rational Thoughts on God, the World, and the Soul of Man*) 一书中，他的"德意志形而上学"影响了从鲍姆嘉通开始的德国学派，也包括一些我们将要介绍的其他思想家，尽管其后他把他无尽的精力主要用在关于自然科学的哲学和道德哲学、政治哲学上，他的多卷著作中甚至包括了关于建筑的论文，那是他关于数学的笔记的一部分。就这本美学史的目的而言，作为现代学科的美学，始于 18 世纪第二个十年产生的这些著作，并且自此之后没有衰退过，尽管时不时会有大动荡。

但这场运动的爆发，或者鲍姆嘉通在十五年后对这个领域的洗礼，或者查尔斯·巴托（Charles Batteux）下一个十二年后把"美的艺术"（fine arts）作为一个整体的界定，都不应当被误导为表明了美学学科在现代的出现。美学一直是哲学的一个部分，阿尔弗雷德·诺斯·怀特海（Alfred North Whitehead）有一个著名的论断：所有哲学都可以被看作一系列"对柏拉图的注释"[1]。这个论断对于现代哲学的一些领域来说有点夸张，但对于美学来说倒也是公正的。美学学科可以被看作是对柏拉图在《理想国》中关于多种艺术形式之批评的整体性回应：他认为艺术由于可以不受控制地影响我们的情感，因此于知识无益，于道德有危险。对这些批评的回应始于亚里士多德，或许甚至是从柏拉图本人的一些著作就开始了。无论如何，这是本书的核心论断：自18世纪初期以来美学就是对柏拉图的回应，这个回应常常是不言自明的，有的时候要依靠审美经验的认识价值和道德价值，但有的时候则被这样一个论断所取代：审美经验必定具有认识价值，而且还伴有两个新理念———一个理念是，对自然与艺术的所有情感反应是好事情，不是坏事情，无论它是不是有直接的道德价值；另一个理念是，对人类的思维甚至是身体能力的自由练习从本质上讲是令人愉悦的，并且由于愉悦，即便不考虑它未来的认识与道德功用，也是好事情。正如我们将要看到的，这些观念———审美经验的认识价值，审美经验的情感影响，我们特有的人类能力的自由游戏———会以多种形式呈现出来，并且彼此会进行不同的组合，也可以不组合。追踪这些观念的不同形式与多种组合，表明它们的综合比它们的分离更有价值，这是本书的任务。我将围绕着这三个观念组织我们的叙述，这就是为什么这本书仅仅是"一种"（a）现代美学史，因为当然还可以有其他的方式来叙述美学史。[2]

---

[1] Alfred North Whitehead, *Process and Reality: An Essay in Cosmology* (1929), corrected edition, eds. David Ray Griffin and Donald W. Sherburne (New York: Free Press, 1978), p. 39.

[2] 我曾经讨论过另外一些处理现代美学史的方式，参见 "History of Modern Aesthetics", in *The Oxford Handbook of Aesthetics*, ed. Jerrold Levinson (Oxford: Oxford University Press, 2003), pp. 25–60（这篇文章或许可以被称为 "Historiography of Modern Aesthetics"[《现代美学的历史编纂学》]）。尤其是我在其中讨论了三部著作处理美学史的方式：Terry Eagleton, *The Ideology of the Aesthetic* (Oxford: Blackwell, 1990); Luc Ferry, *Home Aestheticus: The Invention of Taste in the Democratic Age*, trans. Robert de Loaiza (Chicago: University of Chicago Press, 1993); and Jean-Marie Schaeffer, *Art of the Modern Age: Philosophy of Art from Kant to Heidegger*, trans. Steven Randall (Princeton: Princeton University Press, 2000)。我不会在这里重复我在那篇文章中（转下页）

由于这些观念会采取不同的呈现形式，因此想要对它们进行精确的界定，肯定是无望的，正如对美学进行精确的界定也是无望的一样。我不打算对柏拉图关于艺术的批评进行简要的回顾，也不采取其他传统形式对柏拉图进行回应，而是要多说一些 18 世纪初期的美学对于柏拉图的多种回应，以及之后的发展。古典学者詹姆斯·波特（James Porter）曾认为柏拉图的哲学在某种程度上是试图发现艺术之中的价值，有些艺术可以被看作是对永恒形式的认识，而永恒形式对于柏拉图来说就是终极真实，这正是柏拉图对更早之前的认识艺术之方式的回应，这种方式侧重从对事物或身体的感觉经验的角度认识艺术，比如颜料、石头和声音。[1] 波特的观点是有力而充实的，而且恢复了我们对物质世界的感觉经验的重要性，这在鲍姆嘉通对于感性的重视中得到暗示，也成为对 20 世纪初期意大利哲学家克罗齐的回应，克罗齐被认为是一位现代柏拉图主义者，或者新柏拉图主义者，他像 2 世纪的哲学家普罗提诺一样，相信

（接上页）的论点，也不会在这本书中与其他学者进行公开的辩论；允许这种放纵的话就会有太多的东西被掩盖。在这里我必须说，我认为吕克·费里（Luc Ferry）的论点——现代美学的发展，特别是它对审美的普遍有效性的强调，与一个开放和民主的公共领域的发展理念密切相关——远比伊格尔顿（Eagleton）的论点更有说服力，伊氏认为美学理论只是精英统治的又一个工具，虽然我同意琼-玛丽·舍费尔（Jean-Marie Schaeffer）的观点，即在黑格尔和海德格尔等后康德思想中转向"艺术思辨理论"（speculative theory of art）是有问题的，但我的论点是，问题不仅在于这种转向的形而上学特征，还在于还原主义。在此我也应当提一下弗朗西斯·斯帕肖特（Francis Sparshott）的伟大著作：*The Theory of the Arts* (Princeton: Princeton University Press, 1982)。他将美学史划分为"古典"（classical）线索——包括"闲散的交流艺术"（arts of disengaged communication），而"闲散的交流艺术"又包括"想象的游戏"（imaginative play）和"美的艺术"（arts of beauty）——以及"表达的线索"（expressive line）(pp. xi-xii)；这种划分当然为美学方法的复杂性留出了空间，但在我看来，它并不否认认知主义美学方法在其历史上的主导地位，并提出表现是美的另一种概念，我们将会看到，对许多人来说，表达是对美的一种解释。最后，我将提到 *Einführung in die Ästhetik* (Munich: Wilhelm Fink Verlag, 1995)，这是黑格尔专家安娜玛丽·格哈特曼-西费尔（Annemarie Gethmann-Siefert）的著作，她区分了美学的两种范式："直觉的真理"和"美的行为"（p. 9）；这种区分与我对真理美学理论和游戏美学理论的区分很接近，但它不承认情感影响美学是一种独立的思想，它可能与其中一种或两者结合，也可能不与另一种或两者结合。

[1] 参见 Porter, *The Origins of Aesthetics in Ancient Greece*, chs. 2 and 3, pp. 70–176。

"美的源泉……和所有以美之名的"、只起于"灵魂……净化……从身体的解脱"。[1] 但在这些观念成为共识前，现代美学关于柏拉图对艺术的挑战的回应，开拓出了另外三种可能：第一，审美经验的价值在于，它本质上如柏拉图认为应当有的那样，是认识性的，而且审美经验的认识价值比柏拉图所认识的还要多；第二，由艺术经验所激起的情感是无须被担心与受限制的，正如柏拉图认为应当有的那样，它有自己的价值；第三，对于想象力的游戏性的练习，事实上对于构成我们审美经验的诸种能力的游戏性的练习，具有先天的价值，而无须考虑它的认识论意义或者情感影响。但是最有力量的现代美学理论最终是那些能够有效利用这三个回应柏拉图之挑战的理论，因为它们既不是不相容的，也不着重强调身体的感官经验领域的愉悦，而这也是对20世纪初克罗齐主张的回应，实际上也贯穿在20世纪80年代理查德·沃尔海姆的著作中。

无论其他古希腊的思想家对丁"美的艺术"这个现代概念是否有相应的回应，在《理想国》中，柏拉图特别考虑了诗——主要是指叙事诗与戏剧——和音乐在教育理想国的保卫者中的作用，这些人有些最终会成为统治这个政治体制的训练有素的哲学家。在这种教育中他并不排斥所有的诗和音乐，但他严厉批评了这些艺术在希腊教育中的功能。首先，他——更确切地说，在他的早期及中期的许多对话中，作为他的代言人的苏格拉底[2]——认为诗人关于神的故事以坏的方式错误地表现着神，未来的守卫者不应当模仿这些行为，而且诗人关于希腊传说中英雄的故事，也表现了英雄的羸弱与坏的行为，这些同样是城邦守卫者不应

---

[1] Plotinus, *Ennead I*, Sixth Tractate, 6; cited from Albert Hoftstadter and Richard Kuhns, eds. *Philosophies of Art and Beauty: Selected Readings in Aesthetics from Plato to Heidegger* (New York: Random House Modern Library, 1964), p. 147.

[2] 关于苏格拉底在柏拉图的对话录中的角色，参见 Charles H. Kahn, *Plato and the Socratic Dialogue: The Philosophical Use of a Literary Form* (Cambridge: Cambridge University Press, 1996), 以及 Alexander Nehamas, *The Virtues of Authenticity: Essays on Plato and Socrates* (Princeton: Princeton University Press, 1999), chs. 1–5。

当模仿的行为。柏拉图坚决主张,"如果我们想让城邦的守卫者认识到被轻易煽动到彼此仇恨是可耻的,那我们就必须禁止**任何**关于神祇们交战、打斗、密谋反对彼此的故事,因为它们不是真的。神与巨人之战,各种关于神仇视他们的家人与朋友的故事,都既不应当被讲述也不应当被编排"(*Republic*, Book II, 378b-c)[1]。相对于这些传统的诗歌,神必须是善的,只有关于神的真实的故事才可以被讲述——因为"上当受骗,从而在自己心灵上一直保留着假象,处在无知和被欺骗的状态,这是任何人都最不愿意接受、最深恶痛绝的"(*Republic*, Book II, 382b)——而且,更重要的是,只有关于神之善行的真实故事是应当被模仿的。同样地,柏拉图坚称,纵使英雄可能是因犯病或者受误导而为恶的,对守卫者的教育还是应当"删除名家所作的那些挽歌,把它们交给妇女(还不包括优秀的妇女),交给平庸的男子,以便使我们正在培养的守卫者,因此不屑而不去效仿"(*Republic*, Book III, 387e-388a)。这引发了对文学进行广泛审查的动议——大量"诗人和故事作者,在关于人的最紧要的问题上所说的,是有错误的。他们说许多不正直的人很快乐,而正直的人却是不幸的;还说不正直是有利可图的,只要不被发觉就行;还说正直是对人有利而对己有害的。我想我们应当禁止这些故事,并且组织诗人去谱写相反的诗歌,讲述相反的故事"(*Republic*, Book III, 392a-b)——尽管这考虑到柏拉图对文学进行审查的支持,但必须意识到,他并不是从抽象的意义上思考艺术经验,而是特别考虑了在他的理想国中,在对未来守卫者之早期教育中,某些文学种类的作用。

因此柏拉图进一步特别声称,学习颂诗和表演悲剧不是城邦守卫者教育的一部分,这是因为两个原因:第一,因为"每个人只能干一种行

---

1 Plato, *Republic*, trans. G. M. A. Grube, in Plato, *Complete Works*, ed. John M. Cooper, associate editor D. S. Hutchinson (Indianapolis: Hackett Publishing Company, 1997). 引文采用传统斯特凡努斯分页法标注。

业而不能干多种行业……如果他什么都干，他必将一事无成"(*Republic*, Book III, 394e)；所以守卫者不应当练习表演艺术，最简单的原因是表演艺术将把他们从掌握管理国家之道和战争之道这一核心任务上引开。第二，守卫者"不必敏于模仿可耻的行为，以免从模仿中享乐，他们应当享受现实。你难道没有发现，从小到大不断地模仿，最后模仿会成为习惯，而习惯是人的第二天性，进而影响着人的言语和思想吗？"(*Republic*, Book III, 395c–d)守卫者们不可以模仿男女奴隶、胆小鬼、酒鬼和疯子，"尽管他们当然要知道什么是疯子，什么是坏男人和坏女人，但他们一定不要去做或模仿这种人"(*Republic*, Book III, 395e–396a)。更广泛地说，守卫者一定不能"模仿"那些干可耻之事的人或者放任可耻的情感的人，因为在模仿性的表演和现实之间，没有明确的边界：模仿可耻的行为将导致做可耻的行为，模仿可耻的情感将导致产生可耻的情感，模仿将腐蚀那守卫者必须学会的、高于一切的理性的自我控制。[1]

柏拉图对艺术之批评的第二部分在《理想国》的最后部分，在这一部分他攻击诗人们自命为守卫者必须知道的那些科学——技艺（"arts"，τεχναι）在这里是实践技艺或者技术意义上的，而不是指美的艺术——与道德方面的专家，因而也是这些方面的合格教师。这些内容就是柏拉图的那个著名分析：模仿或者模仿性的表现——对对象的文学性的表现——与真实隔着三重。柏拉图使用绘画的类比去批评自称为专家的诗人，尽管绘画艺术并不是他的批评对象，因为绘画在希腊的教育实践中没有特殊的位置，而柏拉图正在为教育提供其他的选择。他争辩道：木匠所造之床已经与床的真实"形式"或"理念"隔了一重，而床之理念

---

[1] 关于柏拉图对模仿（如表演）之批评的具体的教育背景，参见 Alexander Nehamas, "Plato on Imitation and Poetry in *Republic X*", in Nehamas, *The Virtues of Authenticity*, ch. 12, pp. 251–278，以及 Stephen Halliwell, *The Aesthetics of Mimesis: Ancient Texts and Modern Problems* (Princeton: Princeton University Press, 2002), Part I, pp. 39–147。

是完善的和不变的普遍性，而不是不完美和瞬间的特殊性，画家或诗人所造的床之影像，仅仅是木匠之床的复制，而木匠之床则是对真实之床，或者床之形式，或者"床自身"的复制。看上去柏拉图所描述的画下来的床与真实之床隔着两重，而不是三重。或许也可能是希腊数数用的是基数词，而不是序数词，或者柏拉图的实际意思是：艺术家所造的客体的图像，仅仅是木匠之床的复制，而木匠之床已经与真实隔着一重，从特定角度来说，木匠之床是第二重，因此对它的复制就是第三重。[1] 无论柏拉图的这个著名论断被如何理解，他都是在用这一分析来诋毁所有艺术领域和被诗人们描绘出的科学领域的行家，或者通过演绎他们而代表他们的人。

> 我们必须考察悲剧诗人及其领袖荷马。……我们听到有些人说，这些诗人知道一切技艺，知道一切与善恶有关的事，还知道神的事情。这些人说：一个优秀的诗人要写出好的诗篇，他就必须有关于他所描述之物的知识，否则是不行的。对此我们必须想一想：这些人是不是碰上了魔术师般的那种模仿者了，受了他们的骗，以致没有认识到这些作品和真实隔着两重，是即使不知道真实也容易制造得出的呢（因为他们的作品是影像而不是真实）。(*Republic*, Book X, 598d-599a)

由于他们只是在影像中交流，所以在对守卫者的教育中，诗人不可能具有行家或他们的支持者所声索的核心地位，也本不该具有。

事实上，柏拉图刺出了最后一刀：你认为那些既能仿制一物，也能制作它的影像的人是否能让自己严肃地制造影像，并以之为生活中最重

---

[1] 我把这些关于柏拉图之著名论断的别样的解释归功于亚历山大·内哈马斯和苏珊·索韦·迈耶（Susan Sauvé Meyer）。

要的事情，从而将之置于生活的主要部分？如果诗人真的是治国或战争的行家，他们将选择成为政治家或者将军，而不是诗人。由于他们仅仅是诗人，诗人甚至不能给出一个科学的理由来说明，要成为他们自己领域中的行家应当做什么，比如诗律[1]，因此他们必须被置于教育之外，而将位置留给哲学家。

抑或至少柏拉图主张诗人应当被逐出理想国的教育，只要诗人致力于哪怕是初级的模仿。在他的理想的教育计划中，柏拉图并不是驱逐所有形式的诗。毕竟，他允许那些"好的或者美的故事"（*Republic*, Book II, 377b），而且他允许某种形式的音乐，那些他认为的表现性的或者模仿性的艺术，正如现代通常所认为的，胜于一种非表现性的艺术形式，也就是说，当音乐通过适当的模仿"正在努力战斗或……自制而沉稳地与命运抗争的勇敢者的声调与旋律"，或者模仿"一个正采取平和、自然与自愿行为的……作为适度而勇敢者的声音的……最佳的模仿对象的人"（*Republic*, Book III, 399a-c），从而以适度而勇敢者的具有德性的习惯劝导人们。从某种意义上说，柏拉图对于艺术有非常高的要求——他致力于一种对于人类行为有强大影响力的艺术——而且要求艺术必须严格地受制于他的理想国，特别是理想国的教育体系。对艺术之教育价值的现代捍卫者而言，持续的挑战是：开发它的生成性潜能同时避免过度监控。

在获得命名之前，美学的哲学自律就已经觉醒了，因为许多哲学家以及其他大多数人都无条件地热爱艺术，从而不接受柏拉图的批评。这或许已经包括史实上的苏格拉底甚至在《理想国》之外的作品中的柏

---

[1] 关于这一点，参见柏拉图对话录的《伊翁篇》（*Ion*），在之中苏格拉底嘲讽诗人和吟诵他们的诗歌的吟诵者，声称他们只能把自己的成功归于神圣的灵感，而不是真知和技艺。在18世纪，正如我们所见到的，艺术灵感的观念是以"天才"之名被一位冷峻的哲学家——伊曼纽尔·康德捍卫的。

拉图本人，比如《会饮篇》，同样是"中期"之作但可能略早于《理想国》[1]，据传苏格拉底曾经和一位被称为曼提尼亚国的蒂俄提玛（Diotima of Mantinea）的女士对话——这里柏拉图把他自己摆在与他的观点隔着三重的位置——这场对话关于美的本质，尽管不是关于艺术或其他特殊的技艺。据苏格拉底转述的他与蒂俄提玛的对话，她从描述性爱开始，性爱可以引导我们复现我们的探索，对被视为至善或者不朽之物的探索，而这正是由理想的伴侣的美引发的，因为我们视美为善的符号。接着她介绍了关于最高境界的"美"的理念——"不生不灭，不增不减……不在此点而美，在另一点而丑；也不会一时美，一时丑；也不会相比一物而美，相比于另一物而美丑"——而是永恒且唯一的美，或者说，是柏拉图式的美的纯粹形式。她明确断定我们期望这种美的形式，并且争论道，通过熟悉普遍的美的物与人，我们可以被导向这种美的纯粹形式："一个人为了这种最高境界的美，从世间个别的美的事物出发，不断循阶上升：从一个美的形体到两个美的形体，从两个美的形体到全体的美的形体，再从美的形体到美的行为习惯，从美的行为习惯到美的学问知识，最后再从各种美的学问知识一直到只以美本身为对象的那种学问，彻悟美的本体。"（*Symposium*, 211a-d）[2] 这里柏拉图给出了两个理念，而这两个理念或许他本人在《理想国》中都试图拒绝，这两个理念自此最少提供了一种对发生于《理想国》之中的对艺术之攻击的回应：第一，可见之物的美，特别是人的身体之美（尽管柏拉图看上去没有特别思考对这一艺术的永恒主题的艺术化的描述与表现），可以引导我们去认识更高形式的美；第二，通过欣赏这样的对象，我们被引向关于更高的美的**知识**，或者关于美的真正**本质**的一些重大真理的知识。这也是普罗提诺在我们上面的征引中所提取的路径，尽管随后我们将会看到近代

---

1 参见 Plato, *Complete Works*, pp. xii–xviii。
2 Plato, *Symposium*, trans. Alexander Nehamas and Paul Woodruff, in Plato, *Complete Works*.

的新柏拉图主义事实上并没有采纳这一路径。

像普罗提诺那样，许多追随着柏拉图的人，他们致力于从关于真理的某种强化形式的知识中寻求关于美的价值（无论是关于自然的美还是关于艺术的美），但实际上却回避了这样的问题：通过对于我们自身身体之美的经验，这一经验中有"性"之吸引力的特殊感受，我们将获得关于美之真理的更高的形式，尽管我们将见到 18 世纪一位多产的作家——埃德蒙·博克——乐于将性的吸引置于他的美论的核心部位。反倒是蒂俄提玛宣称美的身体导致关于美本身的知识这一论断，通常被变形为这样一个建议：通过自然客体或艺术作品给我们的美的经验（或者，特别是在 18 世纪，关于第二美学范畴，也就是崇高的经验），我们可以获得关于根本真理的洞见，不是关于美自身，不是关于美的形式的知识，而总体上或许是关于实在之形而上学本质的知识[1]，或许是关于人类生存的道德的、政治的或者情感的条件，这些条件我们不能通过其他方式便利地获得。[2] 柏拉图的学生，也是他的反对者亚里士多德，在他的《诗学》中确切地回应了他的老师对艺术的批评：

  诗人的职责不在于描述已经发生的事，而在于描述可能发生的

---

1 这就是琼-玛丽·舍费尔在前面所提到的书中所说的"艺术的推测理论"（speculative theory of art）。
2 拜泽尔宣称柏拉图所承认的审美经验的性欲方面，反过来被"蒂俄提玛的孩子们"和她的真正继承人，从莱布尼茨到莱辛的德国"理性主义"美学家们所承认——参见 Frederick C. Beiser, *Diotima's Children: German Aesthetic Rationalism from Leibniz to Lessing* (Oxford: Oxford University Press, 2009), pp. 21-22——我们必须谨慎对待，因为她给苏格拉底的建议告诉我们，正如我们应该抑制艺术作品本身对自己的吸引力，以欣赏更高层次的东西一样，因此，为了欣赏更高层次的东西，我们应该抑制艺术所描绘或描述的人体对自己的吸引力——但称我们将会拥有的这种爱为更高的"爱欲"（erotic）似乎很奇怪，虽然使用这个名字来称呼我们对肉体的爱是很自然的，而我们对更高之物的爱正是从这种爱开始的。我们以后会看到，拜泽尔的英雄之一，也是我的英雄，门德尔松，确实承认审美经验的肉体维度，尽管他没有强调它的具体的性维度；但在"蒂俄提玛的孩子们"中，他这样做是不寻常的。

事，即根据可然或必然的原则而可能发生的事。历史学家和诗人的区别不在于是否用韵文写作，……而在于前者记述已经发生的事，后者描述可能发生的事。所以，诗比历史更具有哲学性、更严肃，因为诗陈述"本质"和"普遍性"，而历史却记载具体事件。所谓普遍性的陈述，指根据可然或必然的原则某一类人可能会说的话或会做的事——诗要表现的就是这种普遍性，虽然其中的人物都有名字。(*Poetics* 9, 1451a37-1451b10)[1]

亚里士多德对于诗的辩护向我们指明了人类动机、行为，以及对行为之反应的总体的可能性，尽管这一理念是以模仿的形式向我们呈现的，而模仿是我们天生就会的学习方式，也是我们本享有的权利(*Poetics* 4, 1448a5-23)。当然，这是针对柏拉图观点的不彻底的反驳，柏拉图建议把许多对人类行为和动机的描述从诗之中驱逐出去，因为处在性格成形期的卫士可能会被其影响：如果是彻底的反驳，亚里士多德就应当加一个前提——任何一个希望行动成功的人都**需要知道**人类可能性的全部范围，而不是对全体视而不见，却只关注人类行为和动机的最值得拥有的形式，或者抵制整体而只要这些形式，正如柏拉图所料想的那样，这是可能的。更进一步讲，亚里士多德本该强调柏拉图的主张——在城邦守卫者的教育过程中，由艺术表演引发的强烈情感，反而是艺术之价值的强有力的标志。在《诗学》的简要的文本中，亚里士多德没有明确提出这两个前提，尽管在他关于悲剧的著名的命题中，他提出悲剧的目的是唤起怜悯与恐惧之情，从而使观众得以 *katharsis*[2] 或净化，这个观点是与柏拉图的立场相对的，柏拉图认为这种情感的唤起对于城邦守卫者的教

1　Aristotle, *Poetics*, trans. I. Bywater, in *The Complete Works of Aristotle*, ed. Jonathan Barnes, 2 vols (Princeton: Princeton University Press, 1984), vol. 2.

2　"*katharsis*"，可译为"净化"。——译者注

育来说是不恰当的（*Poetics* 6, 1449b21-30）。[1]

更进一步来看，亚里士多德的《修辞学》的前提是：一个人必须对人类情感、动机和行为的全部范围有深入的熟知，包括善与恶，也就是"人类性格的多种类型，关乎诸种情感，关乎个性、年龄和财富的状态"（*Rhetoric*, Book II, ch. 12, 188b33—34）[2]，这样才能够从其自身的角度劝说某人，更普遍的是，能够在人类中间成功地实现相互影响；在整个《修辞学》中，亚里士多德引用了希腊诗歌来说明和确证他所宣称的"人类性格的多种类型"和"诸种情感"。他明确地坚称，诗，对他来说这是具象艺术的典型形式，是人类本性和个性之诸种真相的不可或缺的储存。同样重要的是，他看上去并不担心我们会自动倾向于**模仿**那些描述给我们的行为，而柏拉图正是这样认为的，所以他颂扬在艺术中描述人类情感和行为的全部范围，而不拘泥于对艺术能够毒害我们的道德的担心。通过把我们对于艺术的反应构想为认知，而不是模仿，亚里士多德削弱了柏拉图对于大部分艺术的反对。但是他仍然停留在最初的认知主义框架之中：艺术的价值是给我们提供知识，关于人类总体可能性的知识和关于人类情感自身的本性的知识，他没有说情感的唤起有其自身的价值，也没说想象力的练习因令人愉悦而具有自身价值。

艺术和审美经验的其他对象是进入关键真理的不可或缺的方式，这个命题贯穿于整个美学史之中，当然也贯穿于现代美学史中。对柏拉图之回应的第二个维度是由古罗马诗人贺拉斯在他的《诗艺》（约公元前20年）中发轫的："诗人的目的不是牟利，就是娱人，或者使其言辞令

---

[1] 关于亚里士多德对"*katharsis*"著名而晦涩的定义的可供参考的解释，参见 Jonathan Lear, "Katharsis"，以及 Alexander Nehamas, "Pity and Fear in the *Rhetoric* and the *Poetics*"，两者均收入 Amélie Oksenberg Rorty, ed. *Essays on Aristotle's Poetics* (Princeton: Princeton University Press, 1992), pp. 315-340 and 291-314。

[2] Aristotle, *Rhetoric*, trans. W. Rhys Roberts, in *Complete Works*, vol. 2.

人喜悦并给出生活的教训。"[1] 一方面，这继续了亚里士多德的主题——艺术应当教人以人类状况与性格的基本真相——"给生活以教训"。但是另一方面，它承认纯然的愉悦是诗的独立价值所在，而这正是柏拉图的理论所缺乏的，或许也是亚里士多德所缺乏的。当然，简单的算术就能表明，诗（或者其他艺术）中最有价值的那些，或许就是能够把教诲与愉悦结合起来。

这点儿算术导致了许多世纪以来对于柏拉图的标准回应：无论在艺术理论中，还是在出于宗教或政治目的而对艺术的应用中，艺术之所以是有价值的，是因为它能呈现关于人的本性的重要真相和以一种迷人甚至令人感动的方式对人进行引导。这个观点明确地呈现在文艺复兴后期的一本关于艺术的著作中，这本著作是那个时期最著名且最令人喜爱的著作之一：菲利普·锡德尼爵士的《为诗辩护》（写于1581年，1595年首版）。锡德尼吸收了亚里士多德和贺拉斯的理念，他说"诗的首要的和最高贵的品格"是"通过模仿给人教益与快乐"，而"诗的模仿却不借助过去、现在和将来存在的东西，而只在渊博的见识的控制下进入那神圣的思考，思考那可能的和应当的事物"。在这些话的前几页，他提到了亚里士多德；后几页，他提到了贺拉斯。这些诗的模仿"既为了愉悦，也为了教益"，愉悦是为了鼓舞人们去实践那些他们本来会漠视且逃开的善行，而"教育则是为了使人们了解那些感动他们的善行"。[2] 事实上，锡德尼把自己呈现为一个柏拉图的捍卫者，而不仅是诗的捍卫者——他说，"我曾经公正地解释的，而不是不当地坚持的，是谁的权威性"[3]——这个权威结合他的亚里士多德-贺拉斯主义的立场，我们认

1　Horace, *The Art of Poetry*, trans. E. C. Wickham (1903), cited from *Critical Theory since Plato*, ed. Hazard Adams (San Diego: Harcourt Brace Jovanovich, 1971), p. 73.

2　[Sir Philip] Sidney, *A Defence of Poetry*, ed. J. A. Van Dorsten (Oxford: Oxford University Press, 1966), pp. 26–27.

3　Ibid., p. 59.

为这个立场是《会饮篇》中蒂俄提玛之论点的另一个版本，保存了詹姆斯·波特所确认的柏拉图美学的反物质性的意图：他赞扬所有形式的知识，只要这些知识能够"从肉身的地牢中托升起精神，并使其享有其神圣的本质"[1]。诗能作到这个程度，那它当然是有价值的。但是，他宣称，"一切人间学识的最终处是有德行的行为，最能启发德行的技能就有最为正当的权利，它王踞于其他技能之上"[2]，而后他声称诗最应获得这种权利。然而道学家们会以"肃杀之气"走向我们并宣扬他们的信条，但他们"如此拙于言辞，如此含糊难懂，以至于并无其他指导可以遵循的人，会在他的泥沼中跋涉终生而没有找到诚实做人的理由"。"另一方面，历史学家缺乏箴规，局限于已在之物而不知道应是之物，局限于事物的特殊真实，而不知事物的一般真理，以致他的实例不能上升为必然的结论，因此他提不出有效用的学说。"[3] 只有诗人"结合了一般的概念和特殊的实例"，并且以某种方式"打击、刺入（和）占有灵魂"。[4] 诗人优于哲学家和历史学家，"不仅仅在于给精神提供知识，还在于促使心灵向往值得称为善和值得确认为善的东西。正是因为诗促使人前进，感动人去行善，所以胜利的桂冠就戴到了诗人头上"[5]。

关于诗或许还有其他艺术的这个理念——能够表现人类情感、动机和行为之可能性的全部范围，而且同时还有感动我们、使我们趋善避恶的力量——无论看上去是以亚里士多德的方式对柏拉图的批评，还是对柏拉图的捍卫，正如它被锡德尼所指出的那样，这个理念是许多世纪中西方人思考艺术的核心，直到审美自律性观念在18世纪成形。为什么在那个时代审美自律性会成为必需的？是什么使得传统上对于艺术的捍

1　Sidney, *A Defence of Poetry*, p. 28.
2　Ibid., p. 29.
3　Ibid., pp. 29, 31-32.
4　Ibid., p. 32.
5　Ibid., p. 38.

卫是不充分的？这个问题可以从社会历史的角度进行回答。许多世纪以来，文学、视觉艺术、建筑和音乐所具有的动人的力量在整个欧洲一直被用于交流基督教的基础真理以及感化人的行为。但在基督教新教改革的某些阶段，比如 17 世纪英国的清教主义和 17 世纪晚期 18 世纪早期德国的虔敬派，利用艺术之美并不有助于感化人的灵魂以通达上帝，反而是宗教虔诚的阻碍，在这些阶段，没有对于艺术的敌视，只有实际上的反偶像崇拜——在英国的许多大教堂和礼拜堂中，雕塑没有头部，这都应归于英国内战和清教联邦的物理破坏，而对于德国虔敬派来说，则是路德派的教堂都是令人生厌的，更别说奢华的天主教反宗教改革的巴洛克教堂。由于同时被清教主义的最峻苛形式（这种形式在英国起于 1660 年的斯图尔特王朝复辟，以及 18 世纪之初的德意志新教诸共和国中）和无比艳丽却正在衰退的反宗教改革形式（这种形式兴于 18 世纪的天主教诸国）所吸引，公众或许感到他们更需要从哲学角度而不是宗教角度来辨析他们所爱的诸多艺术形式。特别是 18 世纪，随着上一个世纪的宗教战争推高了需要，贵族的基于农业的财富得以恢复，而新兴资产阶级在贸易和制造业中获得了新的财富，两个集团都把越来越多的钱投入艺术中，或许也认为这是花钱的正当理由。但在下面的叙述中，我要把关于现代美学之兴起的历史、社会原因的推论放在一边，而是从新奇的观念，或者新老观念之间的新奇的联系出发，来解释学科的兴盛。[1]

一个 18 世纪初期产生的根本性的新观念是：由艺术引发的情感不是危险而可鄙的，相反，在一定的程度上，它是可令人愉悦的，并因此

---

[1] 讨论现代美学之起源的社会学性质的文本，见于如下作品：Martha Woodmansee, *The Author, Art, and the Market: Rereading the History of Aesthetics* (New York: Columbia University Press, 1994); Prebend Mortonsen, *Art in the Social Order: The Making of the Modern Conception of Art* (Albany: State University of New York Press, 1997); Larry Shiner, *The Invention of Art*, chs. 5 and 6, pp. 75–129; and Paul Mattick, *Art in Its Time: Theories and Practices of Modern Aesthetics* (London: Routledge, 2003)。

而是有价值的——这个价值是为其自身的价值，而不是因为它为管理我们自己和他人提供了有益的教诲（而这正是亚里士多德在其《修辞学》中提到的艺术的价值）。我们将在第一卷中见到，这个观念出现在许多18世纪的作家那里，而他们中的许多人都受到18世纪美学最初的四杰之一的杜博神甫的影响。杜博写道：我们最致命的敌人之一是"厌倦"，或得"精神的倦怠"，唤起热情是驱除厌倦的最有效的方式[1]，尽管也可以通过其他普通的方式唤起激情或者"伟大的情感"[2]，比如伴着巨大的风险和投入的赌博，相比而言，艺术伟大的功绩就在于，"它能够设法创造出可以激起人为热情的客体，当我们被实实在在地感动时，它能够充分地占有我们，却不会带给我们真正的伤害或痛苦"[3]。（我们得认真地思考杜博所说的被艺术引起的"人为的"热情。）另外一个在探索引发激情或感情时的即时快感的有影响力的作者是埃德蒙·博克，他比西格蒙德·弗洛伊德早一个世纪在我们的两个主要的社会性的驱动力——一方面是性的驱动力，另一方面是恐惧死亡的驱动力——中发现了两个重要的美学范畴：美和崇高。他认为我们在美的事物中所喜爱的是这样一种品质：它极富"性"的吸引力，但又不导向真正的"性"；同时我们发现崇高通常是极大地危及我们自身安全但又没有真正威胁到我们的。在这两个事例中，我们所喜爱的是我们最强烈激情的唤起，通常又没有伴随风险或利益。然而18世纪美学的另一位核心人物，苏格兰的法理学家、散文作家亨利·霍姆，也就是卡姆斯勋爵，在他的伟大的著作《批评的元素》(*Elements of Criticism*，这部著作要到19世纪才能在美国的大学中被读到）中，以不同的方法，或者说从能引起我们的情感的人的本性的许多方面，辨析了"批评的元素"，他的核心命题是"美的艺术

---

[1] Du Bos, *Critical Reflections on Poetry, Painting and Music*, Part I, ch. I, vol. 1, pp. 8-9.

[2] Ibid., ch. II, vol. 1, p. 10.

[3] Ibid., ch. III, vol. 1, p. 21.

连接起情感与激情，……适宜耳目之娱"[1]。卡姆斯勋爵冗长作品的许多章节致力于以细节的方式展示不同艺术的典型形式与内容，如何同自然的一些方面一样唤起我们的激情，而激情被卡姆斯当作是显然可以令人愉悦的，也是无害的。

但不是所有的 18 世纪美学家都认为激情的唤起可以替代对审美经验之价值的认识论解释。18 世纪最伟大的美学家之一，伊曼纽尔·康德，显然要把他所称的"魅力和激情"（*Reiz und Rührung*）从"鉴赏对象"（object of taste）的适当经验中驱逐出去（*CPJ*, §13, 5:223）。但这并不能说明康德重新回到了对艺术的纯认知主义态度。18 世纪美学中新出现的第二个基本观念是，我们对自然与艺术的愉悦并不导向对于真理的认知，但可以被理解为人类精神力量与自然或艺术家提供给我们的客观现象的自由游戏之最本质的和最自然的有价值的结果——尽管我们在康德的艺术理论中将看到，这一点与艺术的认识价值不矛盾，甚至是与其结合在一起的。不同的哲学家从不同的角度理解这个观念，其中的一种形式是颂扬想象力，以其作为一种创造力，将其作为人在不完全受认知与行为上的强制约束时的反应，这种约束往往来自对知识与道德的需求。在康德之前，这个观念在英国特别是苏格兰有所发展，实际上在 17 世纪初期，弗朗西斯·培根对这个观念就有所预见，在他的《学问的进展》一书中，他写道：

> 诗是学识的一部分，从语言的角度来看它受到极大的限制，但在其他方面，它又受到极大的宽容：诗真正被归为想象力的结果，而想象力不受物质法则所约束，想象力可以按其所好地把自然所分开的东西结合在一起，也可以把自然使其结合在一起的东西分开，并以此制造出事物不合法度的分与离。……（它）不是别的，它就

---

[1] Henry Home, Lord Kames, *Elements of Criticism*, sixth edition (1785), ed. Peter Jones, 2 vols (Indianapolis: Liberty Fund, 2005), vol. 1, ch. II, p. 32.

是那可用**散文**或**韵文**表达的**虚构的历史**。

这种**虚构的历史**，它的用途在于，它能够在某些方面给予**人类**心灵一点点满足，而在这些方面，事物却不能以其**本性**给人以满足，因为世界是低于灵魂的：因为它更倾向于**人类**之精神，能在事物的**本性**中发现更丰富的**伟大**，更严格的**善**，更为绝对的多样性。因此，正因为**真正历史**中的**行动**与**事件**没有那么**宏大**，不足以满足**人类**心灵，所以**诗**便伪造了更为**宏大**和**英勇**的**行动**与**事件**。……**诗**所给予的，是**恢宏**的气度、**道德**和**欢娱**。[1]

上面引文中最后的句子表明，培根已经把贺拉斯关于诗或者艺术更普遍地用于牟利和娱人这一论断抛在身后。但他隐隐地挑战了亚里士多德的论断：诗比历史更真实，因为诗关注一般性而不是个别事物；他反而提议，诗关乎**虚拟的**可能。诚然，从他的角度来看，典型的虚构具有道德目的：我们所设想出的可引导人类的诸种可能，在道德上优于我们对实际的观察，想来是为了超越我们自己而认识到更好的可能状态。我们将看到，并不是每个想象力的自由游戏（它是审美经验之基础）的捍卫者，都提出这样的道德目的，或者这样直接地提出道德目的。一些我们提到的思想家，如 18 世纪末期的弗里德里希·席勒，明确地寄希望于通过审美经验这一道德教育的关键部分，获得想象力的解放。其他人，如 19 世纪与 20 世纪之交的乔治·桑塔亚纳，完全颠覆了审美经验具有道德益处的传统假设，转而要求从道德的角度创造条件，让我们自由地享受审美经验所带来的愉悦，特别是想象力的自由。但我们将在现代美学史中看到想象力的自由游戏（free play）这一观念既被反对，又得到支持。

想象力的自由游戏体现审美经验的本质价值，对这一新奇的观念的

---

[1] Francis Bacon, *The Advancement of Learning*, in *The Oxford Francis Bacon*, ed. Michael Kieran (Oxford: Clarendon Press, 2000), vol. IV, p. 73.

介绍，并不意味着对原来那些观念，如审美经验可以获取真理的更高形式，或者审美经验是获取真理的一种特殊形式——在柏拉图的《会饮篇》这一哲学的起源处所预示的这些观念，不能轻易被抛到脑后。相反，我们将看到这些观念又成为现代美学的主要命题，有时候它们显现为非常传统的形式。在第一章中，我们将见到英国哲学家夏夫兹博里和德国哲学家沃尔夫都认为，对自然和艺术中的美的经验，是世界的完美与潜在秩序的感性启示。半个世纪之后，受沃尔夫形而上学与心理学影响的德国美学家约翰·格奥尔格·祖尔策（Johann Georg Sulzer），向我们指出，锡德尼对诗的辩护，要害在于艺术不是服务于发现真理，特别是道德的真理，而是服务于让这些真理鲜活并且能够感染我们。康德艺术理论的核心，完全是把传统的认识论与关于自由游戏的新理论结合起来，结合在作为美的艺术的"灵魂"（spirit）的"审美理念"（aesthetic ideas）概念中（*CPJ*, §49）。这与他对所谓的"纯粹"审美判断的最初分析是相反的，这种纯粹审美判断通常是由自然美的简单案例触发的。像柏拉图的形式，想象力，以及游戏，都是极其重要的概念。

康德试图把作为对真理之认识的审美经验理论和自由游戏理论综合起来，但他试图把情感影响从艺术的价值中驱逐出去，看起来美学理论的下一步本该是创造出一种这三者与审美经验的其他方面相综合的理论。但这事实上没有发生。在康德发表《判断力批判》三十年后，黑格尔认为艺术是"通向我们的精神和表现**神圣**的一种简单的方法，是人类最深刻的旨趣，是心灵最具有可理解性的旨趣"，以此之故，"艺术的最高使命，对于我们而言，已经成为过去的事"，因为哲学，在他看来，正在成为一种通向我们的精神和表现深奥真理的较好的方法，而艺术曾经是这样一种方法。[1] 我们将看到，在19世纪上半叶，其他那些在

---

[1] Hegel, *Aesthetics*, vol. 1, pp. 7, 9.（中译参照：黑格尔：《美学》[第一卷]，朱光潜译，北京：商务印书馆，1996年。下同，不再注出。——译者注）

美学中居于显著地位的德国哲学家，比如弗里德里希·席勒和亚瑟·叔本华，也拒绝承认苏格兰学派和康德的自由游戏的理念，并且宣扬其他形式的对艺术的本质性认识。但是找到一条将三者结合进审美经验的道路——认知主义的途径，对情感感动的认可，自由游戏的理论——却成为至少一位这些哲学家们的同代人的核心任务，他就是弗里德里希·施莱尔马赫；也是另外一些 19 世纪晚期的主要美学家，比如威廉·狄尔泰和乔治·桑塔亚纳的核心任务；同时也是一些 20 世纪最令人感兴趣的美学家，比如已经提到过的理查德·沃尔海姆，还有汉斯-乔治·伽达默尔和赫伯特·马尔库塞等人的核心任务，后两人都背叛了他们的老师马丁·海德格尔，海德格尔并没有进行这样的综合。

在那些没有将现代美学的这三个中心问题综合起来的美学家中，一个异乎寻常的翻转出现了：关于审美经验是对真理的模仿这一传统理念在现代时期发生了翻转——艺术的目的根本不再是揭示基础科学的、形而上学的或者道德的真理，这些任务，正如黑格尔所设想的，最好留给科学和哲学，艺术的任务在于澄清和揭示关于人类情感的真理。我们将见到，这是 19 世纪末期，也是 20 世纪末期，一些自命为"新康德主义"的德国哲学家的核心理念，比如尼尔·卡罗尔（Noël Carroll）和贝里斯·高特（Berys Gaut），这也是 20 世纪最伟大的英国美学家 R. G. 科林伍德的核心观念——尽管我们将见到科林伍德也把"一件真正的艺术作品"理解为"一种总体活动，是欣赏它的人通过应用想象力，所理解或者意识到的活动"，这种活动像艺术家"在绘画时的欣赏"或者在其他创造时的欣赏[1]，所以科林伍德也以他鲜明的方式把揭示某种真理这一理念和实际的情感体验以及想象力的自由游戏进行了结合。越过艺术发挥着澄清人类情感的本性这一核心功能的观点，我们还发现 20 世纪发展

---

[1] R. G. Collingwood, *The Principles of Art* (Oxford: Clarendon Press, 1938), pp. 150–151.

了这样一个观点：艺术具有一个特殊的功能，它揭示着人类情感得以发生的条件和人类行为之所以可能的条件。我们在诸如乔治·卢卡奇和西奥多·阿多诺这些马克思主义理论家处可以发现这个观念的一种形式，也可以在世纪之交的美国美学家处发现这个观念的特殊形式，比如斯坦利·卡维尔，他在他的哲学文本和对电影与戏剧的反思中说明——艺术给予我们对这个事实的最深刻的洞见：我们一直在没有完全洞察我们的情感和动机等其他情况下展开我们的行动，只有我们认清人类的这一状况，在追寻幸福时我们才有机会获得成功。[1]

现代美学史的许多部分都可以概括为三个理念之间的纠缠：审美经验是关于关键真理的经验；是关于人类经验之最重要的基础性情感的经验；是关于想象力的自由游戏的经验。我并不期望呈现这些理念所采用的全部形式，也不期望呈现全部那些使得这些理念得以产生的思想家——那将会造成以本书取代对本书的导言。但我将讨论在现代美学进程中以自己的方式综合三个方法的最有趣的人物。

我将用其他方法实现这一点。在现代时期，"新柏拉图主义"——这个概念相比于普罗提诺，更相关于夏夫兹博里——被标示为这样一个观念：真、善和美是一回事，只不过看的角度和背景不同。这三个术语：真、善、美——许多哲学都基于把三者作为三种基本的精神能力——参与认知的能力，关乎道德理性和道德情感的能力，在精神活动中的想象力或发现愉悦的能力以及与前两者无关的情感，并不偶然。比如门德尔松，把"灵魂的功能"区分为"认知的功能"、"欲望的功能"和"介于认知和欲望之间的……赞同、许可和灵魂的满足，而这种满足是确实远离于欲望的"。[2] 现代美学可以被看作是这些观念的冲突：我们的审美经

---

[1] 我在此借用卡维尔 *Pursuits of Happiness: The Hollywood Comedy of Remarriage* (Cambridge, Mass.: Harvard University Press, 1981) 的标题。

[2] Moses Mendelssohn, *Morning Hours: Lectures on God's Existence* (1785), trans. Daniel O. Dahlstrom and Corey Dyck (Dordrecht: Springer, 2011), pp. 42–43.

验涉及我们的所有能力，或者只涉及其中的某一种能力；反对把审美经验看作是新柏拉图主义所认为的三合一，必须把美与真和善区分开，强调我们的审美经验和我们对"真"与"善"或者"好"的认知是不一样的，但另一方面，一些很大程度上是新柏拉图主义的继承者的人认为，很明显，审美经验和它的刻意的载体——艺术——是认知方式，在之中，我们关于真理的知识，我们关于善与恶的情感与知识，得以表现出来，并且是以一种富于想象力的和引人入胜的方式呈现出来，因此"美的"（beautiful）这个词可以被看作是一种缩略语。从某种观点看，审美经验和艺术必须严格地从理论知识和实践原则的领域中区分出来，同时另外一些观点认为，审美经验和艺术的最佳状态是它们最大程度地参与到我们的认知与实践能力中，同时也参与到感觉和想象力的运用以获得愉悦的能力中。本书将讨论，最令人感兴趣的现代美学家从比较宽泛的意义上讲都像是新柏拉图主义者，是普罗提诺的纯粹理智主义的对立面。

以这样的方式概括我们的讨论，使我们可以得出这样一个观点：它或许有助于东方的读者对下面所述的理解。早前我曾经影射过保罗·奥斯卡·克里斯特勒（Paul Oskar Kristeller）发表于1951年的论文，那篇论文认为"美的艺术"（fine art）这个概念，甚至审美自律性的可能性，是18世纪的发明。五十年后，拉里·夏纳（Larry Shiner）的那本广博的《艺术的发明》（The Invention of Art）捍卫了这一观点，这本书的材料更加丰富。夏纳认为，在18世纪，"美的艺术"这个概念，是由"艺术"这个相对于"技艺"（crafts）和其他"技术"（technologies）的新概念构成的，也是由作为创造之天才的"艺术家"（artist）这个概念构成的，它相对于"匠人"（artisan），匠人是指受过良好训练以便生产一些"有用的或者有趣的东西"的人；美的艺术这个概念还包含对审美经验的一种新的区分方式，这种方式把"一种特别的、文雅的、与美的艺术相匹配的愉悦"和"有用或者有益的东西带给我们的日常愉悦"区分开。[1]夏纳的书聚焦于艺术家和批评家的著作与论述,有意回避那些哲学化的主张对艺术和审美经验所做的细致分析,这也是夏纳这本书所反对的;但是,他发现"非功利性的沉思"(disinterested contemplation)[2]和"审美经验的自律性"(the autonomy of aesthetic experience)这两个康德和席勒美学思想的核心观念,可以浓缩"美的艺术"这个现代新概念中产生的新的思想方法[3],同时这本书还发现,只有少数思想家,如威廉·荷加斯(William Hogarth)和让-雅克·卢梭,反对这些新的共识:把艺术与其他人类行为区分开,把审美经验和其他经验区分开。我将质疑任何把审美经验与艺术和其他人类经验与产品的形式割裂开的现代观念。我之前坚决主张,审美经验的非功利性这个被弗朗西斯·哈奇生引发,并且在半个世纪后被康德复活了的观念,几乎没有被18世纪的思想者广泛接受,反倒是被人们所反对的[4];本书的主张是,借用一个词,"审美经验"和"艺术"这些概念,在现代时期本身就是"本质上可争议的概念"[5],关于审美经验的概念是不是必须和其他形式的概念严格区分开,艺术是不是要和其他形式的人类行为和产品严格区分开,在这些问题上,没有共识,正如克里斯特勒-夏纳的论文所预设的——我同样认为,最有趣和最富于哲学性的关于审美经验和艺术的理论,应当是分析它们的复杂性,而不是简化与区分。这是我为本书选定的座右铭。

刘旭光译

1　Shiner, *Invention of Art*, pp. 5-6.
2　"contemplation",这个词有凝视的意味。——译者注
3　Shiner, *Invention of Art*, pp. 144-145, 157-164.
4　参见 Paul Guyer, *Kant and the Experience of Freedom* (Cambridge: Cambridge University Press, 1993), chs. 2-3, pp. 48-130。
5　参见 W. B. Gallie, "Essentially Contested Concepts", *Proceedings of the Aristotelian Society* 56 (1956): 167-198, 以及其 "Art as an Essentially Contested Concept", *Philosophical Quarterly* 6 (1956): 97-114。

第二章

想象着的想象力

——18世纪的一些观念

一、想象力和审美经验

伊曼纽尔·康德在他1790年出版的主要美学著作《判断力批判》的《审美判断力批判》部分中，将他所称的想象力的"自由游戏"，视为自然和艺术之美给予我们的愉悦的基础。最初他将其描述为想象力和知性这两种认知能力之间的自由游戏，并视其为"非功利性的"与具有主体间性的普遍有效的愉悦，在他所说的与"自由游戏"和"自由美"相应的对象中，例如一朵花或一个贝壳，或墙纸上的一个花纹，或没有文字的音乐幻想曲，在这些东西里，既没有关于对象之分类的概念，也没有关于对象之使用的概念，更没有关于对象之内容的归属的概念。但是当他扩展他最初的描述以适应其他审美经验的案例时——首先是他所谓的"依附美"，那些不可避免地会进入我们经验的对象，比如建筑作品，然后是其他美术作品，至少对于18世纪的思想家来说，它们通常都有概念性的内容——康德将自由游戏的概念扩展到想象力**与概念的自由游戏**，甚至是他所谓的理性理念，如天堂和地狱的理念，善与恶的理念，或想象力在形式和内容——甚至对象的功能——**之间**的游戏，从而把想象力的自由游戏解释为想象力与理性、与知性之间的自由游戏。然而康德的立场仍然是，想象力的自由游戏的一些或其他形式，是任何审美经验的**必要**条件，是审美之为审美的原因。

无论这个物体是一个碰巧美丽的自然物，还是一件人类为了美而创造的艺术作品——我们以"美"来代表现代理论可能允许的与审美相关的广泛属性——想象力的自由游戏是审美经验的非功利性、审美愉悦的普遍有效性的基础。

但什么是想象力，什么是它的自由游戏？康德没有在《判断力批判》中明确解答第一个问题，而以隐喻的方式回答了第二个问题。他更善于描述想象力的自由游戏在我们所说的鉴赏判断中的逻辑上的和认识论的作用，而不是丰富发展这个中心概念。他在《纯粹理性批判》中关于想象力的理论陈述，虽然很有限，但可以帮助我们理解他所说的想象力，但不是它的自由游戏，而《判断力批判》中的几个例子可以帮助我们理解他所说的想象力的自由游戏。然而，我们可以从其他几位18世纪的作家那里，尤其是摩西·门德尔松和亚当·斯密，获得关于想象力及其自由游戏的一些进一步的意见。把康德、门德尔松和斯密的观点放在一起，我们就可以总结出一个关于知性的审美功能的纲要，尽管它无疑是可以继续发展的，但它仍然是有用的。

二、康德哲学的想象力

康德在《纯粹理性批判》中对于想象力的关注限于这样一个事实：正如他在著作第一版的前言中所说的那样，他对知性范畴的演绎的"客观"方面比对"主观"方面更感兴趣；也就是说，他更感兴趣的是证明**那些**范畴——包括关于广度与强度的数学范畴和相关于本质、因果与相互作用的关系范畴——必然适用于我们所有可能的经验，而不是说明它们是**如何**被应用的。正如他所说，论证知性**先天**概念的"客观有效

第二章　想象着的想象力　　　　　　　　　　　　　　55

性""本质上属于"他的目的，而解释这种"客观有效性"所依赖的"认识能力"时，对他的"主要目的"来说是"非常重要的"，但不是本质的（*CPuR*, A xvi-xvii）。[1] 想象力是一种认知力，通过这种认知力，知性的概念，包括知性的**先验**范畴，被运用到我们经验的个别中去，也就是康德所说的感性直觉，所以康德说只有当他需要达到他的"主要目的"时，他才会考虑这么多。然而，我们可以从他关于知性的认知功能的论述中，找到一些对他的美学理论有用的观点。我们可以从他对想象力的唯一定义开始，即"**想象力**是一种能力，**即使没有**在直观中的**存在**，也能表现一个对象"（*CPuR*, B 151），也就是说，想象是这样一种能力：对一个对象进行某种感性表现，字面上来说，就是在一个对象不在场的，即它的因果影响不在场的情况下，获得一个"图像"。一个后像，比如说在直视明亮的太阳后所产生的图像，可能不符合这个定义，因为即使有时滞，它仍然是直视太阳的效果的一部分，但是记住很久以前见过的东西或者预测一些还没有见过的东西，或者从已经见过的各种事物的图像中或组合中一些永远不会见到的东西的图像，就能满足这个定义。这个定义并非康德独创，他所用的教科书的作者鲍姆嘉通和格奥尔格·弗里德里希·迈尔（Georg Friedrich Meier）也提出了类似的观点，尽管他们强调的是**再造**（*reproduction*）先前所遇物体的图像：鲍姆嘉通将想象定义为"对世界过去状态的再现，也就是对我（过去）状态的再现"，他还认为想象力是"灵魂的力量"，因为它可以获得**图像**（*image*），可以"根据过去我自身所处的位置来表现宇宙"，通过假设图像是通过身体传导给意识的，鲍姆嘉通和他的弟子迈尔同样认为想象力的特点在于

1　英译出自 Immanuel Kant, *Critique of Pure Reason*, eds. and trans. Paul Guyer and Allen W. Wood (Cambridge: Cambridge University Press, 1998)；页码源自康德原著的第1版（A）与第2版（B）。（"*CPuR*"为该书的缩写。中译参照：康德：《纯粹理性批判》，邓晓芒译，北京：人民出版社，2004年。下同，不再注出。——译者注）

"重新唤醒我们过去的感受"，而这些更新了的过往的图像也是未来的图像的来源（*Vorhersehungen*）。[1] 对过去图像的**再现**是康德赋予想象力的一个功能，这也是**联想**（association）功能的基础，他和许多其他作者，包括那些在经验主义传统中追随洛克的人，都赋予了想象力这个功能。但通过更深入地思考最初的感官意象所包含的内容，康德也赋予了想象力一种**生产**功能。

在此需要记住的是，在康德看来，任何一个图像的**生产**，无论在纸上或在心灵之眼中，或一般之结构的图像，或对形式之认识的图像，无论是视觉、听觉或触觉，都需要一个时间上的扩展过程来"理解"多种元素，然后对这些元素进行"复制"，以便将它们组合成一个整体（即通过概念的方式将其归纳或"认识"）。这就是康德在认识的三重合成的前两个步骤中所描述的。一个物体或它的形式的每一种表象"本身都包含一个杂多"，就像三角形这样简单的物体的表象也包含三条不同的相交的直线的表象，而且"为了使直观到的**统一性**来自这个杂多……有必要先通览一遍，然后把这种杂多统合在一起，我把这种行为称为**理解的综合**（synthesis of apprehension）"（*CPuR*, A 99）。然后，这个杂多必须被再现，即使对它的理解已经随着时间的推移而扩展，也需要在头脑中呈现，这意味着过去的图像必须被回忆。康德用画一条线的例子来说明这一点，即使是在思维中。"现在很明显，如果我在思维中画一条线，或者想一下从一个中午到下一个中午的时间……我必须首先在我的思维中一个接一个地理解这些不同的表象。但如果我总是失去前面的表象……而不是复制它们，当我继续进行时，就不会有完整的表象……能

---

1 Alexander Gottlieb Baumgarten, *Metaphysica* (1739), fourth edition (1757), §557, in Baumgarten, *Metaphysics*, trans. Courtney Fugate and John Hymers (London: Bloomsbury, 2013), p. 211; Georg Friedrich Meier, *Theoretische Lehre von den Gemüthsbewegungen Überhaupt* (Halle: Carl Hermann Hemmerde, 1744), §62, p. 75.

第二章 想象着的想象力 57

够产生"（*CPuR*, A 102）。但由于想象力涉及所有表象的再现，因而想象力涉及任何复杂意象或其形式的所有构建或识别。

这似乎和审美经验没有太大关系，但我们可以加入一些想法让它很快与审美领域相联系。第一，画一条线或任何更复杂的图形不仅包括再现一个人已经经历过的，而且还包括预测一个人下一步要去哪里：在一个方向上画一条线涉及预测它将如何继续下去。所以即使在这个非常普通的应用中，想象力也既是前瞻的，又是回顾的。第二，当然，我们并不局限于识别或再现我们已经感知到的人物形象或形式；我们也可以虚构新的。这也将是一个回顾我们以前考虑过的因素和预测今后情况的过程。因此，对于未见之形式的创造或组合，以及对已见之形式的再现，都涉及想象力，我们由此进入了美学的领域。想象对于形式的再现是必要的，但不限于形式的单纯再现；想象力的再生产功能与其生产功能是分不开的。

康德还以**联想**为例说明了想象的再生产功能：经历过在一年中昼长夜短的日子里种植水果之后，我将在未来把种植水果的想法与长而晴朗的日子联系起来，而不是与短而冰雪的日子联系在一起。这也是想象力在普通认知中的作用：康德显然是在思考休谟的归纳法，并将休谟的理论运用到想象中去。但想象力也能**生产**新的形象，比如当它把鹰的形象与"天王"朱庇特神，或把孔雀的形象与"灿烂的天后"朱诺女神的形象联系在一起时（*CPJ*, §14, 5:315），这是想象力在审美经验中的重要作用。这些例子都是康德的，我一会儿会讲到它们的背景。但首先说说想象力的**自由游戏**。

正如我所说，康德对其理论核心概念的描述在很大程度上是隐喻性的，所以我们必须弄清楚他的意思。在他最初的描述中，在对一个对象的认识中直观到的杂多的三重综合，最终达到了对对象"在一个概念中"的"认识"，也就是说，为了例证某个概念，杂多的各种特性**必须**以某种方式配在一起，以使在这一认识中："我们关于一切认识同它的对象的关系的思想，带有某种必然性，因为后者被认为是反对我们的认知被随意或武断地决定而不是被**先验**地决定。"(*CPuR*, A 104; cf. B 137）例如，三角形的概念告诉我们，根据**先验**，如果一个图形要算作三角形，它的三条直线中的每一条都必须与另外两条相交；同样，一只狗的概念告诉我们，至少相对于**先验**或在典型情况下，这种动物是四条腿的，有毛茸茸的形状，而且必须有吠叫的声音而不是喵的声音，有追逐汽车而不是追逐老鼠的倾向，如果这种动物被视为一只狗而不是猫的话。现在，康德告诉我们，"美是**无概念**的愉悦"(*CPJ*, §9, 5:219），所以他的思想似乎是：对于美的表象中的杂多元素的理解和再生产——或者生产——在我们看来，似乎是合为一体的，构成一个整体，但这个整体的结构却不受任何概念的支配，而这些概念是构成和认识杂多的规则。在审美经验中，我们感知并以"两种认知能力的关系为乐，这种关系构成了一般判断能力的客观运用的主观的、仅仅是感性的条件（即这两种能力彼此一致）"(*CPJ, FI*, section VIII, 20.223–224）。换言之，我们有这样一种感觉，即想象力所提供的杂多满足了知性对于统一性的要求，但却没有一般的方法来保证这一要求，即在杂多上应用一个概念。在这种情况下，我们觉得认知上的成功是特别令人愉悦的。通过这种方式，这两种力量"生动起来"或"通过相互协议而活跃起来"(*CPJ*, §9, 5:219），我们所经验到的形式是"杂多的一种组合，就像想象力所设计的那样，与一般**合法则性**相协调，如果它自身不受约束的话"(*CPJ*, General Remark following §22, 5:241）——因为它独立于任何特定的概念。所以康德所说的想象力的自由游戏至少有一点，是它本身给了我们一种统一性的感觉，这种统一性是知性所要求的并通常是知性概念所提供的。

现在我们来看看康德在第三《批判》中的美的例子。例子很少，但它们暗示了想象力的一些美学用途。有四种主要的例子。

首先，康德从最简单的美的案例开始他的鉴赏判断论述，"自由"美，如花儿或严格意义上的装饰艺术，并认为它们的美在于它们的形式，或者更准确地说，在于我们对它们的表象的形式，而不是像颜色这样的"物质"。然后他用更复杂的艺术案例来说明这一点，比如绘画和音乐。正如康德所知，绘画，即具象绘画，不仅有颜色，而且有内容，例如人物肖像画或历史画，部分或完全的神话人物画，如宗教画或神话题材的画。音乐可能有文字和内容，但一定有特定乐器的音调，至少在演奏时是这样。但康德说、在所有的视觉艺术中，"**素描**都是根本性的东西，在素描中，并不是那通过感觉而使人快乐的东西，而只是通过其形式而使人喜欢的东西，才构成了鉴赏的一切素质的基础"；在音乐中，不是"乐器的悦耳音调"，而是"作曲"构成"纯粹判断的适当对象"，即除了特定乐器的音调外，还有音乐的旋律、和声和节奏模式。（在此，我总是想到巴赫的《赋格曲》[*Art of the Fugue*]，创作时没有对其演奏预设任何特定的乐器。）这里的要点是，这些形式必须由想象力通过理解、再现和预期来构建和/或认识。无论艺术家是试图重现他在实际对象中所感知到的形式，还是构建一个没人见过的形式，无论是列奥纳多（Leonardo）或米罗（Miro）这样的艺术家，还是努力在民谣中采风的巴托克（Bartok），以及德沃夏克（Dvořák）创作的听起来像某些音乐的作品，都可以无可置疑地说明这一点。当然，任何时候艺术家试图在二维图像中捕捉三维物体的形式，都包含着发明和再生产。但无论再生产是否融入了发明，形式的表现肯定是一种基本的艺术活动，对它的接受是一种基本的审美活动，而想象力显然是两者都涉及的。

其次，是康德所说的对"依附美"，而不是"自由美"的经验。我们对于依附美的反应和判断并不完全独立于概念；更确切地说，是关于对象预期功能的概念，不管是自然的东西，如动物，或人工的东西，如兵工厂和教堂，或者两者兼而有之，比如一匹精心培育的赛马，这种预期功能概念**限制**了在这样一个对象中我们会发现什么样的形式是美的，而不**完全确定**我们**必须**发现其中的美。在这种情况下，我们可以把相关概念的应用看作是发现美的必要条件，但不是充分条件，客体的美在于它超越了对相关概念的满足，超越了满足概念所需要的一种统一性或连贯性。例如，两个教堂可能都满足教堂的相关概念——有一个十字形平面，一个尖塔，一个讲坛或祭坛，等等——但是，一个可能是美的，另一个可能不是美的，美的那个必须给我们留下这样的印象：它拥有超越他者之形式的统一形式。这几乎就是康德直接提出的所有观点，这已经足以暗示想象力是这种形式及对其认知的来源。但是，如果我们稍微扩展一下他的思想，我们可能会说，在依附美这个例子中，我们也可以意识到物体的功能和它的形式**之间**的一种不受规则约束的联系，或者其他美学上相关的特征；例如，教堂各部分的高度（中殿、十字交叉处、唱诗台等）似乎与它的平面图特别协调，虽然没有规则规定这种关系，但它的材料和装饰元素，比如它的高侧栏杆上的四叶装饰，可能看起来同样和谐，尽管这不是由一个概念决定的，等等——我们可以把这些都看作是想象力所做的**联想**。在这种情况下，我们可能会认为艺术家是在创造一种联系，而不是简单地承认一种存在于自然界的联系：必须有人首先想到四叶形的三叶草是耶稣十字架的一个很好的类比，尽管那样的联想可能会变得普通。

再次，康德认为艺术可以创造出美的"原型"，这种"原型"超越了各种对象的**普通**或**正常**形式：波立克里托斯（Polykleitos）的《持矛者》(*Doryphors*)和米隆（Myron）的奶牛（*CPJ*, §17, 5:235）分别为男性美和牛的美设定标准，当然，大多数人和牛都不符合这些标准，因此不能从一些人或牛的样本中机械地得出这些标准，也许从来没有人亲眼见过这么美的人或牛。这显然需要想象力的作用，尽管我们可以把它看作是创造形式的想象力，而不是像前面的例子那样具有联想创造功能。然而，康德继续提出，美的人类形态可以成为其他事物的象征，例如人类的道德能力，而后想象力的联想能力和赋形能力就被激活了。

最后，康德将他的注意力直接转向了艺术的典型媒介，如诗歌、绘画和雕塑，而不是混合媒介，如建筑和家具设计。在这一点上，他提出的一个观点是，艺术可以创造出对不美的事物的美的表现（*CPJ*, §48, 5:312），但他没有问这是如何可能的，**更不用说**想象力在其中可能扮演的角色。他讨论的主要焦点是，是什么赋予了美的艺术"精神"，是什么赋予了美的艺术"心灵中的生动原则"，他对这个问题的回答是他所谓的"审美理念"（aesthetic ideas）。审美理念都是通过感官手段所暗示的不能直接呈现给感官的事物，比如"不可见的存在物的理性理念，如天福之国，地狱之国，永生，创世等等"，和诗人把理性理念"感性化的尝试"。康德将艺术家进行艺术创作——如诗歌或绘画——的手段，称为"审美理念"，因为"一方面……他们至少会努力去做一些超越经验界限的事情……智性理念（intellectual ideas）"，而"另一方面，实际上主要是……没有一个概念可以完全满足他们的作为内在直觉的需求"（*CPJ*, §49, 5:314）。康德明确地认为，从艺术家的角度来说，这种审美理念是艺术家的想象力自由游戏的产物，伴随着理性和知性（*CPJ*, §49, 5:317），并在观众中引发了一种自由游戏的状态：

> 现在，如果我们给一个概念加予想象力的一个表象，它是这概念的呈现所需要的，但它本身却激发了如此多的思考，以至于它永远不能被理解为一个确定的概念，因此，它在感性上无限地扩展了概念本身，在这种情况下，想象力是创造性的，它使智性理念（理性）的能力得以发挥，也就是说，在引起一个表象时思考到比在其中能够领会和说明的更多的东西（虽然表象确实是属于客体概念的）。（*CPJ*, §49, 5:315）

因此，艺术家和观众的审美理念都是想象力的产物，它们在概念的范围内工作，但又超越概念至与其相近的理念。康德并没有告诉我们这是如何运作的。如前所述，想象力的一种工作方式是联想性的，它将"属性"与对象联系起来，例如，鹰和闪电与朱庇特，以及孔雀与朱诺——这是一种必须由某个艺术家创造的关联，尽管它可以成为观众的规范。但我们也可能认为，将宇宙的统治与强大、性欲活跃、尽管和朱诺有着婚姻却忙着引诱伊俄和欧罗巴等的类人男性相联系，也是一种想象的行为，一种我们可以称之为艺术也是神话的行为。因此，想象力的联想力无疑以多种方式参与审美创造和体验。但话又说回来，朱庇特和朱诺，亚当和撒旦，都必须以媒介的形式表现出来，无论是绘画的形式还是诗歌的形式，所以想象力的形成力量也涉及审美理念的创造。

这就是康德告诉我们的关于想象力在审美中的运用。这有意义，但也不是一切。但他的几个同时代的人对此有进一步的思考。

三、亚当·斯密论模仿

亚当·斯密比康德早一年出生，并没有被认为是美学史上的重要人物。但他去世时留下的一篇论文，也许原本是作为一本更大的关于"自由科学与高雅艺术"（liberal sciences and elegant arts）的书的一部分，而这本书他从未完成，这篇论文在他死后发表，题目是《论模仿艺术中模仿的本质》("Of the Nature of that Imitation which Takes Place in What are Called the Imitative Arts")[1]。在这篇文章中，他对我们在艺术表现中所获得的愉悦进行了解释，这个解释超越了康德的不经意的评论，即艺术可以美地表现一些本身并不美的事物。斯密文章的中心思想是我们对艺术表现或"模仿"的乐趣不仅仅来自模仿和模仿对象之间的相似之处，而且来自艺术家成功地通过不同的媒介创造了与预期对象相似之处——或

---

[1] Adam Smith, *Essays on Philosophical Subjects*, originally eds. Joseph Black and James Hutton (1790), modern edition, ed. I. S. Ross (Oxford: Oxford University Press, 1980).

者至少有参考的,例如,在一个二维的画布上创造一个令人信服的甚至是移动的三维人物的表象,用冰冷的白色大理石创造出一个活生生的、诱人的肉体,等等。用斯密的话说:

> 虽然艺术作品很少从与另一同类物体的相似之处获得任何价值,但它常常从与不同类物体的相似之中收获甚丰,不论该物体是艺术作品还是自然作品。一位辛劳的荷兰画家画了一块地毯,他画出了毛织品毛茸茸的和柔软的质地,在颜色和色彩上都有一种奇特的朦胧感,这也许正是它与我面前的那块可怜的地毯相似的地方。在这种情况下,复制品的价值可能比原件大得多。但是,如果把这张地毯描绘成铺在地板上或桌子上,从画的背景上突出来,精确地观察其透视关系,观察其明暗,那么模仿的效果就会更好。[1]

更普遍的是,"在绘画中,画出某个平面不是为了和另一个平面相似,而是为了和一个三维实体相似。在雕像和雕塑中,一种固体物质被做成类似另一种固体物质的形状"[2]。作为经济学家的斯密不禁要问:一个仿制品的价值可能比真品还高,但更重要的一点是,我们都乐于用一种完全不同的媒介来表现某种东西。我们模仿的乐趣"完全建立在看到一种物体如此美好地代表了另一种非常不同的物体而感到惊奇的基础上,建立在我们对这种艺术的欣赏之上,该艺术令人愉快地超越了自然在它们之间建立的差异"[3]。当然,要使一个物体在媒介中表现出与它自身截然不同的东西,需要想象力,也需要想象力来识别相似之处。模仿和欣赏模仿不仅是被动的感知,也是一种想象的行为。这一点可以加入到康德关

---

1 Smith, "Of the Nature of that Imitation which Takes Place in What are Called the Imitative Arts", in Smith, *Essays on Philosophical Subjects*, pp. 178–179.
2 Ibid., p. 179.
3 Ibid., pp. 184–185.

于审美理念的论述中：想象力不仅通过一个强有力的人的形象来暗示神性，而且用画布上的记号，一块大理石，或者一首诗中的一串字母来塑造一个强有力的人的形象。想象力的这种运用本身可以用想象力创造形式和创造联想的力量来解释，但它似乎很独特，值得特别提及。在这一点上，斯密似乎对康德有所补充。

四、门德尔松论审美距离

斯密强调我们是多么欣赏这种富有想象力的方式，通过这种方式，媒介的差异可以为了艺术性的模仿而被**超越**。康德的另一位同时代人，五年后出生的摩西·门德尔松，就艺术表现的媒介和这种表现的对象之间的差异，补充了同样重要的一点，也就是说，它可以创造审美**距离**，即事实与虚构之间的差距，在这个范围内，审美想象可以运作。在这一背景下，门德尔松提出了一个关于想象力的重要观点，这是康德和斯密都没有提出的。

门德尔松在 18 世纪 50 年代写了大量关于美学的文章，比斯密和康德都早。他的思想框架是表现和被表现之间的区别，以及我们对两者都能做出反应的事实，事实上我们对两者的反应是不同的：我们对艺术表现的优点或"完美性"的认识，可以与我们对所表现事物的完美性的认识相结合，从而产生一种强化了的愉悦，或者我们对"被表象物之不完美"的认识，可以与我们对"表象之完美"的认识相结合，从而产生一种复杂的快乐，一种"混合情绪"(mixed sentiment)(*PW*, 136)[1]，其中，"将几滴苦酒混合在甜蜜的愉悦之碗中"，以"增加愉悦的味道，使其甜味加倍"(*PW*, Conclusion, 74)。[2] 门德尔松并不仅仅依赖这一隐喻——

---

1 Moses Mendelssohn, *Rhapsody* (1761), in Mendelssohn, *Philosophical Writings*, trans. Daniel O. Dahlstrom (Cambridge: Cambridge University Press, 1997), p. 136. （"*PW*" 为该书的缩写。下同，不再注出。——译者注）

2 Ibid., *On Sentiments*, Conclusion, p. 74.

用一点点苦来强化一些甜的东西，但解释说，在审美反应中，我们体验到"积极的力量"或我们的灵魂或心灵的能力，享受我们的认知、思考和情感的力量。在此基础上，他解释道，在对不完美的事物，尤其是道德上不完美的事物的艺术表现做出回应时，比如对一个有缺陷的悲剧英雄描述时，我们享受着对表象力的运用，同时也享受着对所表现的内容的判断能力，或认可或否定的能力，在这种情况下，我们还享受着对否定能力的运用。"承认并反对罪恶行为是灵魂的肯定特征，对认知和欲求的精神力量，以及完美之要素的表现，在这方面，必然是令人满意和愉快的"（*PW*, 133-134），即使邪恶的行为本身不是令人愉悦的。因此，门德尔松给康德增加了一个关于艺术表现之复杂性的更完整的理论，或者我们应该说，康德可以依赖于三十年前发表的门德尔松的理论，对不美的事物的美的再现发表自己的评论。但我想指出的是，门德尔松的主要贡献在于，他认识到我们对虚构的人物和事件的再现会产生真实的情感反应。这是一种想象力的壮举，从形式的意义来说，它是对一个当前没有，或者字面上没有呈现给我们的物体的反应。但除此之外，还有更多的东西值得探讨。门德尔松强调我们对艺术的情感反应，这是康德极力压制的审美经验的一个特征。我们对奥赛罗和苔丝狄蒙娜的行为和命运的反应是"同情性的惊骇，同情性的恐惧，同情性的恐怖……各种各样和心爱的人一起经历的痛苦"（*PW*, 142）。但是我们怎样才能体验到这种真实的情感——注意，门德尔松说的是**同情性**恐惧，等等，而不是**人为的**恐惧，**准**恐惧，或任何类似的东西——即对那些我们认为是虚假的、虚构的甚至是历史小说或戏剧中早已死去的人物和事件发生情感反应？门德尔松的答案很简单，那就是我们的思维是复杂的，我们可以保持我们的知识，即我们所读或所见的是小说，与我们对事件的情感反应是分开的，而艺术媒体帮助我们做到这一点。他注意到，无论是比喻上还是字面上，我们必须保持正确的距离以保持我们对"表象"和"被表象物"的反应不相互瓦解："如果对象离我们太近……表象的愉快的性质就完全消失了，与主体的关系对我们来说立即变成了一种不愉快的关系，因为主体和客体在这里就好像彼此瓦解了似的。"(*PW*, 134)将我们对表现形式的反应和对内容的反应分开的一种方法是我们认识到媒介和对象之间的差异，正如斯密所指出的："模仿的材质与自然的材质之间的差别在不破坏艺术的前提下，随时将人们的注意力从幻觉中拉回来，大理石与帆布之特征的差别最是可以明显感觉到。"(*PW*, 139)但也有人会说，这种媒介，比如说舞台前的拱门，并没有把我们带回幻觉，这就是说，那被表现出的虚幻人物，也让我们认识到：我们所看到的小说与我们对小说的情感反应是分开的。我们知道《奥赛罗》和《李尔王》是虚构的，我们不必忘记这一点，但是，舞台和我们之间的距离——是由拱门或其他艺术媒介的特征造成的——足以缓解我们的认知上的顾虑，并允许我们沉溺于和享受着我们对所描绘的人物和他们虚构的欢乐与悲伤的情感反应。表象与被表象物之间的差异既满足了我们对事实与虚构之间差异的坚持，又为想象的发挥创造了空间。

门德尔松对审美反应中对想象力的运用和对想象力的享受之启动条件的认识，可能建立在像鲍姆嘉通和康德这样的哲学家以其抽象术语所确定和描述的想象力的功能之上。情感性的想象力离不开形式建构和联想创造的想象力。但是，想象力为我们对艺术的情感反应创造了可能性，这一点非常重要，足以引起门德尔松的关注，并被纳入任何关于想象力的审美功能的论述中。

刘旭光译

第三章

不以"无功利性"为名的无功利性

——康德与门德尔松

一、导　言

不久前我曾主张说，康德在鉴赏判断中提出"无功利性"（disinterestedness）[1]这一构想并非是在复述某个广泛流行于18世纪的观念，而是复活了某种始于夏夫兹博里和哈奇生的见解。自二人以来，直至康德所在的时代，这一见解遭到了种种反对。那时的人们普遍认为，虽然审美反应和审美判断确实有自己与众不同的特征，但它并不与一般人的明智态度和道德考量[2]彻底背道而驰，或者换句话说，审美反应和审美判断不能完全摆脱通常而言的人的功利关系。[3]可是在本文中，我打算至少部分

---

1 "功利"一词的德语为"Interesse"，亦有利益、兴趣等含义，"无功利"在中文中亦常被译为"无利害"（邓晓芒译）或"无兴趣"（李秋零译）。但由于"功利"这一译法影响最大、传播最广，故本文从之，仅在引用邓译原文时保留"利害"这一译法。但值得注意的是，不论是"功利"还是"利害"，都侧重于"Interesse"一词在实践、欲求、有用性方面的含义。在某些情况下，比如当康德说"对对象实存的 Interesse"时，有时强调的是审美在认知层面不形成对象的概念，因而使用"兴趣"这一翻译更加恰当也更加通顺。故本文也会依据特定语境将"功利"处理为"兴趣"。——译者注

2 关于"明智"和"道德"的规定和区分，参见康德《实践理性批判》§8的注释 II。简而言之，与作为实践理性之绝对命令的道德不同，明智所遵从的是自爱的原则，且其表现形式并非命令而是劝告。——译者注

3 参见 Guyer, *Kant and the Experience of Freedom*, chs. 2-3。"无功利性"曾被杰罗姆·斯托尔尼茨（Jerome Stolnitz）用来定义18世纪美学观念的特征，如"On the Origins of（转下页）

地修正我先前的立场。在哈奇生与康德之间的这段时间里，在所有英文和德文文献中确实没有人用"无功利性"这一**术语**来表述有关审美经验和审美鉴赏的理论。但康德使用这个概念的一个关键作用便是指出，审美经验和鉴赏判断所表达的其实是这样一种经验：它始于对美的或崇高的自然产物或艺术作品的**表象**（*representation*），或者换句话说，始于这些对象**显现**给我们的方式。在这里，"显现"指的是一般而言的、感官意义上的显现（而非康德提出的先验意义上的显现），即对象**看**起来或**听**起来如何、它们为我们的想象力提供了哪些**形象**（*images*）。就此而言，我们想要与审美对象进一步发生关联，就必须以此种表象——或者说对象对我们的显现——为基础。毫无疑问的是，虽然**这一**美学构想常常被规定为别的术语，或者用我刚才提到的那几个相当通俗的术语来表述反而更加精确，但它在 18 世纪确实十分流行并被广泛接受。不仅如此，它在后世的审美理论中仍然占据了核心地位——贝奈戴托·克罗齐（Benedetto Croce）所言的审美直观即是一例；理查德·沃尔海姆认为绘画的意义始于一种双重性，即画布上被观察到的图像与这些图像呈现给我们的形象的双重性，也算是一例。[1]

康德对无功利性的构想诚然有它的优点和功绩；尤为重要的是，他的理论暗示了美中包含的功利只能是**间接的**，因为出于社会和道德原因的愉悦都不能算是我们在欣赏自然对象或艺术作品时的**直接**反应。这对于反驳过分的实用主义（pragmatism）、道德主义（moralism）和说教主

（接上页）'Asethetic Disinterestedness'", *Journal of Aesthetics and Art Criticism* 20 (1961): 131-143, 在保罗·奥斯卡（Paul Oskar）那里，这一概念本身对现代艺术观念的兴起来说也是至关重要的因素，参见 "The Modern System of the Art", *Journal of the History of Ideas* 12 (1951): 496-527 and 13 (1952): 17-46, 该文又重新刊印于他的著作 *Renaissance Thought and the Arts: Collected Essays* (Princeton: Princeton University Press, 1980), pp. 163-227。

1 Benedetto Croce, *Esthetic as Science of Expression and General Linguistics,* second edition, trans. Douglas Ainslie (London: Macmillan, 1922); Richard Wollheim, *Painting as an Art, The A. W. Mellon Lectures in the Fine Arts, 1984* (Princeton: Princeton University Press, 1987).

义（didacticism）——或者说，反驳所有把美和审美特质归结于有用性和道德训诫的理论——大有裨益，并在有用的、具有道德训诫性质的艺术之外，为那些纯粹吸引我们感官和想象力的艺术保留了空间。但康德的理论同样为上述功绩付出了高昂的代价，比如作为理论上的代价，康德不得不依赖于表象和实存（existence）间的区分，而这与他所一贯坚持的"实存不能作为谓词"的主张相互冲突，为此康德必须小心翼翼地调解二者间的冲突；另一个代价则在于为了得到恰当的趣味的对象，他冒着极大的风险剔除掉了过多本应属于艺术的内容。为了表达"审美经验始于表象"这一观念，18世纪的其他美学家会选用更加平常的术语，这样做可以回避康德式表达所带来的部分风险。

接下来，我将首先就康德理论的优缺点展开讨论，然后简要介绍一位与康德同时代的人物——摩西·门德尔松，他表达了与康德同样的观念，同时避免了康德面临的部分困难。康德关于审美经验的核心观念是想象力的自由游戏，这显然比门德尔松的完善论（perfectionist）的理论框架更能引起当下人们的兴趣[1]，但在论述审美经验源于表象这一点上，门德尔松的方法比康德那充满问题的"无功利性"观念更加值得人注意。

二、康德的"无功利性"观念

在《美的分析论》的开头，康德就声明"为了分辨某物是美的还是不美的，我们不是把表象通过知性联系着客体来认识，而是通过想象力（也许是与知性结合着的）而与主体及其愉快或不愉快的情感相联系"（*CPJ*, §1, 5:203）。这说明从一开始，康德就认为审美的愉悦来自对象对我们显现，来自它看起来如何、听起来如何，来自它如何吸引我们的想象力。这种愉悦不同于对对象的认知性的愉悦和兴趣，它不与界定对

---

[1] 这与拜泽尔在 *Diotima's Children* 中所持的立场相反。

象、理解对象、从对象中获取事实或理论等相关。[1] 随后康德以"那规定鉴赏判断的愉悦是不带任何利害的"（*CPJ*, §2, 5:204）为下一节的标题，并正式引入了"无功利性"这一概念。在这一节中，关于审美经验和鉴赏判断，康德用非常通俗的术语表达出了——至少部分地表达出了——他试图用"无功利性"表达的东西：

> 如果有人问我，我对于我眼前看到的那个宫殿是否感到美，那么我虽然可以说：我不喜欢这类只是为了引人注目的东西，或者像那位易洛魁人的酋长一样，在巴黎没有比小吃店更使他喜欢的东西了；此外我还可以按善良的**卢梭的**方式大骂上流人物的虚荣心，他们把人民的血汗浪费在这些不必要的事务上面；最后，我可以很容易就相信，如果我身处一个无人居住的岛上，没有任何重返人类之中的希望，即使我能单凭自己的愿望就能够变出一座豪华的大厦来，我也不会为此费哪怕这么一点力气，如果我已经有了一间足以使我舒适的茅屋的话。人们可以对我承认这一切并加以赞同，只是现在所谈的并不是这一点。我们只想知道，是否单是对象的这一表象在我心中就会伴随有愉悦……（*CPJ*, §2, 5:204-205）

（以及这种在自己心中的愉悦是否可以被合理地推广至其他人——康德随后就将探讨这个问题。）一切都非常直接明了：你之所以会觉得这座宫殿是美的，并不是因为你赞同它的建造环境或被建造的原因，也不是因为你觉得可以在其中大饱口福，只是因为你单纯喜欢它的模样。美来源于对象看起来的样子，而不是来源于它的历史或它的功能等。这样一

---

[1] 在本文中，我将暂不考虑康德对真正审美中也存在不悦的提示，虽然这一提示引起了大量关于康德是否做出了对丑的纯粹审美判断的讨论。至于我对这些讨论的态度，可参见文章 "Kant on the Purity of the Ugly", in Guyer, *Values of Beauty: Historical Essays in Aesthetics* (Cambridge: Cambridge University Press, 2005), ch. 6, pp. 141-162.

第三章 不以"无功利性"为名的无功利性

来，美学理论接下来要解答的问题就是：我们在面对对象看起来（或听起来）的样子时，产生的反应到底是什么？在处理这样的表象时，我们动用了哪些心灵能力？还有，若用康德的方式来提问的话，当我们对这样的表象产生反应时，是否可以合理地期待别人也会产生同样的反应？如果可以，需要怎样的条件？等等（即所谓鉴赏的难题）。

可是康德区别了对象的表象和对象的实存，这让问题变得复杂了。在上述引文之前，他就声称："但现在既然问题在于某物是否美，那么我们就不想知道这件事的实存对我们或者任何人是否有什么重要性，哪怕只是可能有什么重要性，而只想知道我们在单纯的观赏中（在直观或者反思中）如何评判它。"（*CPJ*, §2, 5:204）引文之后他又下结论——我在上文中刻意省略了这一段——说："哪怕就这个表象的对象之实存而言我会是无所谓的。"（*CPJ*, §2, 5:205）当康德说我们只在乎对对象的直观、反思或观赏是否令人愉悦时，我们很清楚地知道他想表达的是什么：我们是否喜欢它看起来的样子？它是否能刺激我的想象力，或者用康德的话说，它是否能将我们的想象力带入自由游戏的状态？但当他说我们并不在乎对象的实存是否有重要性时，我们可能就搞不清楚他是什么意思了。这是因为"对象之实存的重要性"的意义并不明确。除此之外，不论在早年的著作《证明上帝存在唯一可能的证据》（1763）中还是在后来的《纯粹理性批判》中，他都坚持这样一个著名的论断：实存根本不能作为一个对象的合适的谓词。由于语法的作用，我们可以把"存在"（exists）放在一句话中谓词的位置上（比如"苏格拉底存在"，或至少曾经存在过），这是康德允许的，但它并不指涉任何具体的特征，也不能给对象的概念添加任何新的东西，就像一百个一美元加在一起会变成一百美元那样。总的来说，康德认为"判断的模态是判断的一种十分特殊的机能，它本身的特别之处在于它对判断的内容毫无贡献（因为除了质、量和关系之外再也没有什么构成一个判断的内容了），而是仅仅关涉到系词在与一般思维相关时的值"(*CPuR*, A 74/B 100)。具体而言，"**是**（*Being*）[1]显然不是什么实在的谓词，即不是有关可以加在一物的概念之上的某种东西的一个概念。它只不过是对一物或某些规定性本身的肯定"(*CPuR*, A 598/B 626)。

现在，如果有人能理智地认清这一点，那么他/她就可以毫无困难地指出，由于"实存"显然不是能对某物的概念有任何贡献的实在的谓词，那么说"我们的审美愉悦与美的对象的实存无关"就根本不能给我们提供任何有关审美经验的有用内容，或者至少不能给我们提供任何我们尚不知道的内容，比如这种愉悦如何关联于对象的表象展现给我们的方式、如何关联于我们处理表象的活动等。但我们同样能察觉到康德做如此设置的根本原因。断言一个对象是实存的确实不能给此对象的概念添加任何具体的特质，但它所能表达的其实是对象的概念与我们整个能思的主体之间的关系，它断言了我们的整个能思的主体有足够的根据认为，此概念拥有与之相应的对象。就此可以推测说，当我们感到一个对象的实存有重要意义时，便意味着我们有**某种**喜欢它的理由，即在对对象的全部反应中，有**某个部分**提供了我们喜欢这一对象的根据，并且它无论如何都不会**限制和缩小**我们对对象产生满意感的基础——然而"审美"这一概念恰恰要求我们去限制对对象产生满意感的基础，我们应当将其缩小到感官与想象力对对象之表象的作用上，而不再去关注对象本身是有利可图的还是一文不值的，是值得利用的还是在政治上可疑的，等等。

因此，康德虽然既认为审美对象带来的无功利的愉悦与对象之实存的重要性无关，又认为实存不能算是对象的"实在的"(real)、能提供信息的谓词，这两者之间其实并不一定相互冲突。但既然我们已经知道，美的愉悦来自我们对对象的表象的反应，那么康德对表象和实存的区分

---

[1] "*Being*"，即存在。——译者注

第三章 不以"无功利性"为名的无功利性 75

并不能告诉我们什么新的东西。或者也可以这么说：康德否认"审美愉悦与对象的实存有关"，这其实完全可以从"审美愉悦来源于对象的表象"中推论出来。因此我们可以得出这一结论：康德对表象和实存的区分其实没有什么重要的理论价值，所以从简洁性和经济性的角度来看，去掉对实存的否认，将对审美反应的表述集中于对象的表象上，这样在理论上才是更合适的。我们将会看到，门德尔松的美学理论恰好具有这样的优点，它既点明了审美的愉悦与对象的表象相关，又没有"对实存无兴趣（功利）"这一构想所带来的理论上的含混。

在康德对无功利性的表述中，其实还有许多实质性的困难。首先，康德坚持鉴赏判断和愉悦感是与功利兴趣无关的，二者显然均以他同样坚持的鉴赏判断的"主观的普遍有效性"（*CPJ*, §8, 5:215）为基础。所谓"主观的普遍有效性"指的是，美并非某种通常而言的对象身上的性质，而是在知性的"合法则性"的普遍约束下令想象力进行自由游戏的情形（*CPJ*, General Remark following §22, 5:241），如果对象确实能够让某个主体产生这种反应，那么人们便可以断言，它也能让其他处于合适条件下的主体产生同样的反应。康德将无功利性视为主观普遍有效性的必要且充分的条件（*CPJ*, §6, 5:211），这在逻辑上其实有瑕疵，因为它忽略了人的特殊癖好也可能同样满足绝对的无功利性[1]——但这还不是我所说的"实质性的困难"。困难在于康德坚持认为，真正的审美反应必须是普遍有效的，这其实才是他坚持无功利性的原因。诚然，假如美就像重量、速度、年龄或化学成分那样是属于对象本身的性质，那这种特性一定只有唯一正确的值与之相匹（至少会相关于由某些特性所构成的具体的惯性参考系）[2]，只要观察者们的能力是合格的，就不会对此有所异议。但如

---

[1] 关于这里对康德的反驳，可参见 Paul Guyer, *Kant and the Claims of Taste*, second edition (Cambridge: Cambridge University Press, 1997), pp. 116–117。
[2] 这里说的是对象的某些性质可能并没有绝对值，比如速度等，需要首先定义一个参考系才能对其做出规定，但只要参考系规定好了，其值就是明确的。——译者注

果美真的只是对象刺激想象力进行自由游戏的能力——康德在存在论的层面上用自己的方式将美从客体移至主体，这种转移在 18 世纪也是被广泛接受的——那么人们就说不清楚为何所有人，即便在最理想的条件下，会对同一对象产生同样的反应。不管怎么来看，想象力在不同的人之间都是有差别的，既然如此，为何所有能使某人的想象力进行自由游戏的对象（且仅仅是那些能使想象力进行自由游戏的对象）可以对其他所有人有同样的效果呢？实际上，那些影响了康德的 18 世纪思想家们，像哈奇生和休谟等，也会假设鉴赏判断具有康德所说的主观的普遍有效性，只不过他们没有使用同样的术语罢了，而且他们并没有将这一假设的有效性彻底普遍化。时至今日，审美具有"主观的普遍有效性"的设想甚至成了当代美学攻击的靶子。比如亚历山大·内哈马斯就用极具说服力的例子论证说，个人对艺术作品的审美反应可以是一种主体与作品间的相互关联过程，这一过程可以不断持续下去。由于不同的人在心理状态、历史背景和审美趣味等方面不可避免地有所差异，那么唯一合理的假设是，在不同的人眼中美的对象也应该是不同的，每个人都会根据自己所处的持续的相互关联过程（on-going engagement）来评判对象的美丑。[1] 康德对无功利性的坚持是紧紧地与他对主观的普遍有效性的坚持相联系的，所以当后者遭到反驳时，前者也难逃责咎。

康德对无功利性和主观的普遍有效性的坚持还与形式主义密切相关，至少在《美的分析论》中，形式主义是他最为强调的论点之一。康德认为，在造型艺术中，"素描"或空间上的设计——用阿尔伯蒂（Alberti）[2] 的术语来说叫**迪塞诺**（*disegno*）——才是最根本性的东西，颜色之类的其他性质只能起到使对象的形式特征"生动起来"的作用。同

---

[1] Alexander Nehamas, *Only a Promise of Happiness: The Place of Beauty in a World of Art* (Princeton: Princeton University Press, 2007).
[2] 阿尔伯蒂（Leon Battista Alberti，1404—1472）是意大利文艺复兴时期著名建筑家和建筑理论家。——译者注

理，在听觉艺术（音乐）中，最根本性的是"作曲"或旋律与和声的形式结构，而不是"乐器的悦耳音调"[1]，后者也经常被做视觉化的类比而被称为"色彩"（ CPJ, §14, 5:225 ）。除了时间和空间的形式，对象其余的所有感官属性、所有语义或所指涉的内容、所有有关功能或目的的观念（ CPJ, §16, 5:229-230 ）都被从引发审美反应的原因中剔除掉了，它会引起人对对象的情绪反应，而这种反应甚至被康德视为"野蛮"（ barbaric ）（ CPJ, §14 ）——是一种功利关系而非无功利关系。在这样的处理方式下，许多本在我们对艺术美甚至自然美的反应中至关重要的东西都被排除掉了，甚至康德自己也因此遭遇了很大的困难：后来康德在《审美判断力批判》中把艺术的"精神"解释为它们展示"审美理念"的能力，即用想象力的方式展示**内容**的能力，而所谓"内容"正是"理性的"或道德的理念，人们与这些理念间往往有深深的情感上的联系，从而对它们有深深的兴趣（ CPJ, §49, 5:214-215 ）。毫无疑问，在康德的哲学思想中"形式"是一个高度抽象的概念，它被规定为**所有**"使得现象的杂多能够在某种关系中得到整理的东西"（ CPuR, A 20/B 34 ）。这一规定出现在第一《批判》的《先验感性论》中，以此为基础，康德认为时间和空间是直观的纯形式，因此对时空的理解不必被限制在时间性或空间性的关系上——不论是颜色还是概念性的内容，只要能让我们把经验的杂多统一起来把握，它就是与时空有关的特性。如果将这一规定扩展到审美的情形中，那么不难得出，形式仍然是能让我们把经验的杂多统一起来把握的东西，只不过统一所借助的并不是作为杂多之综合规则的普通且明确的概念，而是想象力的自由游戏。虽然通过这样一种普遍的形式观，康德能够把起初对审美经验的分析与后来对艺术的说明协调起来，但由于一开始对无功利性的关注，相应地，由于对动用情绪上的感动的

---

[1] 意为乐器特有的音色等属性。——译者注

厌恶，他在讨论"形式"时不得不把这个在审美上有重要意义的概念解释得过于狭隘了。

但早先我也提到过康德的"无功利性"概念的一个优点，即它提示我们对美和艺术的兴趣和功利关系应当是间接的而非直接的。关于这点，我想到的是康德为鉴赏判断的"演绎"补充了"经验性的"和"智性的"两种兴趣，而所谓"演绎"的目的则是试图证明主观的普遍有效性。关于艺术中的经验性的兴趣，康德认为它在美中是一种附加于首要的、无功利的愉悦之上的满意感，这种满意感所带来的愉悦可以在社交场合里被人们共享，从而提升人的社交能力。至于对美的智性的兴趣，康德认为它是一种需要考虑到对象实存的道德兴趣，它作为一种"暗示"（sign）能够显示世界和我们所关心的东西间的协调一致性，即让我们目的的现实化成为可能——为了使在明智层面上的或者道德层面上的努力符合理性，我们必然会进行这种尝试（*CPJ*, §§41-42, 5:296-303）。由上可见康德将美的经验性的兴趣关联于艺术美，并且由于艺术可能被人用于满足自我膨胀的虚荣心，康德因此对其一直抱有质疑的态度；同时，他又将美的智性的兴趣限制于自然美的领域，因为根据他的解释，智性的兴趣的基础是我们的道德考量，而这种考量关心的是自然与我们目的的协调一致（这样一来，我们才能实际地做我们应当做的事情）。然而，随后他又声称**艺术**天才是一种**自然**的禀赋（*CPJ*, §46, 5:307），这暗示了艺术的天才与天才的艺术的存在本身就是上文所说的"暗示"，能够体现自然与目的的协调一致。这样一来，他对智性的兴趣的限制就被他自己破坏了。而且康德虽然质疑艺术**可能**被用于满足自我膨胀的虚荣心，但从现实来看，艺术**并未**总是被用于这个目的，这应该足够安抚康德的疑心了——艺术的历史告诉人们，艺术作品同样被常常用于彰显神的荣耀等目的，而不仅是为了自我膨胀。（毫无疑问，在许多中世纪祭坛屏风的绘画中，屏风的捐献者会把自己的形象画进去，这既是为了彰显神的荣耀也是为了满足自己的虚荣,但绝不会仅仅为了后者。)但不论如何,康德将最初和最重要的审美反应——想象力的自由游戏——与进一步的兴趣和功利关系联系起来,这种联系作为审美的额外状况,恰恰表明经验性的兴趣和智性的兴趣对美来说都只是间接的,这就是康德的"非直接性"观念的价值。于是,我们在体验美的时候不一定带有对审美对象的进一步的兴趣,因此我们无须将美的愉悦还原到与进一步的兴趣有关的愉悦上;同样,我们在欣赏美的作品时也可能产生进一步的兴趣,但这并不会干扰或破坏对象最初的或者说纯粹的审美反应。总之,美的对象并不必然引起兴趣、涉及功利,美和功利之间也不必然存在不可调和的矛盾。

康德提出的"无功利性"概念至少可以让他强调,审美反应以对象看起来或听起来如何为起点,或者说以对象提供给我们的视觉或听觉形象为起点;最后这一概念还让他表明,人的审美经验可以包容丰富的有关人类兴趣的语境,而审美本身的独特性质并不会被它们损害。当然,他对表象和实存的区分同样带来了哲学上的代价。所以下面不妨让我们来看一看另一种美学理论:它既包含了康德理论中那些重要的观念,即审美反应最初是对对象的表象的反应;又不依赖"无功利性"这一概念,不必承担它所带来的哲学上的负担。

三、门德尔松

摩西·门德尔松比康德小五岁,但早在 20 岁出头的时候,他就凭着数篇有关美学的文章而闻名了。实际上,当门德尔松在美学上的工作基本完成时,康德还从来没有谈到过或写过有关这一主题的东西;三十多年之后,康德出版了自己在美学领域的代表作,也就是《判断力批判》的前半部分,但其中完全没有提到门德尔松的名字。然而我们常常可以察觉到，门德尔松在康德的著作中其实是一个匿名的靶子；尤其是康德坚定地认为依赖情绪上的感动的鉴赏是"野蛮"的，从这种态度中我们可以看出他对门德尔松的情感（sentiment）观念的反对——在门德尔松看来，审美反应的一个核心要素便是我们处于混合情感的形式中。这是一段漫长的故事，在本文中我们只关注涉及无功利性的问题。

门德尔松是遵循着鲍姆嘉通的路径进入美学领域的，后者在1735年凭着他的硕士论文首次涉足这一领域[1]，并在1750年发表了他一生都未曾完成的著作《美学》。鲍姆嘉通把审美经验视为认知的一种，并把美或"审美的目标"规定为"感性认知的完善"（《美学》，§14）。[2] 但鲍姆嘉通的理论阐述以**事物**的美（或不美）与**认知**的美（或不美）为基本框架，前者指的是艺术作品的主体，后者指的是它们的感性表象：

> 感性认知的普遍的美在于（1）思想间的和谐与统一，此时我们不考虑它们的次序或者意义，它们只是一种**现象**（phaenomenon）。**事物或思想本身的美**必须与认知的美区分开来，后者是美第一的和首要的部分；它也必须与客体的或质料的美区分开来，但由于"事物"（rei）这个词的通常含义非常模糊，二者经常被错误地混淆在一起。因此，丑的事物可以被以美的方式认知，而美的事物也可能被认知为丑的。（《美学》，§18）

鲍姆嘉通的理论表达缺少恰切的术语，因此他不得不在有多重意义的情况下使用"认知"和"思想"（cognitio 与 cogitatio）这两个词，这让他的论点有点让人难以捉摸，但引文的最后一句清楚地展示了他想表达的

---

[1] Baumgarten, *Meditationes philosophicae de nonnullis ad poema pertinentibus/Philosophische Betrachtungen über einige Bedingungen des Gedichtes*, §CXVI.

[2] 来自鲍姆嘉通的引文均由我从拉丁语-德语版本的 *Ästhetik*, ed. Dagmar Mirbach, 2 vols (Hamburg: Felix Meiner, 2007) 自行翻译。

东西：事物和事物的表象是不同的，因此我们对被表象的事物的反应、我们因事物本身而产生的愉悦或不悦，与我们对它的表象的反应、我们因认知或表象的完善而产生的愉悦或因其不完善而产生的不悦，是有区别的。审美反应的起点是我们对事物的认知或表象的反应，而不是被表象的事物本身的完善或不完善。这样一来鲍姆嘉通就不必使用康德的"无功利性"概念，也不必把无功利、无兴趣的愉悦联系到对象的表象而非对象的**实存**，他依然能够说明审美反应开始于事物的表象；他所需要的仅仅是在**表象**和被表象的**事物**之间的非常普通的区分。

在这一点上门德尔松继承了鲍姆嘉通的观念。门德尔松在其第一部美学著作——1775年出版的以《论情感》(*On Sentiments*)为题的书信集——的开篇就提出了如下论点：美的愉悦必须基于一种"积极的力量"，也就是灵魂的力量，而不能基于某种仅仅是消极的东西，比如**含混模糊**的表象（即使人们认为这一观点并非来自鲍姆嘉通，也不能否认他的先行者克里斯蒂安·沃尔夫已经持有这个观点了）。所谓灵魂的积极力量指的是"并非保藏简单的表象，而是保藏相互联系、互为基础的表象"的能力——注意，是**表象**，而非被表象的对象的性质。[1]随后在1761年发表的、作为对《论情感》的补充的书信集《狂想曲》(*Rhapsody*)中，门德尔松进一步讨论了表象与对象的区别：

每个单独的表象都处于一种双重联系之中。首先表象联系于先于它的事物，也就是它的对象（从而作为对象的图像或复制）；其

---

1 Mendelssohn, *On Sentiments*，第4与第5封信，*PW*, 19, 23。门德尔松的 *Philosophical Writings* 首次出版于1761年，收录了他自1754年以来发表的一系列文字，并在当时附加了"Rhapsody or Additions to the *Letters on Sentiments*"（pp. 131-168）这篇文章。1771年这本合集再度出版，并进行了相当多的修订。Dahlstrom 翻译的正是1771年的版本。上述两个版本均重印于门德尔松的著作集 *Gesammelte Schriften Jubiläumsausgabe*, vol. 1, ed. Fritz Bamberger (Berlin, 1929; reprinted, Stuttgart-Bad Canstatt: Frommann-Holzboog, 1971), at pp. 1-222 and 227-515。

次它也联系于灵魂或者思维的主体（从而构成主体的规定性）。即便表象作为对象的图画可能会引起人的拒斥和反感，但作为灵魂的规定性，许多表象仍可以带有令人愉悦的性质。因此我们必须十分小心，不能将上述两种关系——对象性的关系或主体性的关系——混淆起来。（*PW*, 132）

如果门德尔松能区分出三个环节而非上述两个环节的话，他的理论模式就能更清楚地说明有关艺术的问题。这三个环节是，被表象的客体和其他两种不同的表象。后者其一是由艺术家创造的外部表象，如绘画、诗歌、雕塑等，它们本身也是一种外部对象；其二是心灵的或内部的表象，它首先反映艺术的表象，并由此反映真正的对象。举例来说，这三个环节可以分别是插满鲜花的花瓶、描绘鲜花的绘画和对这幅画着花的绘画的表象。[1] 但不管怎样，这里的基本观念是十分清楚的：我们可以通过某物被表象的方式——或用门德尔松的话说，通过表象的完善——来获得愉悦（或不悦），这种反应与我们从被表象的对象的完善中得来的愉悦（或不悦）大不相同。前一种愉悦根植于心灵的认知力量与意欲力量的活跃，即根植于我们的认识能力与欲求能力（*PW*, 133-134）。此时的门德尔松还未区分**欲求**（desire）和**不涉欲求的认可**（approbation without desire），或用德语说叫 Billigung，这一区分出现于他后来的著作《清晨时光》(*Morgenstunden*, 1785)[2] 里，在这本著作中，我们也可以看到他如何在不使用"无功利"这一术语的情况下完成了对无功利性的表达。不过，已产生的表象和被表象的事物之间的区分已经足够让门德尔

---

[1] 在《论美的艺术和科学的主要原理》("On the Main Principles of Fine Arts and Sciences", 1757, in *PW*, 174) 这篇文章中，门德尔松提到了荷兰的花卉画家扬·范海瑟姆（Jan van Huysum, 1682—1749）。

[2] Moses Mendelssohn, *Morgenstunden*, Lecture VII, in Mendelssohn, *Last Works*, trans. Bruce Rosenstock (Bloomington: Indiana University Press, 2012), pp. 53-57.

松解释清楚他的美学理论的核心概念——"混合情感"(mixed sentiment)或情绪(emotion)——了,这一概念也是他解决所谓"悲剧的悖论"的核心,并在他所处的时代有着广泛的影响[1]:悲剧中被表象的内容可能让我们感到痛苦,但这些内容的表象却可以让我们感到愉悦,或者更具体来说,有些被表象的内容会让我们感到痛苦,但它们引起的认知能力与道德能力的活跃会让我们感到愉悦:"对一个行动的认识和对这一行动的拒斥(都)是灵魂的积极特征,是心灵的认识能力和欲求能力的表现,是(我们自身)完善的要素,就此而言,它们一定会带来满足感和喜悦感。"(PW, 133-134)所有这些都不需要"无功利性"概念或用于解释它的表象与实存间的区分;就像在鲍姆嘉通那里那样,门德尔松所需要的仅仅是事物与其表象之间的普通的区别,以及二者会引起人们不同反应的可能性。同样重要的是,门德尔松不需要通过"无功利性"概念将真正的审美反应从道德反应等中区分出去;不如说我们在对表象产生反应时,认知力量和意欲力量都被调动了起来,并不存在只有前者被调动起来,从而让我们对表象的反应成为真正的审美反应的情况。

在不使用哲学性的、有争议的"无功利性"观念来解释审美反应的情况下,门德尔松举了一个例子来说明在实际的艺术经验中我们的注意力是如何集中到表象上的。他在《狂想曲》中写道:

> 想让最可怕的事件变得能让温和的心灵也感到愉悦,还有一种方式就是用艺术去模仿它,让它借助舞台、画布或者大理石呈现出来。这是因为内在的意识会告诉我们,呈现于眼前的不过是一种模仿,它并不是真实的,这样一来表象的对象方面带来的厌恶感会被缓和,同时表象的主体方面也就得到了提升。诚然,艺术会欺骗我们的知觉知识和欲求能力,会压制我们的想象力,让我们全然忘了

---

[1] 这一悖论最早提出于 Du Bos, *Critical Reflections on Poetry, Painting and Music*。

它不过是一种模仿，还自以为看到了真正的自然。但是这种障眼法并不会持续太长时间，当它足以赋予我们对对象的概念以恰当的活力和生气时，它就消失了。为了获得最愉悦的感受，我们必须习惯于将自己的注意力从所有拆穿这一骗局的东西上移开，必须只去注意那些支持这一骗局的东西。然而，当对象与我们的联系变得令人不悦时，就会有无数提醒我们"这不过是模仿"的理由涌上心头。除此之外同样不可否认的是，艺术有能力用各种各样的美来装饰表象，它可以加强愉悦的情感，并有助于减弱表象与对象的联系所带来的不悦。（ *PW*, 138 ）

这段引文对我们所要讨论的东西有着重要贡献。在整段引文背后潜藏着的假设与康德的理论截然不同，或者其实正如我在前文提到的那样，它是康德攻击的目标：它假设在艺术经验中，愉悦的首要来源是被艺术作品激起的情绪上的感动，而康德坚持认为任何依赖于"魅力和激情"的鉴赏都是"野蛮的"（ *CPJ*, §13, 5:223 ）。像谋杀、剜目、活埋之类的事情若发生在现实生活中，我们肯定不会愿意去体验，但被这些可怕事情的表象所激起的情绪却属于上述艺术经验，成为悲剧的素材。当然，艺术作品带来的情绪体验不可能像让-巴普蒂斯特·杜博所认为的那样是纯粹消极的和痛苦的，否则人们就无法解释为何在欣赏艺术时我们会期待各种各样的体验——除了彻底的无聊，和无聊相比，消极的情绪也并非全然不可接受。让-巴普蒂斯特·杜博曾认为艺术体验可以是纯粹消极的，这遭到了门德尔松的明确反对。[1] 由艺术作品激发的情绪一定是混合的，其中至少一部分是令人愉悦的，只有这样才能解释艺术对我们的吸引力。在引文的最后一句中，门德尔松表示艺术可以用各种各样的

---

1 Mendelssohn, *On Sentiments*, Conclusion, in *PW*, 71-72. 门德尔松承认这一部分是对杜博的观点的评论，参见 *Rhapsody*, in *PW*, 136。

第三章 不以"无功利性"为名的无功利性　　　　　　　　　　85

美来装饰那些令人不快的事情的表象，从而让部分由对象或事件带来的不快情绪发生转化，这样一来，作为它们的表象的艺术就能激起人们混合的、总体来说是愉快的情感。这里提到的"各种各样的美"有可能包含了康德在《美的分析论》中关注的形式性的特征，比如素描与作曲的美；但它也可能包含了被康德视为"魅力"而抛弃掉的东西，比如绘画的颜色和音乐的色彩。人们也许会觉得，上述对悲剧的悖论的解决方案与同时代的休谟的文章《论悲剧》（"Of Tragedy"）[1] 十分相似，但这并不是本文的关注重点。

　　本文所关注的核心仅限于，我们知道在艺术经验中被我们处理的仅仅是模仿或表象，因为它们，我们才得以享受"表象的主体性的方面"，或曰被对象激起的我们的"直觉知识与欲求能力"的活动或"完善"。我认为，倘若人们想彻底理解门德尔松的观点与立场，就得像我在前文提到的那样，领会到门德尔松在心里做出的其实是一种三重区分而非双重区分，即被艺术作品表象的对象（比如瞎眼的葛洛斯特或自戳双目的俄狄浦斯）、这一事件的艺术表象（即《李尔王》与《俄狄浦斯王》的相关文本）、与被艺术所描绘的（在这里是虚构的或传说的）事件在主体心灵中引发的表象（即读者或听众对该戏剧的反应）。这样一来就不难把握门德尔松的观点了：我们心灵中对悲剧事件的表象来自这一事件的艺术表象，而非来自现实地呈现在我们眼前的真实事件，只有前者才让我们得以享受自己对这一事件的内部表象、享受表象所带来的诸心灵能力的活动，而不会让我们被真实事件所带来的消极情绪所压倒。我们并不需要一个特殊的"无功利性"概念来解释这种观点；想要对其做出解释，仅仅需要知道引起我们的反应的是虚构的而非真实的东西，即我们的精神只对艺术表象做出了反应，而非对真实事件做出了反应。

---

[1] David Hume, *Essays Moral, Political, and Literary*, second edition, ed. Eugene F. Miller (Indianapolis: Liberty Fund, 1987), pp. 216-225.

诚然，上述对审美反应的说明需要借心理学知识来进行补充完善。一方面，近来对虚构的讨论把下面的问题摆到了人们眼前：我们是如何在没有相应的确信的情况下产生情绪的？比如，虽然我们并不相信熊真的出现在我们眼前，但我们仍能产生对熊的恐惧，这是如何可能的？相应地，虽然我们并不相信历史上真的有一个考狄利娅，不相信她在被高贵的阿尔巴尼营救前就被爱德蒙处死是确有其事的，但我们为何仍会为她的死而感到悲伤？反过来，虚构的事物带给我们的知识为何不能排除所有真实——哪怕是混合的——情感反应的可能性？[1]为何我们对虚构事物的反应不可能是对艺术作品的纯粹形式和/或纯粹魅力的反应，不可能仅仅是对作品动人情节或优雅语言的反应——就像康德在《美的分析论》中隐晦暗示的那样？对于这些问题，门德尔松提出了一种可以被我们视为"历时性"的解决方案：整个过程中我们经历了一系列的心灵状态，首先我们把被描述的事件当作是真实的，或者忘记了它们其实是虚构的，这一阶段一直持续到足够让我们体验到"活力和生气"；然后，当这一阶段所激起的情绪将要占据绝对优势时，我们才想起来它们不过是虚构的——"无数提醒我们'这不过是模仿'的理由涌上心头"。然而人们最好还是考虑一种"共时性"的解决方案，或者把门德尔松的解决方案理解为共时性的：我们心灵的诸能力呈现出一幅复杂的图景，它允许虚构的作品激发我们的情绪，同时又能让我们认识到它不过是虚构的，是一种艺术表象。在观看戏剧或电影时，人们不会在某个时间段内忘记它是虚构的，然后又突然想起来它的虚构性；人们一直都知道戏剧和电影是虚构的——至少在进行认识时有这方面的倾向，却仍能被它激起情绪反应，或者具体来说，被描写的事件与描写本身的艺术特征都能激发人们的情绪，而人们享受的正是这种混合情感。当然，如果对虚构

---

[1] 关于对这些提问的更严谨深入的回应，参见 Jenefer Robinson, *Deeper than Reason* (Oxford: Oxford University Press, 2005)。

性的认识和关注过分占了上风，就好比演员在表演出了戏，艺术的魔力就会被打破，当电视剧中插入过多商业广告或某些技术效果——比如突然穿插真人动画的图像——干扰了戏剧的观感时，发生的就是这种情况；但一般而言，我们心灵的复杂程度足以让我们在情绪反应和"引起反应的仅仅是艺术表象"这一知识之间保持平衡。

如我曾说过的那样，要理解上述的一切根本无须借助康德的无功利性概念。上文涉及的门德尔松的著作均创作于18世纪50年代与60年代，比夏夫兹博里与哈奇生晚数十年，又比康德早数十年，在其中他清楚地表述出了艺术享受的核心——混合情感，并且没有用到"无功利性"这一概念。但亦如我曾说过的那样，在门德尔松的最后一部哲学著作，即创作于1785年的《清晨时光》中，他引入了一个在早年作品中没有的区分：**欲求**（*desire*）与**认可**（approbation）的区分。这一区分与我们欣赏虚构作品的能力有明确的关联。他如此介绍这一区分：

> 人们习惯于把心理功能区分为与认知有关的和与欲求有关的，并将愉悦或痛苦的感觉归因于欲求功能。但在我看来，在认知与欲求之间还存在着认可，或者说赞同（acclamation），它才是心灵感受愉悦的感官，并且与欲求有着很大差别。在静静欣赏自然或艺术的美时，我们认为它是一种完全不涉及欲求的快乐或满足。实际上这是似乎美的一种独特性质：我们在面对美的事物时会产生极大的满足感，会感到乐在其中，却完全不在乎我们是否占有它，或是否对占有它有所欲望。只有在我们考虑美的事物可能与我们自身有所联系时，或者说只有在我们把它当作某种值得占有的东西时，我们内心中试图占有它的欲求才会被激发起来，这种欲求与美的享受截然不同。由于占有美的事物的想法，或我们与它能产生其他某种联系的想法，并不总是与美的感受相伴而行——哪怕它们确实相伴而

行，真正爱美的人也不总是会因此而对美产生什么贪婪的渴望——从上述事实中我们可以下结论说，美的感受并不总是与欲求相关联，因而不能被认为是我们欲求功能的表现。[1]

《清晨时光》是一部关于上帝实存的讲稿集，它力图解释上帝作为完善的存在，能够**认可**所有可能世界中的最完美的实存，而不带有对它的**欲求**，因为欲求本身就是一种**不完善**。因此我们完全不用疑惑，为何门德尔松会在这部著作里引入认知、欲求和认可这三者的区分。我们只需要关注门德尔松对审美愉悦的描述即可：审美愉悦通常——因此也在原则上——与占有审美对象的欲求截然不同。这一描述能让我们回想起夏夫兹博里曾在《道德家们》(1709) 一书中以**审美**为类比，首次将无功利性的构想——而非概念——引入**道德**理论中：夏夫兹博里认为，倘若人们对觉得美的事物产生了占有欲，比如想要占有一丛果树，那么这就是一种"低贱的**放纵**"(sordidly *luxurious*)，就好比想要吃掉这些果树结的所有无花果或桃子；通过这种类比夏夫兹博里指出，人们若只出于对奖励的渴求或对惩罚的畏惧而做正确的事情，那么这只能被称为"唯利是图"而非品德高尚。[2] 但在论及这些时，夏夫兹博里并未涉及表象与实存的区别；同样，门德尔松在讲到认可并不总是引起直接的欲望和力图满足欲望的行动时，也没有用到任何"无功利性"的专门概念。他确实暗示说，我们体会到的那种不引起占有欲的、平静克制的满足感是"美特有的特征"，我们甚至也可以认为，他将其视作美的决定性特征，但他并不需要康德式的表象与实存的区分来说明这一点。他所需要的只是一种非常普通的区别——认可的愉悦与满足占有欲的愉悦之间的区别。

---

1 Mendelssohn, *Morgenstunden*, Lecture VII, p. 53.

2 Anthony Ashley Cooper, third Earl of Shaftesbury, *The Moralists*, III. ii, in Cooper, *Characteristicks of Men, Manners, Opinions, Times*, ed. Philip Ayres, 2 vols (Oxford: Clarendon Press, 1999), vol. 2, p. 103.

关于门德尔松对认可或"认可的能力"(*Billigungsvermögen*)的看法，还有几点值得我们注意。第一点是他将认可与认知的"形式"方面联系了起来：他认为认识的对或错是认知的"材料"方面，而"至于认知能够愉悦或痛苦，因而带来认可或不认可……我称之为认知的'形式'方面，因为通过它，一个认知活动方得与另一个认知活动相区别"[1]。这有点令人不解，因为认知带来的是愉悦还是痛苦，显然**不足以**区别不同的认知活动；毫无疑问，许多认知能带来相同种类的愉悦，也有许多可以带来相同种类的痛苦，因此在每类认知之内，仅凭其所带来的愉悦或痛苦并不能区分出某个具体的认知活动。所以我们不妨这样来理解门德尔松的意思，即他想指出的是认知或表象所引起的愉悦和痛苦与是非对错毫无关系，前者可能是由除对错之外的许多其他属性引起的；这样一来，我们就仍有可能在表象是错的情况下产生愉悦感，这样就解释了为什么在审美中虚构仍可能引起愉悦。同理，这样的表象并不必然引起对使其成真的欲求，或换句话说，让被表象的对象成为实际存在的欲求。就像康德指出的那样，欲求总是渴望着让某一事物有可能成为现实；但认可并不会引起这一结果。

值得注意的第二点是，门德尔松之所以认为认可不一定转变为欲求，只是因为我们不可能使认可的对象成为现实，因此对认可的对象有所欲求是不合理的。同时他也指出，人们会心甘情愿地满足于想象，因此会停留在认可之上，而不使之进一步发展到欲求：

> 如果我们想要锻炼我们的认可能力，想要使其变得更加完善，那就是另一回事了。为了达到这一目的，人们乐于解开束缚着想象力的缰绳。他们会根据自己的意愿对事物加以改造，这样一来，被改造的事物就会将人们的愉悦感与不悦感带入轻松欢快的游戏

---

[1] Mendelssohn, *Morgenstunden*, Lecture VII, p. 54.

(*ein angenehmes Spiel*)之中。人们不想去了解事物，只想被它们打动。他们乐于让自己受骗，乐于把事物表象为不符合被他们把握为真实的东西。在他们被自己的幻想以种种令人愉悦的方式牢牢吸引时，他们的理性始终保持着沉默。[1]

在这里门德尔松清楚地表明，我们能在某种程度上始终意识到艺术的表象不过是一种虚构，但仍能在情感上被其影响。同时他也指出，艺术与欣赏艺术的目的是让人的想象力进行游戏，而非对真实有所认识。他甚至使用了康德随后会多次使用的"游戏"（play）一词来表明这一点。但他仍然不需要"无功利性"这一概念来表达上述观点。真实与想象、认可的愉悦与欲求的愉悦等非常普通的区别对他而言已经足够了。

在门德尔松看来，认可与欲求之间的区别既可以是积极的也可以是消极的。我们既可以说，认可差点就成了欲求；也可以说，欲求差点就成了认可（或不认可），因为后者通常会引起行动，而当我们知道眼前的事物不过是一种虚构时，任何试图改变其结果的行动都是徒劳的（不论我们做什么都拯救不了苔丝狄蒙娜，她已经被莎士比亚永远地判处了死刑；艺术的门外汉冲上舞台试图救下她的行为只会干扰戏剧的演出）；我们还可以有意创造出形象或虚构——也就是艺术——来提供不涉及欲求的认可。然而对我们来说，最重要的部分还是门德尔松对表象和被表象的对象做出的区别，以及对认可和欲求做出的区别，这两个区别让门德尔松表达出了康德也想要表达的重要的东西——即审美经验始于我们对显现和形象的反应，却不必像康德那样费心解释那个带着含混和困难的"无功利性"概念。

任继泽译，刘旭光校

---

1 Mendelssohn, *Morgenstunden*, Lecture VII, p. 56.

第四章

18 世纪美学中的爱与美

一、爱与美

爱与我们在美中感受到的愉悦之间的关系表现出三种可能性。其一,二者是截然不同的感情状态,虽然基调相似但成因不同,在原因和结果上都有重要区别。其二,美的愉悦与爱密切相关,但这种爱必须与对孩子,对朋友,尤其是对性欲对象的普通喜爱相区别。其三,爱与美的愉悦不应该严格区分,相反,二者应该一致或密切相关,也就是说爱是美恰当的反应而美是爱合适的对象,没有任何关于爱的限制,也没有严格地将爱与欲望分离。18世纪著名的作家,从弗朗西斯·哈奇生到康德似乎都持第一种观点。第二种观点可以追溯到柏拉图的《会饮篇》,而在18世纪的代表是一位名叫埃德蒙·博克的作家,与柏拉图主义并无大的关联。第三种观点受到最近亚历山大·内哈马斯提出的美学理论所推动,但18世纪的作家群体却无人大胆提出。[1]而摩西·门德尔松的复杂与混合情感的审美反应模式可以从这个角度解读。诚然,以上所说的

---

1 Alexander Nehamas, *Only a Promise of Happiness: The Place of Beauty in a World of Art* (Princeton: Princeton University Press, 2007).

三种可能性只是大而化之，每一种所要讨论的观点均比所论及的区分要复杂得多。

  此处聚焦 18 世纪的理论，但因柏拉图的《会饮篇》是西方智识和审美传统的基础文本，每一片段都足以令人玩味。柏拉图在《会饮篇》中的观点，当是指苏格拉底回到阿尔西比亚德斯（Alcibiades）的晚宴时所提出的关于爱的观点（*Symposium*, 198a-212c）。但苏格拉底的观点似与文本作者的意见有不同，因而无人知晓柏拉图真实的想法，苏格拉底演讲的核心是报告"一位叫蒂俄提玛的曼提尼亚国女子关于爱的演讲"（*Symposium*, 201d）。苏格拉底对蒂俄提玛观点的认可代表了一种不同于阿伽松（Agathon）观点的变化，阿伽松认为爱是欲望，能够满足人的缺失；这种观点之所以不被接受是因为这样一来，如果没有缺失或需求，比如神，就不能感受到爱，但神又必须"分有美好的事物"（*Symposium*, 202d）。但如果神能够爱，那它一定不同于纯粹的欲望，虽然这也需要，并且如果他们所爱的是美的，那么美必定与纯粹的性的吸引力相区别。相反，蒂俄提玛提出，对美好身体的欲望是我们凡人认识爱的第一步，但也只是通往对美自身形式的纯粹愉悦的第一步，而美的形式与好的形式并没有区分。

> 这就是要言明的，或是被另一个引导，进入爱的神秘境地：人总是为了追求美而一路向上，从美好的事物开始，并且将他们看作不断延伸的台阶：从一个美的身体到两个，再到所有美的身体，然后从美的身体到美的习俗，从美的习俗中学习美的万物，从这些启示中，人到达学习的终极目的，正是学习这种美，以便最终能真正理解什么是美。（*Symposium*, 211c-d）

此时"掌声雷鸣中演讲结束"（*Symposium*, 212c），爱与美的愉悦不再需要被分离,因为即使我们将美看作比性的对象的吸引力更多,或者之外的东西,爱与性欲是分开的,因而会有对纯美的纯爱。

二、无功利的美

18世纪一些哲学家认为美的愉悦是"无功利的",不依赖于任何对于对象物的欲望或"功利目的",因此有别于爱。[1] "无功利性"的概念由安东尼·阿什利·库珀,第三代夏夫兹博里伯爵(1671—1714)引入18世纪思想界,他虽然在教育上受约翰·洛克督导,却成了剑桥柏拉图学派的追随者,因而继承的是柏拉图传统,而不是英国经验主义背后的亚里士多德主义。夏夫兹博里在他最主要的作品,1709年的《道德家们》中使用的对话录形式表现了对柏拉图的忠诚。在这本对话录的一篇关键语篇中夏夫兹博里的代言人论及:欣赏一座花园的美与想要吃长在里面的无花果和桃子大不相同,并且细致地补充道,"**人类对某种强大形式**"的"**欲望、愿望和希望**"是"无论如何都不适用于对**美**所做的理智而又细腻的沉思"。[2] 美的那种愉悦不是对美的事物的个人欲望,即想要消费或是与之产生性关系,因而是无功利的。然而对夏夫兹博里而言,美的无功利性不是区别美与道德的重要因素。相反,夏夫兹博里列举美的愉悦的无功利是要引出道德认可既不基于个人兴趣,同时个人兴趣激发的道德观念也是"唯利是图"的。此外,对于新柏拉图主义者夏夫兹博里,道德和美的愉悦的终极目的都是整个宇宙和谐的——我们赞许后者而尽我们所能延续前者——对美的愉悦与对好的喜爱由此内在相联。

弗朗西斯·哈奇生(1692—1746),是一位长老会牧师,后来在

---

1 我在 Kant and the Experience of Freedom, chs. 2 and 3 中提出:强调公正是18世纪美学思想的一部分,但不是全部,同时也可另辟蹊径,转向确定与审美反应最密切相关的人类兴趣。正如我们在下一部分所看到的,博克正是这一方法的代表人物。
2 Shaftesbury, The Moralists, III. ii, p. 103.

格拉斯哥（Glasgow，位于苏格兰）成为道德哲学教授，以他1725年的《论美与德性观念的根源》著称，该书从"《蜜蜂的寓言》的作者"的立场为夏夫兹博里的原则辩护，也就是伯纳德·曼德维尔（Bernard Mandeville）在其口号中归纳的那样"私欲是公共利益"[1]。但哈奇生采纳了夏夫兹博里关于我们美的愉悦无功利的观点，却没有接受他的新柏拉图主义。哈奇生指出我们对美的反应也应该被认为是一种感觉：

> 一种感觉是恰当的，因为它类似于其他的感觉，愉悦不是源于有关原理、比例、原因或对象有用性的**知识**，而是因为，首先震撼我们的是美的理念。最精细的**知识**也不能增加我们对美的愉悦，倒是能从有利的方面或知识增长的方面显著增加理性的愉悦。[2]

美的愉悦与其他感官反应一样及时：无思想中介，包括任何关于有用性的想法，并且像其他感官反应一样，愉悦本身随附于体验的其他方面，比如在普通的知觉实例中对颜色或香味的体验，在美的体验中对"**一致与多样**"[3]的立即感知。存在于多样中的一致以两种主要的方式出现，"原初和绝对的"，就如同立即感知到的物体的形状美，"相对和可类比的"，存在于原版与影像之间，抛开不同之处以外，模仿与表现的统一之美。哈奇生的策略是利用所谓美的感觉的无争议实例为他的道德观念铺平道

---

1 Bernard Mandeville, *The Fable of the Bees: or, Private Vices, Publick Benefits* (1714), ed. Philip Harth (Harmondsworth: Penguin Books, 1970). （伯纳德·曼德维尔著作甚丰，其中尤以《蜜蜂的寓言》闻名。该书的核心是道出了西方思想史上著名的曼德维尔悖论："私欲是公共利益。"——译者注）

2 Francis Hutcheson, *An Inquiry into the Original of our Ideas of Beauty and Virtue* (1725), fourth edition (1738), ed. Wolfgang Leidhold (Indianapolis: Liberty Fund, 2004), Treatise I, Section I, para. XII, p. 25. （中译参照：哈奇生：《论美与德性观念的根源》，高乐田、黄文红、杨海军译，杭州：浙江大学出版社，2009年。译文有修改，下同，不再注出。——译者注）

3 Ibid., Section II, para. XIV, p. 35.

路，将道德感视为辨认善良意图的直接情绪认同，然而与夏夫兹博里不同，哈奇生并未明言在激起美感的事物和激起道德感的事物之间有直接联系，也就是审美经验中多样性所蕴含的一致性与善良意图所推动的普遍福祉之间并无关联。对于美的愉悦和对于人的爱（哈奇生对于性爱没有发表评论）在其直接性上是相似的，却是不一样的感觉。

但这并不等于说哈奇生认为美和爱之间没有关联：牧师的身份让他意识到美的存在证明上帝对我们的爱。对哈奇生而言，"上帝用观众接受的方式装饰了这座宏大的剧场……从而在**世上**每个角落留下证据以证明他的**艺术**、**智慧**、**设计**和**慷慨**"[1]，但这既证明上帝的"**善**"，也是上帝对于我们的爱。正是由于美是一种特性或者一系列关系，再加上我们对美的愉悦不同于其他享乐——即使同是精神愉悦，才使得上帝将美赋予世界，并以此证明他的善意：他原本可以创造一个能满足我们所有需求的世界，唯独不能满足我们对在多样化中保持一致性的需求，但那样的世界却不会有他为我们造好的现有世界那么令人愉快。

1764年前后，伊曼纽尔·康德（1724—1804）为准备他的道德哲学讲座而研究哈奇生，此时他发表了《对美和崇高的观察》一书，他早期的美学作品，强调审美反应和审美判断的非功利性——由美的事物所引发的感觉以及对它的判断——都可归于那位更早的作者（哈奇生）的影响。[2] 康德起初比哈奇生更坚定地区分美与各种形式的善，乃至区分对他

---

1 Hutcheson, *An Inquiry into the Original of our Ideas of Beauty and Virtue*, Treatise I, Section VIII, para. III, p. 81.
2 参见康德在 *Inquiry concerning the Distinctness of the Principles of Natural Theology and Morality* (1764), Fourth Reflection, §2, 2:300 中对哈奇生的引用，以及"M. Immanuel Kant's Announcement of the Program of His Lectures for the Winter Semester 1765-1766", 2:311。这两部作品的标题来源于 Kant, *Theoretical Philosophy, 1755-1770*, ed. David Walford in collaboration with Ralf Meerbote (Cambridge: Cambridge University Press, 1992) 的译本。*Observations on the Feeling of the Beautiful and Sublime* 由保罗·盖耶译自 Kant, *Anthropology, History, and Education*, eds. Robert B. Louden and Günter Zöller (Cambridge: Cambridge University Press, 2007)。

们的喜爱，但我们也能在康德思想中发现早期哲学家将美的存在阐释为神对人的爱之证据的某种余韵。

18 世纪 70—80 年代之间，继其早期著作《观察》之后，康德在人类学、形而上学乃至逻辑学的讲座中经常谈到"美"这个话题。他另一本重要著作，也是最后一本关于美学的著作，是他的第三《批判》，即 1790 年的《判断力批判》，确切地说是上半部分《审美判断力批判》。（下半部分《目的论判断力批判》涉及我们对作为整体的有机界和自然界的目的性判断，并非对美的判断。）《审美判断力批判》又可分为两个部分：《美的分析论》和《崇高的分析论》，后者错误地包含了康德对美的艺术的进一步思考，以及他所谓的对美的事物而不是对崇高的事物的"智性兴趣"。[1]《美的分析论》又分为四个"契机"。第一契机中，康德区分了美的事物与"令人快适"和"好"的事物，前者仅仅是满足感官的东西——康德例举食物的味道和气味，而没有用性欲为例来说明"令人快适"的事物，但是性欲也应包括在内——后者是基于某些概念而被赞同，包括关于有用性的审慎概念或目的性概念，即道德价值，在这种情况下，"好"的事物不仅得到"认可"，而且受到"推崇"（*CPJ*, §5, 5:210）。对"令人快适"的事物和"好"的事物的满意"与利害相结合"（*CPJ*, §4, 5:207），康德将其定义为与物体的**存在**有关而并非与其**表象**有关的愉悦感（*CPJ*, §2, 5:204），但从康德在道德哲学中使用的利害概念来看，这种愉悦感也可以被定义为：要么是某些分类下引发对任意事物欲望的愉悦感，比如"令人快适"的事物；要么源于先前有关于物体的概念化，比如对"好"的事物的判断。[2] 与以上涉及利害的愉悦相反，康

---

1 康德用了第三个标题把这个材料从《崇高的分析论》中分离出来，但是这个标题在印刷作品的第一版中丢失了，而且也没有在第二版中保存下来，参见 *CPJ*, Editor's introduction, xliii–xliv。

2 此观点参见 Guyer, *Kant and the Claims of Taste*, revised edition, ch. 3。

德提出"决定品位判断的满足感不涉及利害"（*CPJ*, §2, 5:204）。他诉诸人的常识来区分以下情形：如果有人问一座宫殿是否美，我们都认为此人不是在问我们是否赞成其集资方式或修筑所需劳力的筹集方式；我们只需回答："这个事物的表现形式是否令我满意，尽管无论我对这种表现形式的物质存在没有丝毫兴趣"（*CPJ*, §2, 5:205），而且我是否觉得，自己所得到的这种满足感对其他人而言，在适当的情形下也能体验到（*CPJ*, §8, 5:215-216）。康德这一理论考察的是某一事物的表现形式，如何能既使人愉悦，同时又不同于"令人快适"的事物或者"好"的事物因其功利性而使人感到的愉悦，因而具有"主观的普遍有效性"（*CPJ*, §8, 5:215），而且这种表现形式激发了我们认知能力的"自由游戏"。在第一个例子中，激发了想象和知性，一种"通过相互协同，促进大脑双重机能（想象和知性）具有活性（或'活跃'）"的状态（*CPJ*, §9, 5:217, 219）。还是在第一个例子中，康德进一步指明激发这种自由游戏状态的是表象的**形式**（表现形式）。例如，视觉艺术上是绘画而不是颜色，音乐中（*CPJ*, §14, 5:225）是曲目结构而不是特定乐器的音调激发了自由游戏的状态，尽管康德最终聚焦于美的艺术但他还是承认艺术的**内容**——包括典型的理性的观念或具有明显道德意味的美德和邪恶、天堂和地狱的思想——也进入了自由游戏状态，因此，自由游戏牵涉理性，以及想象和知性（*CPJ*, §49, 5:314-315）。[1]但即便如此，康德还是认为美的愉悦不应该与对"令人快适"的事物的愉悦和对"好"的事物的愉悦混为一谈，美的愉悦有别于任何形式的欲望和爱——感官的、性欲的或更高意味的道德感——所带来的愉悦。康德坚持我们在美中获得的愉悦是非功利的，而任何形式的爱都不是这样的。

---

[1] 康德对美的艺术的论述，参见 Guyer, *Kant and the Claims of Taste*, revised edition, ch. 12。康德对"自由游戏"概念的阐释可进一步参见 Guyer, "The Harmony of the Faculties Revisited", in Guyer, *Values of Beauty*。

然而康德承认审美愉悦与爱有间接关系。这种认可有多种形式，其中有两点值得注意。首先，紧随《美的分析论》和《崇高的分析论》之后的《总注释》中，康德指出"美为我们准备好爱的事物，甚至包括自然，但不涉及功利；而崇高使我们肃然起敬，甚至有悖于我们（合理）的利益"（*CPJ*, following §29, 5:267）。美为我们准备好值得爱的事物而不涉功利，康德如此说是要指明为了对美做出恰如其分的判断，我们必须学会放下我们对快适的偏向，放下我们对审慎的甚至是道德上的善的直接欲望，从而评估我们对某物表象的愉悦是主观上普遍有效的，而这正有利于我们的（终生）学习任务，那就是当评估我们的行为准则时，我们应放弃自私自利，而这正是道德普遍要求的。但这不是说我们对美的愉悦与道德判断是一致的，或者说美与善一致，因此，这不是说在任何意义上来看，美的愉悦能等同于爱，包括道德上的爱。[1]

康德进一步讨论了美的事物（*CPJ*, §§41-42）中的"经验性的"和"智性的"兴趣的区别，前者是作为社会交往场合中对美好事物的附加愉悦，或是自我膨胀，令人愉快但不是任何道德认可的基础。在这种情况下，我们可能会喜欢美好的事物，就像喜欢令人愉快的事物一样，但这既不出于事物本身的美，也不涉及任何道德方式。或者说我们可以享受进一步的满足，并对美的事物产生"智性兴趣"，把它作为"痕迹"或"暗示"，是自然"本身提供的某种基础，使其产物和我们对该物的满意之间能建构某种合理关联，而不涉及任何功利"（*CPJ*, §42, 5:300）。更重要的是，因为我们会关注准则和行动的**道德**功效，因而发现自然对我们充满善意。并且，我们自身内部的天性和外在的自然界需要协调一

---

[1] 康德关于道德与爱之间关系的概念过于复杂，此处不再深入。但其主要观点为：道德的基本**准则**与任何情绪无关，**且在一定程度上**，道德价值的行为只是出于对基本准则的尊崇，但**实际上**，对基本准则的尊崇还来自丰富情感的激发与作用，包括关爱他人。参见 Paul Guyer, "Moral Feeling in the *Metaphysics of Morals*", in Guyer, *Virtues of Freedom: Selected Essays on Kant* (Oxford: Oxford University Press, 2016)。

致，方能让我们采取合适的准则，使行动达到预期的效应。但康德对痕迹和暗示的论述表明他认为美和道德之间的联系是间接的：自然美的存在——加之对康德艺术天分的解释被看作是天性在艺术家身上的体现，同样在艺术方面——证明自然与我们有可能在其他意义上合作，包括道德方面，但他不会将美的事物打破为道德或其他爱的对象。康德对于自然对我们满怀善意的观点可能被看作是哈奇生观点的自然化、世俗化，哈奇生认为上帝用我们觉得美的事物装饰世界，从中显示他对我们的爱，而且不止于此，这样一来还从世俗或道德的意义上辨别了我们对美的愉悦和对爱的愉悦。

三、美、爱与性

埃德蒙·博克（1729—1797）没有像哈奇生、康德那样将美与利害剥离，进而与爱区分。而且，博克尽管属于坚定的经验主义阵营，却遵循柏拉图传统将爱与美联系在一起，但又将爱与肉欲或直接的性欲加以区分。但他的解释存在矛盾。

博克是来伦敦寻求发财机会的爱尔兰人，起初想进入文坛，随后跻身政界。他妻子的叔叔是约翰·诺斯（John Nourse），曾在1748年将让-巴普蒂斯特·杜博1719年的作品《对诗歌、绘画和音乐的批评性反思》译成英文，也就是在博克到达伦敦前不久，或许与这部开创性作品的联系影响了博克早期对美学的兴趣。由此，博克的第二本书很快在伦敦成功出版，书名为《对崇高与美的思想根源的哲学探讨》，出版于1757年，于1759年再版，再版时博克增加了一篇《品位的介绍》，无疑是对出版于1757年的大卫·休谟的论文《论趣味的标准》所做的回应。博克区分了两种不同的"高兴"，一种有赖于缓解先前的痛苦，另一种是无须缓解痛苦的"积极愉悦"（第一部分），然后将崇高的体验阐释为避开**预期**

痛苦的高兴，避免各种可能性引发的危险，例如巨大、阴晦等等（第二部分），而美的体验是一种积极愉悦，由"某种或某类能导致爱，或相似激情的身体特质"所激发。这直接提出了对美的愉悦和爱的愉悦进行区分，虽然这里爱是指激情的，有可能是感官意味的，因而明显不是柏拉图意味上对某种纯粹之物的纯爱。然而，博克确实向柏拉图式的观点迈出了一步，他（在第二版中）指出"我同样区分爱和欲望或性欲，我所说的爱是指那种满足感，在凝神静思美好事物时油然而生，无论性质如何，是否源于欲望或性欲；这是一种思想的力量，促使我们占有某些事物，这些事物影响我们不是因为美，而是因为与众不同"。例如"我们会对一个无甚美貌的女子产生强烈欲望，虽然对男性美和动物美也会引发喜爱，但所激发的绝非欲望"[1]。（博克是一位异性恋者，因而写作时也将读者们都假想为异性恋者。）因此，美的愉悦，虽然与爱相关，但与纯粹的性欲不同。这似乎表明，我们认为美的特性，至少那些属于人类的特性，与性的吸引力无关，并且反言之，激发我们性欲的东西也与美无关——也许是动物释放的信息素。但博克在此之后的阐述冲淡了这一清晰的区别。他用了许多篇幅对哈奇生、休谟进行了冗长辩驳，指出美不在于像比例[2]这样的形式特性也不在于适中或实用的外观——"因为要是这种原则成立，猪的长鼻子末端是坚硬的软骨，与它的挖掘、翻找的工作需求简直是绝配，那不是美极了"[3]——事实上，他列举的那些"我们"认为美的事物的特性，只是异性恋男性觉得女性身上所具有的性吸引力，但我们也会据此在其他事物上发现同样道理的吸引力。这些特征包括娇小或者精致、光滑、特定颜色（"干净白皙"而不是"暗沉

---

1 Burke, *A Philosophical Enquiry into the Origin of our Ideas of the Sublime and Beautiful*, Part Three, Section I, p. 91.

2 Ibid., Part Three, Sections II–V.

3 Ibid., Part Three, Section VI, p. 105.

脏污"[1]，这也给博克的大男子主义添加了种族色彩），以及"逐渐变化"，就像"一个漂亮的女人最美的部分，与颈部和胸部有关；光滑；柔软；表面的变化，即使在最细微之处也大相径庭；如同迷宫，令人眼花缭乱"[2]。美的来源应当是喜爱而非性欲，但却似乎像博克所发现的那样，来自性的吸引力。

博克年轻的妻子也许会认为这段话很动听，但它却不符合他对爱与性的区别。问题并不是它把他的理论限定在了一个对人类女性美的理想模式之中；这个理论实际上有更宽泛的内容，至少允许欣赏其他事物中类似女性特点的特性，例如其他种类的动物，对此，可以想见大多数人，甚至是大多数异性恋男性，都不认为有性的吸引力。因此"就动物来看，灵缇犬比獒犬更美，非洲马或阿拉伯马的灵巧劲，比起战马或马车的力量和稳定性来说要让人愉快得多"[3]。其道理就是，使人类女性美丽的特性也会令其他事物变美。但问题是，美貌应该与性的吸引力完全不同。事实上，问题的复杂性不止于此。因为博克曾提出，虽然对于动物来说，"它们的目的并没有那么纠结，它们比我们更直接地追求目的"，构成性吸引力所需要的，不过是另一只动物属于同一物种，合适的性别，而人类，或者说是男性，则需要创造一个偏好来确定选择，**这**应该就是美。因此"男人总的来说都是被性左右的，因为这是性，是大自然的规律；但男人还是着迷于个体**美**"[4]。但是博克之后列举的美的来源，是**所有**男人都应该要寻找的性吸引力的特性。所以最终，爱和性欲似乎并没分别，美也因此无法起到确定我们对于特定对象的普遍偏好的作用。博克试图分离爱和性欲，以便把美与前者，而不是后者相联系，从而保

---

1 Burke, *A Philosophical Enquiry into the Origin of our Ideas of the Sublime and Beautiful*, Part Three, Section XVII, p. 117.

2 Ibid., Part Three, Section XV, p. 115.

3 Ibid., Part Three, Section XVI, p. 116.

4 Ibid., Part One, Section X, p. 42.

留一点哈奇生的无功利性的痕迹，这些都没有诉诸柏拉图领域内的纯形式，比如抽象意义上的美和善。但他的理论不那么令人信服。

四、混合情感

我们会在摩西·门德尔松（1729—1786）的作品中发现一种表现审美反应复杂性的复合型模式，他跟博克同年出生，并且年纪轻轻就在18世纪50年代完成了他最重要的美学著作。门德尔松没有直接提出美的愉悦是否有所不同，也没有像博克一样区分爱与性欲（尽管他浏览过并且评论了博克的书[1]）。他的确构建了多层审美反应理论，既包含爱的诸多要素，又不让这些要素消融在爱之中。门德尔松热衷于这样做是为了容纳我们在悲剧中的"混合情感"，在这当中描述出我们对人物或事件的悲伤，且必须与描绘本身的愉悦结合起来；但他的复杂理论也可用于解释，不同形式的爱如何进入我们的审美愉悦而不消耗殆尽。

门德尔松分别从戈特弗里德·威廉·莱布尼茨、克里斯蒂安·沃尔夫和亚历山大·戈特尔布·鲍姆嘉通（1735年"美学"名称的缔造者）那里继承了完美主义范式，建立了门德尔松美学。[2] 基于此，愉悦就是一种感觉，它是清晰而又混乱的，是对某种完美的感知，某种内在的美好。鲍姆嘉通为莱布尼茨和沃尔夫的观点做了补充：我们既可以从完美的**表象**中，又可以从**被表现的事物**的完美中，获得愉悦。门德尔松补充道，在审美反应中，尤其是对艺术作品而言，我们在运用自己的**精神**才智、情感、意图和认知能力的过程中获得愉悦，同时也在改善或完善我

---

1 该书评参见 *Bibliothek der schönen Wissenschaften und freyen Künste*, Band III, 2. Stück (October, 1758): 290–320, 并见于摩西·门德尔松再版的 *Gesammelte Schriften: Jubiläumsausgabe*, Band 4, ed. Eva J. Engel (Stuttgart-Bad Canstatt: Frommann-Holzboog, 1977), pp. 216–236.

2 参见其硕士论文, *Meditationes philosophicae de nonnullis ad poema pertinentibus*, ed. Heinz Paetzold (Hamburg: Felix Meiner Verlag, 1983), §CXVI.

们的**身体**状况的过程中获得愉悦——最重要的是,我们可以从产生艺术作品的令人称羡的艺术性中获得愉悦。

可以说,门德尔松通过结合沃尔夫和鲍姆嘉通的观点而开启他的美学理论。在发表于 1757 年的《论美的艺术和科学的主要原理》[1] 一文里,该文和 1755 年的书信集《论情感》以及新书信集《狂想曲》被修订并一起收入在门德尔松 1761 年的《哲学手稿》中,他声称:

> 我们现在终于找到了使我们的灵魂感到愉悦的普遍办法,即一种感官上完善化的表现。并且由于美的艺术最终目的是愉悦,我们可以假定下列原则是不容置疑的:美的艺术和美的科学的本质在于艺术上的、感觉上的完善化的表现,或被艺术所表现的完善。
> (*PW*, 172-173)

这里第一部分来源于鲍姆嘉通,艺术的表象有其自身的完善性,因此愉悦与内容无关("表象"在这里指的是具有表现性的艺术作品,而不是我们对此作品的精神反应);第二部分来源于沃尔夫,艺术作品中令人愉悦的是内容的最终完善,也是它所表现出的。在这一点上门德尔松做了许多补充。首先,他解释不论上述两者中的哪种情况,都必须是我们在"灵魂"或思想上"肯定的决定",是在实践我们的**认知**能力、**认同**能力,或者**情感**和**判断**。(此处正是精神意义上的表象起作用的时机,门德尔松有时将其称作 *Vorwurf* 或"投射"[projection],而不是 *Vorstellung*;例:*PW*, 134。)这使门德尔松提出,在对邪恶行为进行艺术表现时,"明辨出邪恶行径与不赞同邪恶同样属于人的灵魂的肯定特性,在这一点上,认知与欲望的精神力的不同表现形式以及完善的要

---

[1] 门德尔松所用"美的"(beautiful)或"美的艺术"(fine arts)指视觉艺术(visual arts),与我们今天无异,并用"美的"或"高雅科学"(fine sciences)指文学艺术(arts of literature)。

素必须是令人满足而愉悦的"(*PW*, 133-134)。如果认为我们在表现或经历某种不愉快或痛苦时,我们总体的反应必定是不愉快的,那就过于简单化了。我们可以享受表象引发我们认识能力的方式,也可以享受我们的认可和判断的能力的实际运用,即使是回应消极的事物。当然,当我们对所表现的,比如对人类的美德而不是人类的邪恶,持积极的态度时,我们发挥力量提升愉悦感的实践仍然会留有余地。门德尔松补充说,对美的感知无论来自单独的表象还是被表现的事物,都会产生**身体上**的效果:"现在假设这是真的,那么每一次感官的愉悦、每一次身体状态的提高,都使灵魂充满完美的感官表达,并且每一个感官表达反过来也要带来好的身体感受和一系列的身体愉悦。这样一个愉快的**情绪**就出现了。"(*PW*, 53)所以在他的观念中,审美反应是认知性、评价性和情绪化的,因而利用全方位的精神力量,也包括身体反应。他似乎想到的是由于对美的感知而弥漫全身的舒适感觉,神经的"和谐张力"使身体变得"舒适"(*PW*, 53)。但门德尔松也有可能是承袭他之前的博克,并且启示他之后的弗里德里希·席勒,确认一种充满活力或造成矛盾张力的感觉,一种和谐松弛的感觉,极有可能是审美体验的身体影响。[1]最后门德尔松还补充道,在"模仿艺术"中,我们很高兴看到"我们在艺术家身上看到的完美",因为"所有艺术作品都是艺术家能力的可视化体现。也就是说全身心地展现以使我们了解"(*PW*, 174)。关于艺术作品要求艺术家**全身心**地展示给我们看的说法,听起来颇具浪漫主义色彩而且有些夸张。但这种想法似乎也有理,通过一件艺术作品,我们经常能感觉到的不只是与图像和内容的联系,还能感觉到与真实的人的联系,那个创造了这件艺术作品的人会有的样子或曾经的样子,一如我们的想象。门德尔松补充说,自然美具体说来即那些——我们不认为是

---

[1] 参见 Burke, *A Philosophical Enquiry into the Origin of our Ideas of the Sublime and Beautiful*, Part Four;以及 Friedrich Schiller, *Letters on the Aesthetic Education of Man*, trans. Elizabeth M. Wilkinson and L. A. Willoughby (Oxford: Clarendon Press, 1967),第 17 封信。

由其他人类制造的美丽物体。我们从它们中获取的乐趣——"由于提到产生它们的主人的无限完美，而被激发到了狂喜的地步"，当然，那是上帝（*PW*, 174-175）。在此他化身天才，显然又变成了人类的一种财产，但是我们必须认为这是神所赐予的，并且"它要求灵魂的所有力量都达到完美，并且和谐一致，达到最终唯一的目的"（*PW*, 175）。

最后的两点揭示了美与爱之间的联系。门德尔松说，不论艺术家是人还是神，我们都钦慕其艺术才能，但我们也可以简单地将其视为一种爱；重要的是，**通过**艺术作品，不论出自人或是神之手，我们都感觉到在与其他人、人格化或者至少半人格化的事物交流；所以我们对美的感受绝不同于爱一个人的感觉，这当中总还是存在一定的空间，使我们将对一个艺术家的爱作为我们对他（关于人或神）的艺术作品的反应联系起来。这看起来并非完全令人难以置信，尤其当一个人想到他最爱的艺术家会有多么强烈的感受时，不论是对作家、作曲家、画家还是其他，虽素未谋面，但因为作品而倍感亲近，如有可能就想见上一面。

门德尔松最主要是通过对悲剧的阐释来展开他的审美反应之复杂性的理论。这个理论可能比上面阐释的还要复杂。这个理论的一部分就是我们对艺术内容和艺术表现形式的传播方式感受迥异，并且后者产生的愉快可以克服前者带来的不愉快，而后者不必完全消失，因此产生了门德尔松所说的"混合情感"（*PW*, 136）。艺术表现中，痛苦确实可以作为对比，成为提升乐趣的要素。因此，"没有混合酸的甜会很快变得平淡"（*PW*, 143），同时"将几滴苦酒混合在甜蜜的愉悦之碗中，会增加愉悦的味道，使其甜味加倍"（*PW*, Conclusion, 74）。还有一个更深入的观点也很重要：想象力让我们像对待真人真事一样，对待艺术作品中描绘的人和事，即使我们很确切地知道他们不是真的。知道自己面对的是"舞台、画布或者大理石呈现出来"（*PW*, 138）的，提醒我们此时不是对真实做出反应，同时使我们和角色之间产生了一定的距离。因此我们没有被误导而跑向舞台去救苔丝德蒙娜，但同时我们却像对待真人真事一样，在情感上回应这些角色。因此，审美反应中一个很重要的部分便是**同情**（*sympathy*），即对待作品中的角色像对待真人一样的同情体验，包括"同情性的惊骇，同情性的恐惧，同情性的恐怖"。而且，被感知的可能性取决于我们是否在现实经验上与虚拟人物有真实联系，包括爱的联系。门德尔松提出"每一种爱都是自身乐于处于爱与被爱的关系中，我们能够与爱人分享所有的苦难与悲鸣，也就是一直强调的**同情**"(*PW*, 142)。我们对艺术作品的情感反应很大一部分是对人物的真实情感关系的反应，包括爱。尽管我们对他们是虚构的这一事实再清楚不过。对人物的爱因而与对艺术家的爱一样，至少是我们对艺术反应的一部分。

　　门德尔松关于悲剧最广泛的讨论包含在他与友人戈特霍尔德·埃夫莱姆·莱辛和弗里德里希·尼科莱1756—1757年间漫长的信件交换中，门德尔松补充说，我们对悲剧英雄的情绪反应通常是敬佩其面对苦难时的勇气——试想我们对俄狄浦斯去科隆努斯赴死时，而不是他第一次流泪时的反应。[1] 所以他并没有觉得爱与同情是我们对虚拟人物的唯一反应；我们有很多像敬佩的积极反应，当然也有纯粹的负面反应。比如对伊阿古，《奥赛罗》中推动情节发展的关键人物，他也确保了我们对该剧的反应不会千人一面那么无趣。但从大的方面看，由于门德尔松没有将美与爱联系起来，因此，他在包括美的艺术表现的审美反应在内的各类审美反应的复杂性中，为对于角色的各种爱和感情留下了余地，也为与艺术家之间那种想象的关系留有空间，这种关系也可以被认为是一种爱的形式。门德尔松提出，我们对美的愉悦也有可能与爱相连，而不会消融在爱中。同样，对角色或对艺术家的爱也不会模糊现实与虚构的区别，我们自身的精神复杂性和艺术媒介的疏离方式使我们保持那种区别，而又能享受对艺术的丰富的情感反应。

1　例如，Mendelssohn to Lessing, November 23, 1756；参见 Beiser, *Diotima's Children*, pp. 211-212。

五、又及：自 18 世纪以来

柏拉图的美学方法在现代的影响集中于德国浪漫主义，尤其是 G. W. F. 黑格尔（1770—1831）和亚瑟·叔本华（1788—1860）的美学理论。黑格尔将美理解为"理念的感性显现"，后者是他描述现实的全部理性性质的术语，他也认为艺术美——他没有利用自然美，因为他不认为自然美是人类"精神"的产物——只是一种过渡，最终过渡到宗教和哲学观念的更高的表现，最终过渡到自我表现。黑格尔采用这种形式，经由苏格拉底的《会饮篇》，反映了"对艺术美的爱"这一概念，仅只是一个跳板，通往更高层次的爱，即美或善本身的形式。[1] 相反，我们可以认为叔本华采用了一半柏拉图的看法。就是说，他像柏拉图学派的人那样，认为我们必须摆脱平凡世俗的欲望，而且认为我们可以做到这一点，至少一定程度上可以，通过审美体验，静观沉思共性而不是细节——他甚至称这些为柏拉图的理念，因其普遍性而非特性，将我们与那总是令人感到沮丧的具体欲望分开，但这仅仅是柏拉图主义的一半，因为在他看来，在我们普通的经历之上或之外没有更高的美或善值得我们欣赏；至多是在事物更伟大的体系中，转而关注我们自身生命和所关心事物的微不足道。[2]

叔本华在 20 世纪初期对文学和艺术有极大影响，但是在哲学美学

---

1 黑格尔美学集中体现在 1818—1828 年间的艺术哲学讲座中。这些内容在其身故后于 1835 年由其弟子 H. W. 霍托编辑（并拓展）；霍托版的讲演录已有多个英译本，最新一版是 Hegel, *Aesthetics: Lectures on Fine Art*, trans. T. M. Knox, 2 vols (Oxford: Clarendon Press, 1975)。霍托 1823 年版讲演录原始手稿由 Robert F. Brown 译为 *Lectures on the Philosophy of Art* (Oxford: Oxford University Press, 2014)。

2 叔本华的美学思想主要在其第三本代表作《作为意志和表象的世界》(*The World as Will and Representation*)中阐发，最早出版于 1819 年，于 1844 年由其本人增补第二卷评述。首版第一卷的最新译本由 Judith Norman、Alistair Welchman 和 Christopher Janaway 译出 (Cambridge: Cambridge University Press, 2010)。若需参考 1844 年第二卷补充材料，英语读者务必参考较早出版但同样可靠的 E. F. J. Payne 译本 (Indian Springs, CO: Falcon's Wing Press, 1958)。

方面略有欠缺，而黑格尔对20世纪美学最主要的影响在于马克思主义美学，其中卢卡奇之类的学者声称，像现代小说这样的艺术形式从根本上对资产阶级和资本主义社会的诊断和潜在变革具有重要意义。[1]但是，以下两种观点，一种是关于我们的审美（或者其他审美特性）是非功利的并且与爱有明确界限，另一种是认为艺术和爱或是普通的情感是内在紧密交织的，从20世纪至今一直都是美学的代表，尽管它们有不同的名称。20世纪中叶，杰罗姆·斯托尔尼茨为审美非功利性应该为自身正名而辩护。[2]斯托尔尼茨关于审美非功利性的辩词被乔治·迪基（George Dickie）所批判，他声称所谓非功利的反应只不过是对艺术作品加以关注。[3]但是审美愉悦的非功利性的观点不时显露，并以多种方式延续。

哈奇生和康德都认为一些形式，如范式时空形态，是非功利的愉悦或鉴赏最合适的对象（尽管二人关于美的艺术的理论最终都比此复杂），并且自克莱夫·贝尔1914年的著作《艺术》开始，形式主义已经明确地成为哲学美学和艺术实践与批判的主流趋势。科林伍德关于艺术的任务不是**唤醒**情感而是**阐明**情感的论点，可以被看作试图将情感的审美反应从普通的情感经验中分离出来。[4]玛莎·努斯鲍姆（Martha Nussbaum）对于我们通过艺术开始理解爱并开始理解道德困境的观点，也可能被看作科林伍德思想的延伸。[5]但是最近关于艺术作品的道德"优点"和"缺点"是否可以被看作这些作品的美学"优点"和"缺点"的辩论，可以

---

[1] 例如，卢卡奇的 *Beiträge zur Geschichte der Ästhetik* (Berlin: Aufbau Verlag, 1954)，以及 *Probleme des Realismus* (Berlin: Aufbau Verlag, 1955)。

[2] Jerome Stolnitz, *Aesthetics and Philosophy of Art Criticism: A Critical Introduction* (Boston: Houghton Mifflin, 1960).

[3] George Dickie, "The Myth of the Aesthetic Attitude", *American Philosophical Quarterly* 1 (1964): 56–65; and *Art and the Aesthetic: An Institutional Analysis* (Ithaca: Cornell University Press, 1974).

[4] R. G. Collingwood, *The Principles of Art* (Oxford: Clarendon Press, 1938).

[5] 例如 Martha Nussbaum, *Love's Knowledge* (Berkeley and Los Angeles: University of California Press, 1988)。

被视为预设了一个前提,即审美的适当反应不同于包括爱在内的道德所应当关注的人的反应。[1]

但从另一种观点来看,审美愉悦本身就是一种爱的形式或与爱紧密相关,这一点也在近代美学中表现出来。亚历山大·内哈马斯的作品在开头被提到过,他的观点是,我们对艺术作品的回应本身是一种爱,因此我们想更好地了解作品就要像我们爱另一个人时那样去做,他头脑中的艺术往往是一个人对强烈情绪的反应,例如他最喜欢列举马奈的《奥林匹亚》。至于这到底是对柏拉图《会饮篇》中人的超验思想的彻底驳斥,抑或是彻底推翻柏拉图,我们可以商榷。我们也可以从这些角度来思考斯坦利·卡维尔的作品。卡维尔确实从没提到过摩西·门德尔松,但我们认为他早前关于电影的那本《看见的世界》中提到的电影明星重要性的理论是门德尔松式的:他认为我们与电影明星之间存在一个复杂的关系,既对被演绎的角色做出反应也对演员本身做出反应;他的观点可以被理解为,我们反应的二元性之所以重要,是因为它促使我们对艺术作品产生真实的情绪回应。[2] 卡维尔的观点是对科林伍德的继承,因为我们开始通过艺术理解我们自己的情感的提法无疑属于他的观点;但是他的观点还包括我们享受艺术是为了情感的纯粹的体验,包括但不限于爱。卡维尔在他后来的书《追求幸福》和《抗争之泪》中对再婚喜剧和情景剧做出了诠释,他将那些电影描述为探索一系列人类情感和经验与表达的条件,但也基于这个假设可以预测,我们观众用爱回应所爱的人或鄙视那些电影中的角色,从中体验真正的情感,经由我们对明星真正

---

[1] 参见 Berys Gaut, *Art, Emotion, and Ethics* (Oxford: Oxford University Press, 2007), 以及 Noël Carroll 的大量论文, 收入 *Beyond Aesthetics: Philosophical Essays* (Cambridge: Cambridge University Press, 2001)。

[2] Stanley Cavell, *The World Viewed: Reflections on the Ontology of Film* (New York: Viking Press, 1971), enlarged edition (Cambridge, Mass.: Harvard University Press, 1979).

的喜爱作为中介，虽然明星是事实和虚构的综合，但是通过他或她的角色，他们也是一个真正的人。[1]

自 18 世纪以来，术语虽然已经改变了，但争论仍在继续，究竟我们对美的愉悦是否为无功利的，或者说对更普遍的审美特质的愉悦到底是否为无功利的，并且这种愉悦与爱，以及其他包括日常的或是崇高的人类感情是否有所区别，又或者这种愉悦本身是否与这些情感一样连续不断，诸如此类的争论还在继续。

陈艳、刘旭光译

---

[1] Stanley Cavell, *Pursuits of Happiness: The Hollywood Comedy of Remarriage* (Cambridge, Mass.: Harvard University Press, 1981); and *Contesting Tears: The Hollywood Melodrama of the Unknown Woman* (Chicago: University of Chicago Press, 1996).

第五章

审美自律性不是艺术自律性

一、导　言

艺术的"自律性"（autonomy）这个理论并不起源于 18 世纪。英国贵族安东尼·阿什利·库珀，第三代夏夫兹博里伯爵，以及跟随他的苏格兰-爱尔兰牧师兼家庭教师弗朗西斯·哈奇生，提出了我们对美的**愉悦**具有非功利性的理论。继而，伊曼纽尔·康德应用了这个词"自律性"，使得这个词从以前所具有的政治学价值转换为道德价值，并被运用在**美**的经验和判断对象之美的**鉴赏判断**中。但是这些思想家的意思并不是说**艺术**通常不把道德作为其主题的中心部分，也不是说艺术的生产和接受在任何方面都不受支配其他人类活动的道德标准的约束，无论这些道德标准是否为强制或者仅仅允许其中特定种类的行为。我认为这两种思想构成了 19 世纪"艺术自律性"（autonomy of art）或"为艺术而艺术"（art for art's sake）的核心思想。[1] 当在论述美感与审美经验时，康德首先使用术语"自律性"，我认为他是第一个这样做的

---

[1] 关于"艺术自律性"（artistic autonomy）概念的进一步研究参见 Michael Einfalt, "Autnomie", in *Ästhetische Grundbegriffe*, vol. 1, pp. 431–479; Guyer, *A History of Modern Aesthetics*, vol. 2, pp. 229–269; and Casey Haskins, "Autonomy: Overview", in *The Encyclopedia of Aesthetics*, second edition, ed. Michael Kelly, 6 vols (New York: Oxford University Press, 2014), vol. 1, pp. 247–252。

人。[1] 在《判断力批判》的导言中，他总结了以下论点：

> 就一般心灵能力而言，只要把它们作为层级更高的能力，即包含自律性的能力看待，那么，对于**认识能力**（对自然的理论认识能力）来说，知性就是包含**先天构成性**原则的能力；对于**愉快与不愉快的情感**来说，判断力就是这种能力，它不依赖于那些有可能和欲求能力的规定相关并因而有可能是直接实践性的概念和感觉；对于**欲求能力**来说则是理性，它不借助于任何不论从何而来的愉快，而是实践性的，并作为层级更高的能力给欲求能力规定了终极目的，这目的同时也就带有对客体的纯粹智性的愉悦。（*CPJ*, Introduction, Section IX, 5:196-197）

在这段话中，我们可以看出，康德最初的观点是，认识能力，愉快和不愉快的情感，以及欲求能力，构成了灵魂的三种主要能力，而自律性使它们变得层级更高，即独立于纯粹的感觉而又依赖于它们自己的**先验**原则。当他继续论述的时候，他还认为包含自律性的愉快或不愉快的层级更高的能力是独立于欲求能力和直接实践性欲求之外的。正如我们将要认识到的，这是夏夫兹博里和哈奇生也有的观点，而康德用自己独特的风格表达出来了。然后，康德介绍了我们审美中的愉悦感，即"这些认识能力的活动中的自发性"，随后也立即补充说，"这种自发性同时也促进了内心对道德情感的感受性"（*CPJ*, Introduction, Section IX, 5:197）。在之后，康德将会解释包含自律性的审美经验是如何为道德情感做好准

---

[1] 在约翰·格奥尔格·祖尔策的百科全书式著作《美学通论》中，肯定没有"自律性"的内容，甚至在1792—1799年出版的第二版"扩大版"中也没有，因此它是在康德的《判断力批判》（由弗里德里希·冯·布兰肯堡［Friedrich von Blankenburg］扩充）出现之后才出现的。参见 Johann Georg Sulzer, *Allgemeine Theorie der Schönen Künste*, second edition, 4 vols, plus index volume (Leipzig: Wiedemann, 1792-1799).

备的。然而在这里，康德已经清楚地表明，无论审美愉悦的自律性的确切含义是什么，这并不意味着审美经验和道德体验会被简单地割裂开来。

在康德看来，审美经验和道德体验是不会被分开的，因为没有什么是不受道德评价影响的。当然，有些选择在道德意义上是无关紧要的，比如一个人是更喜欢葡萄酒还是啤酒（引自康德的例子）；但道德本身将决定什么是道德上无关紧要的，在决定是更喜欢葡萄酒还是更喜欢啤酒的情况下，两条准则中的任何一条都同样具有普遍性。后来在《判断力批判》中，当谈到"在同一个作品里各种美的艺术的结合"之类的内容时，康德明确指出道德的无所不在不仅是一种理论抽象，而且是人类心理学的一个基本要素。比如，"诗可以和音乐结合在**歌唱**中"，或者反过来讲，"歌唱同时又能和绘画性的（戏剧性的）表演结合在一场**歌剧**中"。在这里，毕竟康德想要论述的是，"在所有美的艺术中，本质的东西在于对观赏和评判来说是合目的性的那种形式"，而这种纯粹形式美的愉悦是必须和"文化"与"理念"相结合起来的，以避免"愉快……在这里本质的东西只是为了享受，这种享受在理念里不留下任何东西，它使精神迟钝，使对象逐渐变得讨厌，使内心由于意识到他的理性判断中违背目的的情绪而对自己不满和生气"——这里的"理性"指的是伦理道德上的或者纯粹的实践理性。继而，康德认为"如果美的艺术不是或远或近被结合到那些唯一带有一种独立的愉悦的道德理念上来，那么后一种情况就是这些美的艺术的最终命运了"（*CPJ*, §51, 5:326）。也就是说，在本质上说，一件艺术作品的美取决于它的形式，而我们能够独自欣赏它。但是，如果一件艺术作品连一些有意义的道德内容都没有，那么我们就不会长久地欣赏它，而且实际上它很快就会使我们感到厌恶，因为我们的道德功利必须得到满足。康德并没有承认，因为他也没有必要去说，如果一件艺术作品以任何方式**违背**道德，用当今的话来说就是赞许不道德的态度或行为，那么我们肯定不会欣赏这件艺术作品。理论家也许能够并且需要区分出认知、感觉和欲求能力，以避免犯一连串形而上学的错误（这正是康德所"批判"的），但是，人类的心理并没有被划分开来，审美愉悦也不是在道德领域中发生的。

詹姆斯·比蒂（James Beattie）是一位把每个人都认为理所当然的东西明确表达出来的阿伯丁哲学教授。比蒂认为休谟关于因果关系的非理性主义解释是一种"常识"，康德反对这样的回应。但在比蒂的《论诗歌与音乐》（"On Poetry and Music"）一文中找不到任何反对的论述：

> 我们也应该注意到，虽然我们用不同的名称来区分我们内在的力量，因为如果不这样，我们就不能把它们说得让人明白，它们都是独立个体的同一个头脑中所拥有的诸能力。因此，我们不能认为与任何一种主导的能力相矛盾的能给其他人带来永久的快乐。这是理性所不能接受的，是良知所不赞成的；这也是想象力所不能满足的，并与理性相悖的。而且，信仰和心灵的默许是令人愉快的，正如不信任和怀疑是痛苦的；因此，只有这样才能提供坚实和普遍的满足感，而这种满足感是有根据的；才能提供我们所能想象到的，一个理性的人可以相信的东西。但是，任何理性的存在都不能允许一种明显违背自然的事物，或暗示明显荒谬的事物。[1]

在这篇文章的最后一部分，比蒂思考了诗歌中事实和逻辑的一致性，在康德那里称之为"理论理性"（theoretical reason）。同样地，比蒂所思考

---

[1] James Beattie, *Essays: On the Nature and Immutability of Truth; On Poetry and Music, as they affect the Mind; On Laughter; On the Utility of Classical Learning* (Edinburgh: William Creech, 1776), pp. 372-373；这段话也可能在 James Beattie, *Selected Philosophical Writings* (Exeter: Imprint Academic, 2004), p. 145 中找到。

的想象与良知的一致性，康德称之为"实践理性"（practical reason）。和康德一样，比蒂认为，无论是理论上的还是实践上的，想象力都可能会在一些反理性的事物中找到瞬间的快乐，但这些都不是持久的快乐。对这两位学者来说，心灵的统一意味着纯粹的审美经验与我们对艺术作品的道德评价是无法割裂的。实际上，心灵的统一是合主观目的所推动的统一。总之，两位思想家都接受了审美自律性而不是艺术自律性的理论。

接下来，我首先回顾在康德之前的18世纪英国和德国思想家们的理论，并且将他们对纯粹审美愉悦的自律性的认识与否认艺术自律性的理由结合起来。如果有任何一人的思想与事实相反，那么实际上会形成后一种思想。然后，我将更详细地研究康德的立场。最后，我将着重介绍在19世纪期间发生在这个概念上的巨大变化，并简要论述叔本华的关于审美经验的"无意志"的认识主体的理论。

二、英国前康德时代的审美而非艺术自律性

人们一般会将审美判断中"非功利性"概念的引入归功于安东尼·阿什利·库珀，第三代夏夫兹博里伯爵，即使他并没有使用这些术语。然而，以我们后来者的眼光来看，库珀并没有为独立的审美理论做出什么贡献；虽然他明晰地阐述了审美愉悦无争辩的主张，并为他的道德理论的核心主张做了铺垫。[1] 这后一种观点在1699年的《对美德与功绩的探究》（*Inquiry into Virtue and Merit*）中已经出现了，他认为行为是根据道德法

---

1 伊莎贝尔·里弗斯（Isabel Rivers）强调了夏夫兹博里关于美的评论的道德背景，参见 Isabel Rivers, *Reason, Grace, and Sentiment: A Study of the Language of Religion and Ethics in England 1660–1780* (Cambridge: Cambridge University Press, 2000), vol. II: *Shaftesbury to Hume*, pp. 141–152。关于夏夫兹博里的详细情况，我在此不再赘述，参见 Guyer, *A History of Modern Aesthetics*, vol. 1, pp. 33–47。在这里对所有三位英国作家的讨论，参见 George Dickie, *A Century of Taste* (New York: Oxford University Press, 1995)。

则进行的，如果是出于对神圣惩罚或奖赏恐惧的动机，那么这是"唯利是图"的行为，并不是真正的美德。但这个主张在1709年的《道德家们》的对话中却没有那么正式地被提及。为了阐述这个观点，《道德家们》中的发言人围绕美，特别是自然美，而不是艺术美，做了以下陈述：

> [神学家：]啊，斐罗克勒斯！……假设你躺在小树林的树荫下休息，而你看上去已经着迷于**这些树的美**，你就会情不自禁地只想要去品尝它们的一些美味的**果实**；由于获得了大自然的某种**享受**，这些**橡子**或**浆果**也会像花园里可口的**无花果**或**桃子**一样令人心生欢喜。当你重新审视这些**小树林**时，在这些鲜活的愉快中，通过对自我的满足，也因此寻求到了它们的**愉悦**。
>
> [斐罗克勒斯：]对于我来说，这种**想象**的体验实在太**奢侈**了……[1]

这根本不是对艺术体验的主张，而是仅仅为了那些认为道德与自身利益无关的主张铺平了道路。相反地，它需要我们用人类的方式，为人类社会以及整个世界的和谐秩序做出实际的贡献。为了达成这个普遍的认同，夏夫兹博里还提出了这样的论点：虽然我们对美产生愉悦，但是如今在音乐、建筑等艺术作品和自然作品中，都是对我们感知物体形式的最表层的反应，它实际上是对"**形式的形式**，即具有智慧、行动和行动的形式"的回应。换言之，就人类艺术而言，这是对人类艺术的另一种形式的回应，而在这之上，"**又是一种形式**……**高级艺术**，或类似艺术的东西，指导他们的**手**，并在这个似是而非的作品中**制造工具**"，一种"**第三层次的美**，它不仅形成了我们所称的纯粹的**形式**，甚至**形成了形成的形式**"，简而言之，这就是上帝。[2] 就自然美而言，中间的桥梁不是

---

1 Shaftesbury, *The Moralists*, III. ii, p. 103.

2 Ibid., pp. 108–109.

人类艺术家，而是自然力量，如地质或生物力量，但是当然这些都是上帝设计的。无论是自然的还是艺术的，只要是我们对美的愉悦，最终都是在对上帝艺术的认可中感到的愉悦。因为对夏夫兹博里来说，无论是对美的普遍愉悦，还是对艺术美的具体愉悦，都与我们更普遍的价值观是紧密结合的；我们的愉悦在我们最基本的价值观念中是根深蒂固的。虽然夏夫兹博里坚持认为我们对美的愉悦是不带任何功利的，但他几乎没有提供任何关于审美自律性或艺术自律性的原则。

在 1725 年，弗朗西斯·哈奇生出版了《论美与德性观念的根源》的第一版，以作为对"夏夫兹博里的思想理论的阐释和辩护……而反对《蜜蜂的寓言》的作者伯纳德·曼德维尔"。就像霍布斯一样，愤世嫉俗的伯纳德·曼德维尔认为每个人都只被自身利益所驱动。[1] 然而，他并没有采纳夏夫兹博里的新柏拉图主义，而是发展了一种更接近于审美或审美反应中的愉悦自律性概念——这并不是艺术自律性的学说。与夏夫兹博里一样，哈奇生运用美学来阐释道德哲学的中心思想。在这种情况下，他提出了一个毋庸置疑的观点，即我们的审美反应是一个直接的感官反应。但同时，他又引入一个更具争议性的观点，即道德的基础是一种道德感，一种对善的合目的，并且它们不涉及任何自身利益。对于前者，他认为，我们对美的观念称之为"一种**感觉**是恰当的，因为它**类似**于其他的**感觉**，**愉悦**不是源于有关**原理**、**比例**、**原因**或**对象有用性**的**知识**，而是因为，首先震撼我们的是**美的理念**"。

此外，**美**与**和谐**的**理念**和其他可感觉到的**理念**一样，必然会令我们愉悦，而且是直接引起我们的愉悦。我们自己的任何**决心**以及

---

[1] 关于哈奇生的美学观点，参见 Peter Kivy, *The Seventh Sense: Francis Hutcheson and Eighteenth-Century British Aesthetics* (New York: Burt Franklin, 1976; second edition, Oxford: Oxford University Press, 2003); and Guyer, *A History of Modern Aesthetics*, vol. 1, pp. 98–113。

对得失的任何**计较**，都不可能改变**对象**的**美丑**：因为正如在外在**感觉**中一样，**利益**的观点不会使**对象**变得令人愉悦，有别于**知觉**上直接**痛苦**的**有害**的**观点**也不会使对象令**感官**不快……[1]

我们也许可以认为，这一段文字成功地将非功利性的思想引入了 18 世纪美学理论中。理由在于，我们的审美反应的感官特征是对美的非功利性的反应：由于审美反应是立即发生的，因此并没有时间来允许主体计较个人利益。在引用以上的这段话后，哈奇生还认为，即使计较个人得失也不会影响"我们对**形式**的**情感**，以及我们的**知觉**"，或其中的快乐。正如哈奇生的另一个论点所最终暗示的那样，所有这些观点都可被视为经验的，我们可以基于观察发现，它是由和谐的、按比例的形式、形状或图案的延伸、声音甚至颜色而产生这种直接的快感。虽然哈奇生没有使用这样的术语，但是这当然可以被看作是我们的感知系统的自律性及其我们从得失的计较中获得的乐趣的论据；他相信，即使是潜在的不利因素，也不会干扰我们对形式美的观念——虽然这些可能会影响我们的外在行为，使我们"放弃对**美**的追求"——正如我们所看到的那样，相对于比蒂，哈奇生也许在更大程度上存在不一致性，这也是五十年后所被承认的。

然而，这并不意味着哈奇生引入了一种**艺术**自律性的理念。在之后关于诗歌的评论中，这一点才逐渐变得明晰。在"相对美或比较美"这一节下，他首先讨论了诗歌。这就是我们的反应而不仅仅是纯粹的形式，是一种对象（通常是艺术作品）与其他事物（它的对象）之间的比较；换言之，我们可以进行美的模仿。当我们对一个本身不讨喜的物体的表现感到愉快时，这就是我们所体验到的美，例如我们对"**肖像**

---

[1] Hutcheson, *An Inquiry into the Original of our Ideas of Beauty and Virtue*, Treatise I, Section I, §§xiii–xiv.

画上**衰老了**的老人的**变形**"的欣赏。[1] "比起我们从未真正**观察到**的道德上完善的**英雄**，我们对具有全部**激情**的不完善的**人**拥有更加生动的认识；所以，至于他们是否与**复制品相符**，我们无法进行准确的判断"[2]，在这一点上，哈奇生观察到相对美也许会更加令人愉快。也就是说，在这种情况下，我们不能简单地用作品所描绘的对象的道德价值来判断艺术作品的价值。然而，哈奇生认为诗歌的主要目的是唤起我们的道德观念；反之，一种完善的道德观念会强化我们对诗歌和其他艺术的热爱。因此，在他关于德性的论述中，他认为"即使对某种有限的**仁爱**以及其他道德情感而言，这种强大的**决定性**也可以为人所见，它能使我们的**心灵**对某种普遍的**善良**、**温柔**、**博爱**和**慷慨**产生强烈的偏爱，并使我们在全部**行为**中蔑视私人之**善**"，并且，"一旦某个先前冷酷无情的**内心**被这种烈焰所熔化，我们随后就会看到它对**诗歌**、**音乐**以及乡村**景色**中**自然之美**的**热爱**"，等等。[3] 这大概只是因为诗歌的内容与道德之间存在的特殊联系。（关于诗歌的这一联系可能与哈奇生提到的其他艺术不同。）在后面几页，哈奇生明确了这一假设。他是这样论述道德观念的：

> 我们发现，这种**感官**也是**诗歌**之主要**快乐**的**基础**……但是，由于对无论是**恶**还是**善**的道德**对象**的沉思，能比对自然**美**或（我们通常所称的）丑的感受更强烈地感染我们，并以一种截然不同且更有力的方式推动我们的**激情**，因此，最动人的**美**都与我们的道德**感**有关，并会比以最生动的手法所**描绘**的自然**对象**的**表象**更强烈地感染

1　Hutcheson, *An Inquiry into the Original of our Ideas of Beauty and Virtue*, Treatise I, Section IV, §i, p. 42.
2　Ibid., §ii, p. 43.
3　Ibid., Treatise II, Section VI, §vi, p. 171.

我们。**戏剧性**的**叙事史诗**完全指向这种**感官**……[1]

在这里，在某种程度上，哈奇生为"艺术自律性"留下了一种可能性。也就是说，我们对自然美的欣赏是独立于道德判断之外的。但是，他当然不是在主张艺术的自律性，也不是在主张诗歌这种典型艺术：因为这种艺术正是通过处理和运用我们的道德情感来感动我们的。

应该是受了哈奇生的极大影响[2]，休谟认为我们的道德原则是建立在情感而不是理性基础上的，但他并没有采用哈奇生的方式来进行审美与鉴赏。[3] 在他的学术生涯早期所发表的《人性论》以及后来的一篇论文《论趣味的标准》中，休谟提到了"美"。《论趣味的标准》的观点不承认灵魂的不朽，捍卫自杀的权利，也导致了当时的出版商不愿收录这篇论文，最终就被收录于1757年出版的《论文四篇》。在前期的作品中，休谟并不认为我们对美的愉悦是非功利性的。相反，他认为我们在审美中的一些快感是以物体的直观形式或"**类**"的形式来刺激的[4]，我们产生愉悦感的较大原因在于对物体表面上的效用的反应，以及它们对其预设目的或功能的良好适应性，但是，我们在使用对象时是基于主体个人利益的，而不是把有关自己利益的所有考虑置之不理，并且通过我们的想

---

[1] Hutcheson, *An Inquiry into the Original of our Ideas of Beauty and Virtue*, Treatise II, Section VI, §vii, p. 174.

[2] 毫不夸张地说，休谟于 *A Treatise of Human Nature*, originally (1739–1740), modern edition, eds. David Fate and Mary J. Norton (Oxford: Clarendon Press, 2007), Book III, Part I 中对这一主题的讨论，主要得益于哈奇生在 *An Essay on the Nature and Conduct of the Passions and Affections, with Illustrations on the Moral Sense*, ed. Aaron Garrett (Indianapolis: Liberty Fund, 2002), Treatise II, Sections II–III 中的讨论。

[3] 关于休谟的美学观点，参见 Guyer, *Values of Beauty*, ch. 2, pp. 37–74; and Guyer, *A History of Modern Aesthetics*, vol. 1, pp. 124–139, 并参见 Peter Jones, *Hume's Sentiments: Their Ciceronian and French Context* (Edinburgh: Edinburgh University Press, 1982); Dabney Townsend, *Hume's Aesthetic Theory: Taste and Sentiment* (London: Routledge, 2001); and Timothy M. Costelloe, *Aesthetics and Morals in the Philosophy of David Hume* (London: Routledge, 2007)。

[4] Hume, *A Treatise of Human Nature*, Book III, Part III, Section vi, para. 6, p. 393.

象力在完善的对象中与他人产生愉悦的共鸣。我们的愉悦体验归结于被直观对象的一些部分"此种秩序或结构","它们由于**我们天性的原始组织**,或是由于**习惯**,或是由于**爱好**,适于使灵魂发生快乐和满意",但是"我们所赞赏的动物的或其他对象的大部分的美是由便利和效用的观念得来的",例如"一种动物产生体力的那个体形是美的",或者"一所宫殿的式样和便利对它的美来说,正像它的单纯的形状和外观一般同样是必要的"。[1] 但是,休谟认为没有必要去争辩后者的体验或判断是否非功利性的;相反,"那种效果就是某些人的快乐或利益"或其他旁观者,如果那个人不是自己,那么人们可以通过同情来享受另一个人的愉悦。"只要一个对象具有使它的所有者发生快乐的一种倾向,或者换句话说,只要是快乐的确当的**原因**,那么它一定借着旁观者对于所有者的一种微妙的同情,使旁观者也感到愉悦。"[2] 换句话说,同情对休谟的作用就像无私对哈奇生的作用一样,即使我们有可能超越我们个人或"相对于他人的特殊地位",而在我们对美的判断中"确定一些**稳定**而**普遍**的观点"。[3]

但这并不意味着休谟承认了我们对美的愉悦是一种道德情感;他认为"一部美好的乐章和一瓶好的酒同样能让人产生快乐"。但是,我们不可以"因此而说,酒是和谐的或音乐是美味的",我们也不会混淆这两种快感中的任何一种,即在字面和隐喻意义上的审美快感,以及一想到有道德的"性格和行为"就产生愉快的道德情操。[4] 休谟认为快感之间存在着现象学和语境上的差异,这足以让我们能够区分它们。然而,他也认为我们在**艺术**作品中的愉悦和我们的道德情感之间有着密切的联

---

[1] Hume, *A Treatise of Human Nature*, Book II. Part I, Section viii, para. 2, p. 195.(中译参照:休谟:《论道德与文学》,马万利、张正萍译,杭州:浙江大学出版社,2011年。译文有修改,下同,不再注出。——译者注)

[2] Ibid., Book III, Part III, Section i, para. 8, p. 368.

[3] Ibid., para. 15, pp. 371–372; see also para. 23, pp. 374–375.

[4] Ibid., Book II, Part I, Section ii, para. 4, p. 303; see also Book III, Part III, Section vi, para. 6, p. 393.

系。在这一点上,《论趣味的标准》明显体现出他与哈奇生在对诗歌的描述上有着异曲同工之妙。在这里,休谟认为寻求直接适用于艺术作品的规则是徒劳的,这将告诉我们哪些是最好的而哪些不是。但是,我们可以明确指出批评家的特点,他们的合理判断可以建立起一个对我们其他人来说应该是权威的作品体系,因为一旦这些批评的优点被指出来,我们就能够分享这些批评的乐趣。[1] 其中一个条件就是"他必须保持头脑不受任何**偏见**的影响,心无杂念,而只考虑他要考虑的对象"[2]。这听起来像非功利性的要求,但休谟的意思并不是说对一件艺术作品必须以一些与人类的普通利益无关的纯粹审美标准为基础来进行体验和评判,而是对"每件艺术作品必须要从一个特定的视角去观察,而不能完全依据个人口味。个人的情形——无论是他真实的口味,还是想象的趣味,不一定完全和艺术作品的趣味一致"[3]。换言之,欣赏一件艺术作品所要求的不是没有**任何**偏见,而是要有**正确**的偏见。休谟也指出合格的批评要求"良好的判断力",这在一定程度上意味着创造一件艺术作品是基于"多多少少有些闪光点"的对象,同时要对一种特定的"宗旨或目的"有适当的理解。因此,"雄辩术旨在说服,历史旨在教育,诗歌凭借激情和想像旨在怡情"[4]。但实际上,这些激情很可能是道德上的激情,诗歌就是这样一种典型的艺术。因此,我们对诸如诗歌这样的典型艺术的反应并不是非功利性的,也没有脱离其他价值观的情感的影响;我们在诗歌中感受到的愉悦可以被视为对诗歌形式特征的一种回应,也可以被视为对诗歌内容或者这些内容在我们心中激起的感情的一种回应。这一事实也影响了休谟对"非功利性"的替换,即通过同情和想象的途径,我们可

---

[1] David Hume, "Of the Standard of Taste", in Hume, *Essays Moral, Political, and Literary*, revised edition, ed. Eugene F. Miller (Indianapolis: Liberty Fund, 1987), pp. 226–249, at p. 243.
[2] Ibid., p. 239.
[3] Ibid.
[4] Ibid., p. 240.

以拥有"附和"他人偏见的能力："当道德和正派的观念随着时代的变迁而改变，当邪恶的举止被描述出来，却没有被打上谴责和反对的烙印时，这必然会允许丑化诗歌，使其成为一种真正的畸形。我不能，也不应该有这种情绪。"[1] 如果我们对艺术的反应是非功利性的或者认为艺术是自律性的，主体从道德的普遍约束中解脱出来了，那么这个警示也就没有意义了。在某些层面上讲，一件艺术作品的美可能与我们的道德情感无关，例如诗歌的节奏或韵律结构。但是，我们对整个艺术作品的反应却不是这样的。

我并没有展示出18世纪英国美学的全貌，但我希望我已经提供了足够有力的例子来说明他们对审美反应的非功利性的观点。无论用了什么术语，他们都不是艺术自律性的理论。接下来，我将聚焦于同一时期的两位欧洲美学家的理论，以论证他们也没有提倡艺术自律性。

三、杜博与门德尔松：谈艺术作品的激情与混合情感

接下来，我将评论一位法国学者——让-巴普蒂斯特·杜博和一位德国学者——摩西·门德尔松的观点，他们对英国和德国美学家都有影响，特别是对康德的影响巨大。"美学"学科由亚历山大·戈特尔布·鲍姆嘉通于1735年命名[2]，并在德国的莱布尼茨哲学方法中成长起来。在18世纪40—50年代[3]，德国柏林正处于吸收现代欧洲知识文化的

1　Hume, "Of the Standard of Taste", p. 246.
2　参见 Baumgarten, *Meditationes philosophicae de nonnullis ad poema pertinentibus/Philosophische Betrachtungen über einige Bedingungen des Gedichtes*, §CXVI; and Alexander Gottlieb Baumgarten, *Ästhetik*, translated with introduction, notes, and index by Dagmar Mirbach, 2 vols (Hamburg: Felix Meiner Verlag, 2007), §1。
3　关于门德尔松对欧洲文化的吸收，参见无可比拟的 Alexander Almann, *Moses Mendelssohn: A Biographical Study* (University [Tuscaloosa]: University of Alabama Press, 1973)。关于门德尔松的美学思想，参见 Beiser, *Diotima's Children*; Anne Pollok, *Facetten des Menschen: Zur*（转下页）

阶段。因此,年轻的门德尔松也吸收了这种哲学方法。鲍姆嘉通经常被认为采取了一种严格的认知主义方法来研究审美经验,他将艺术作品理论化,从性质上来说,诗歌,是观念的一种密集的或"混乱的",而不是离散的或"鲜明的"表达。但对于鲍姆嘉通来说,诗歌所激起的"情感",或情感与它所表达的信息同样重要。[1]门德尔松发展了这样一种观点,即艺术作品既能调动我们的认知能力,也能调动我们的情感和思维能力。但相同于从鲍姆嘉通外继承到的,门德尔松从杜博那里也认识到了艺术对我们情感参与的重要性。那么,在谈门德尔松之前,我们先来看看杜博的理论。[2]

杜博确实没有提到艺术的非功利性与自律性。但他认为艺术具有唤起"人为的激情"的功能,这可能意味着艺术具有自律性并且艺术体验是非功利性的,即艺术体验不涉及我们的普遍情感,包括我们的道德情感,因此艺术并不涉及我们的一般利益,包括我们的道德利益。但杜博之所以把艺术所激起的情感称为"人为的",只是因为艺术呈现给我们的是虚构的特征,而引起的情感并没有受到其通常的后果和代价的影响;然而,它们是由我们真正的功利所引起的真正的情感,其中包括了

(接上页) *Anthropologie Moses Mendelssohns* (Hamburg: Felix Meiner Verlag, 2010), pp. 154–244; Paul Guyer, *Kant and the Experience of Freedom: Essays on Aesthetics and Morality* (Cambridge: Cambridge University Press, 1993), pp. 131–160; Guyer, *A History of Modern Aesthetics*, vol. 1, pp. 341–362; and Paul Guyer, "Mendelssohn, Kant, and the Aims of Art", in *Kant and his German Contemporaries*, vol. II: *Aesthetics, History, Politics, and Religion*, ed. Daniel O. Dahlstrom (Cambridge: Cambridge University Press, 2018), pp. 28–49。关于18世纪德国美学的更一般性的总体发展,见上,以及 Beiser, *Diotima's Children*; Stefanie Buchenau, *The Founding of Aesthetics in the German Enlightenment: The Art of Invention and the Invention of Art* (Cambridge: Cambridge University Press, 2013); Simon Grote, *The Emergence of Modern Aesthetic Theory: Religion and Morality in Enlightenment Germany and Scotland* (Cambridge: Cambridge University Press, 2017)。

1 Baumgarten, *Meditationes philosophicae de nonnullis ad poema pertinentibus/Philosophische Betrachtungen über einige Bedingungen des Gedichtes*, §§XXV–XXVI.

2 关于 Du Bos,参见 Jones, *Hume's Sentiments* 以及 Guyer, *A History of Modern Aesthetics*, vol. 1, pp. 78–94。

第五章　审美自律性不是艺术自律性

我们的道德功利。在杜博看来，我们的不快更多的是因为**无聊**，因此我们竭尽全力逃避不快。激发我们的激情是祛除无聊的好方式，也使人带来情绪上的愉快。然而，激发我们的激情和免于无聊的折磨的一些方法是有代价的，比如赌博和决斗等。尽管艺术的体验并不是完全免费的——毕竟，你必须要为你的话剧票买单——但它的代价并没有像那些娱乐活动那样高。正如杜博所说，

> 既然我们真实的激情所能提供给我们的最大愉悦继之以如此之多的不幸福，并被那些时刻所平衡，那么，艺术竭力将我们激情的低落的尾声从我们沉迷其间的迷人愉悦中分离出来，难道不是一件高贵之事吗？难道创造一种新的自然存在，不正是艺术的力量吗？难道艺术不能设法创造出一种东西，它能激起人为的激情，使我们在受到这种激情的影响时还能全神贯注，而在之后又不会给我们带来真正的痛苦吗？
>
> 诗歌和绘画保留着一种如此微妙的尝试。[1]

为了欣赏艺术，我们不必非得脱离普遍的功利和情感，也不需要非功利性的态度；艺术正是通过唤起我们普通的情感来使我们感到愉悦，但在有限的范围内，艺术并不像其他激发情感的方式那样代价巨大。对杜博来说，小说是一种具有非功利性的艺术作品。

基于克里斯蒂安·沃尔夫和鲍姆嘉通这样更复杂的概念体系，门德尔松发展了这一点。而沃尔夫继莱布尼茨之后，将愉悦，包括美带来的愉悦，定义为**对完善的感官感知**[2]，鲍姆嘉通将美定义为"审美的目的"，

---

[1] Du Bos, *Critical Reflections on Poetry Painting, and Music*, Part I, ch. III, vol. 1, p. 21.
[2] 参见 Christian Wolff, *Vernünftige Gedancken von Gott, der Welt, und der Seele des Menschen* (Halle: Renger, 1720), fourth edition (1751), §404。

是"**感性认识的完善**"[1]。门德尔松把这两种思想综合在一起,认为"美的艺术和美的科学的本质是**艺术性的感官上的完美表现,或是通过艺术表现的感性的完美**"(*PW*, 173)。关键是,我们对艺术作品的回应**既**是对所表现的事物的"完善"的回应,**也**是对艺术表现之"完善"的回应。反过来讲,这又回答了我们该如何在一些令人不快的事物的艺术表现中感到愉快:即使我们对所表现的事物的反应是消极的,或者在更常见的情况下是混合的,我们也可以因其"艺术表现"的完善而感到愉快。"对那些本质上令人不快的范式的模仿会产生一种……混合情感。它们的表现,就其本身而言,与客体的关系是令人不愉快的,但与它们的(艺术的)投射(*Vorwurf*)的关系是令人满意的。"(*PW*, 173)如果我们对自然界中对象的纯粹反应是消极的,比如我们对某种丑陋物种的反应,那么其实我们对以它为对象的巧妙的艺术表现的反应仍然可能是一种混合情感。因为我们对这种表现的反应是感到愉快的。但是更有特色的是,我们对那种典型的艺术作品的反应,例如一场成功的悲剧。我们对悲剧对象或悲剧英雄的反应本身将是一种混合情感,混杂着一种对英雄苦难的同情式痛苦,混杂着一种对英雄承受或接受这些苦难时表现出的坚强品质的钦佩与愉快,反过来讲,这一切又与对完美演出的满意混合在一起。在悲剧中,"我们对喜爱或同情的对象有期待、希望与恐惧感,或者对他或她的伟大灵魂产生了超越希望与恐惧的钦佩感",并在杰出的艺术表现和"艺术家的完善"中,将这种混合情感与我们的愉悦感结合起来,我们认为这才是这种完善的源泉(*PW*, 199)。[2] 门德尔松也提出了

---

1 Baumgarten, *Ästhetik*, §14.
2 这条引文参见"On the Sublime and Naïve in the Fine Sciences"一文。门德尔松在与他的朋友戈特霍尔德·埃夫莱姆·莱辛和弗里德里希·尼科莱的三者之间的通信中,更全面地发展了他对悲剧的分析;参见 Lessing, Gotthold Ephraim, Moses Mendelssohn, and Friedrich Nicolai, 1764–1765, in *Briefwechsel übder das Trauerspiel*, ed. Jochen Schulte-Sasse (Munich: Winkler Verlag, 1972)。

自己的观点，他认为虽然愉快感必须来源于心灵的"积极的判定"，但一件艺术作品"（既）涉及心灵的认识能力，（也）涉及心灵的认识与欲求能力"。这些反过来又包括了感觉和判断我们的感觉是否恰当的能力；因此，

> 对客体的缺陷的描述，正如对不满意于它的表达一样，不是思维方面的缺陷，而是对它的肯定性和物质性的确定。我们无法感知到一个好的行为而不赞同它，我们也无法感知到一个邪恶的行为而不反对它本身并厌恶它。然而，承认一种邪恶的行为并予以否定，是灵魂的肯定特征，是认识和欲求的精神力量的表现，是完美的要素，在这方面，完美必须是令人满意和愉快的。（*PW*, 134）[1]

就像食物或饮料一样，愉快和痛苦的情感的恰当混合比单单是愉快的情感更令人愉快："将几滴苦酒混合在甜蜜的愉悦之碗中，会增加愉悦的味道，使其甜味加倍。"（*PW*, Conclusion, 74）在这种复杂性之外，还可以增加对客体的艺术表现的乐趣，从而产生一种复杂的情感，以及对产生这种表现的人类艺术性的令人愉快的赞赏。确实，我们对一件艺术作品的反应是复杂的。

门德尔松理论的这两个观点，对于我们目前要解决的问题是十分重要的。首先，门德尔松明确地认为，艺术作品涉及人类所有的情感和情感判断。因此，没有任何证据表明艺术可以脱离人类的根本利益，或者可以至少在一定程度上不以我们的普遍标准来判断，包括道德判断。这不是艺术自律性的定义。其次，门德尔松没有运用非功利性的术语（虽

---

[1] 这是从门德尔松的《狂想曲》中加到 1755 年门德尔松的 "Rhapsody or Additions to the *Letters on Sentiments*"，成为 1761 年和 1771 年版本的《哲学手稿》。

然他很熟悉夏夫兹博里和哈奇生的作品）。[1] 相反，他关注艺术内容和艺术表现的区别，并认为我们对艺术表现的认识在观看者和被表征的对象之间产生了**距离**。而这个留有差异的空间为我们对艺术反应的复杂性提供了发展的条件。艺术表现的技巧使我们对艺术作品的情感参与成为可能，也使我们与艺术作品所表现的现实之间的差异成为可能，从而为我们复杂的反应过程腾出了空间。因此，

> 想让最可怕的事件变得能让温和的心灵也感到愉悦，还有一种方式就是用艺术去模仿它，让它借助舞台、画布或者大理石呈现出来。这是因为内在的意识会告诉我们，呈现于眼前的不过是一种模仿，它并不是真实的，这样一来表象的对象方面带来的厌恶感会被缓和，同时表象的主体方面也就得到了提升。诚然，艺术会欺骗我们的知觉知识和欲求能力，会压制我们的想象力，让我们全然忘了它不过是一种模仿，还自以为看到了真正的自然。但是这种障眼法并不会持续太长时间，当它足以赋予我们对对象的概念以恰当的活力和生气时，它就消失了。为了获得最愉悦的感受，我们必须习惯于将自己的注意力从所有拆穿这一骗局的东西上移开，必须只去注意那些支持这一骗局的东西。（*PW*, 139）

在杜博看来，虚构性并没有将"人为的"激情与人类根本利益的根源分离开来，而是与其普遍的后果和代价相分离。门德尔松指出了更广泛的艺术媒介，或在更广泛的艺术媒介中创造虚构性的法则，使我们对区分参与其中的普通情感和我们对艺术之反应的复杂性成为可能，而没有要

---

[1] 门德尔松、尼科莱以及托马斯·阿伯特（Thomas Abbt）曾经致力于完整翻译夏夫兹博里的《论特征》(*Characteristicks*)，但没有完成；参见 Altmann, *Moses Mendelssohn*, pp. 109–112。

求艺术脱离我们的基本价值观。因此，门德尔松认识到艺术表现的独特性，但是没有要求或主张艺术的自律性。

四、康德的审美自律性

在这样的背景下，虽然它当然是不完善的，但我们依然可以看到，康德把夏夫兹博里和哈奇生的"非功利性"的论述与门德尔松精神中的艺术表现的复杂性理论结合起来，以便得出一种审美反应和审美判断的自律性理论。然而，这并不是一种艺术自律性的理论。[1]

从一开始我们就知道，康德在《判断力批判》的导言结尾处引入了"自律性"的概念。[2] 康德赋予这个术语的意思是，美感来自"判断力就是这种能力，它不依赖于那些有可能和欲求能力的规定相关并因而有可能是直接实践性的概念与感觉"（*CPJ*, Introduction, Section IX, 5:196）。在康德这里，这是审美自律性的一种意义，我们可以称之为"审美反应"，即对美的反应的自律性。随着他继续论述，康德引入了第二种意义上的审美自律性。他认为，尽管将美归于某一特定对象的"主观上是普遍有效的"审美判断，即对任何在理想或最佳条件下接近对象的主体都是有效的，但这样的判断必须根据主体自身对客体对象的体验和反思，而不是根据其他人的观念，我们可以称之为"审美自律性"。但这两种审美自律性的观念并没有形成一种艺术自律性的理论。相反，康德明确指

---

[1] 下面的很多内容都是在我之前写过的康德美学的背景下写的，特别是 Guyer, *Kant and the Claims of Taste*; and "The Harmony of the Faculties Revisited" in Guyer, *Values of Beauty*, ch. 3, pp. 77-109。自从 20 世纪 70 年代康德美学的文献丰富以后，也参见 Allison, *Kant's Theory of Taste*; and Birgit Recki, *Ästhetik der Sitten: Die Affinität vom ästhetischem Gefühl und praktischer Vernunft bei Kant*, Philosophische Abhandlungen Band 81 (Frankfurt am Main: Vittorio Klostermann, 2001)。

[2] 出自刊行版的导言，写于 1790 年 1 月，是其他部分完成后写的；这个术语并没有出现在导言的第一稿中，第一稿写于康德完成其余部分的大约一年前。

出,艺术美甚至自然美的产生和接受都受到道德以各种方式对人类生活中一切事物的渗透的影响。康德的艺术理论比他对美的初步分析要复杂得多,认为艺术通常具有道德意义的内容;这是康德理论中的"审美理念"。他还主张,正如我们在一开始所指出的,我们不能长期欣赏没有道德意义的艺术。同时康德还认为,包括对自然的和人工的美在内的审美经验,或许前者比后者更能够在多方面为我们做好道德"准备",这是我们对道德这个舞台上的世界的经验的一部分,也是我们作为在这个舞台上的道德演员的经验的一部分。让我们依次来讨论这几点。

(一)审美经验的自律性

康德明确地引入了审美经验的自律性理论,并以这种方式将审美经验从客体概念中独立出来,**更不必说**从对象的目的或结果的概念,以及审慎的或是适当的道德。康德也结合哈奇生的"非功利性"的概念来说明这一点,尽管他也用之来引入审美或鉴赏判断所要求的特殊的普遍有效性的思想。

康德先引入了功利的思想,因此以不同于哈奇生的方式提出了"非功利性"的思想。哈奇生坚持认为,对美的经验的直接的直观特性只是没有留出时间来反思对象的潜在实际的利益或主体对它的功利。而康德真正将"一种功利"定义为"与一个对象的实存之表象结合着的满意",所以与之形成对比的是"在单纯的观赏中(在直观或反思中)"不带任何功利的愉悦(*CPJ*, §2, 5:204)。在《判断力批判》的第3—5小节中,康德还花了更多的笔墨来论证一个对象的实存所带来的愉悦在于它对感官的满足或实际功用,通常是通过将一个概念应用到一个对象上,来判断这个对象是"令人愉悦的"还是"好的",因此通过对比来判断美是独立于任何一个概念之应用的,至少是任何一个关于它的用途或目的的概念。当然,我们也将概念应用到我们认为美的物体上,就像我们对任何意识对象所做的那样,例如,当我们在识别一个美的对象是一朵玫瑰、一只蜂鸟,还是一部弦乐四重奏时;康德的观点是,对这些概念的应用并不足以让我们发现它们所应用的对象是美的。但是,在康德还没有得出这个结论之前,他就利用一个对象的**实存**的功利关系来表明,相比之下,对其美的非功利性的审美反应只涉及对象的**表象**。当一个人问一个物体是否美时,他不是在问它是如何产生的,正如问一个人是否赞成在建造一座宫殿时使用劳力;也不是问是否对象一旦存在就可以被加以利用,正如一个游客对巴黎的烹调店比对它的任何景点都更满意一样。相反,关于美,"我们只想知道,是否单是对象的这一表象在我心中就会伴随有愉悦,哪怕就这个表象的对象之实存而言我会是无所谓的"(*CPJ*, §2, 5:205)。换言之,康德用哈奇生式的"非功利性"的概念,提出了门德尔松式的理论,即我们对一个对象的表象有一种审美反应,它是独立于其他对这种对象的表象自身的考虑之外的——虽然正如我们从门德尔松处所认识到的那样,这种在表象中产生的愉悦可能与关于对象之表象的其他情感相结合。这对康德来说也是如此,当他论述"智性兴趣"时,认为"非功利性的愉悦产生于对象的表象中,并且我们也许可以不假思索地接受这些对象的存有"(*CPJ*, §42)。

但是,首要的事情是,在《美的分析论》的第一"契机"中,康德认为鉴赏判断是"**脱离了一切利害**"的,接着引向他的第二"契机",即"美是无概念的作为一个**普遍**愉悦的客体被设想"(*CPJ*, §6, 5:211)。为了证明其正确性,康德引入了他的核心理论,我们的审美愉悦来自想象力和知性这些认知能力的"自由游戏"。[1] 他的观点是,为了使对美的反应普遍有效,它必须涉及所有人共有的心智能力——然而,审美反应必须产生于所涉及的内心能力之间的**和谐**,从而产生诸认识能力之间的

---

[1] 特别参见 Guyer, *Kant and the Claims of Taste*, ch. 3, 以及 "The Harmony of the Faculties Revisited", ch. 3。

自由但和谐的**游戏**，才能让人愉悦。因此，康德从一个对美的表象的非功利性且令人愉快的体验特征中，推断出"由这表象所激发出来的诸认识能力在这里是处于自由的游戏中，因为没有任何确定的概念把它们限制于特殊的认识规则上面"，所以这种愉悦的"内心状态在这一表象中必定是诸表象力在一个给予的表象上朝向一般认识而自由游戏的情感状态"(*CPJ*, §9, 5:217)。虽然我们可能认为康德未能证明这一点[1]，但他也认为，只有在每个人身上想象力和知性能力都有同样的运作方式，才能通过触发诸认识能力的自由游戏来真正使得主体的愉悦以同样的方式使他人感到愉悦，只要某些外来因素不影响到其认知能力的正常运作；因此，当一个主体有由这种方式引起的正确判断，即在对象的表象中感到愉悦，这个主体就有理由判断，在最佳条件下对这种表象做出反应的任何人都会感受到与他同样的愉悦(*CPJ*, §§21, 28)。这就是他在称"产生美的表象的物体"为"美"时所主张的(*CPJ*, §19)。当然，人们对自己情感起源的判断并不总是正确的。

也就是说，他把诸认识能力的自由游戏描述为"在一个对象借以被给予的表象那里，对主体诸认识能力的游戏的单纯形式的合目的性的意识就是愉快本身"(*CPJ*, §12, 5:222)，结合着"在对象借以被**给予**我们的那个表象中的合目的性的单纯形式"(*CPJ*, §11, 5:221)，然后将"合目的性的形式"转化为"形式的合目的性"(*CPJ*, §13, 5:223)，由此康德奠基性地提出了一种限制性的审美形式主义的主张。例如，在绘画与雕刻中，实际上乃至一切造型艺术中，"**素描**都是根本性的东西，在素描中，并不是那通过感觉而使人快乐的东西，而只是通过其形式而使人喜欢的东西"，在音乐中，真正美的是"作曲"而不是"悦耳音调"(*CPJ*, §14, 5:225)。自然而然地，假设纯粹的视觉或听觉形式的愉悦不能以任何方

---

[1] 参见 Guyer, *Kant and the Claims of Taste*, chs. 8 and 9；相反的观点，参见 Allison, *Kant's Theory of Taste*, ch. 8。

式与实践或道德兴趣联系起来，那么显而易见的是，从康德的形式主义中，我们可以推断出艺术自律性的理论。然而，虽然在这个部分，康德确实从艺术中引入那些例子来分析美的经验与鉴赏判断，但是他还没有给出关于艺术的愉悦理论的一个完整体系。他只是在说明他的主张，即**美**是以纯粹的形式存在的。但他最终的艺术理论并不是说，我们对它的反应仅仅是对艺术美的一种纯粹的回应。艺术以及我们对艺术的反应比这要复杂得多。

（二）审美判断的自律性

但是，在我们弄明白为什么康德没有主张艺术自律性之前，让我们先看看他对审美自律性的第二种解释，在第三《批判》正文中而不是在导言中，康德唯一明确地使用了"自律性"一词。这是在第32节"鉴赏判断的第一特性"到第38节"鉴赏判断的演绎"之间提到的，是一种普遍有效性要求的合法性。一开始，康德重述了先前对鉴赏判断的分析结论，即"鉴赏判断就愉悦而言是带着要**每个人**都同意这样的要求来规定自己的对象（规定为美的），好像这是客观的一样"（*CPJ*, §32, 5:281）。但是他继续论述道，"从每个要证明主体有鉴赏力的判断中，我们都要求主体是独立地做出判断，而不需要凭经验在别人的判断中到处摸索……因而，他的判断不应当作为模仿……而应当**先验**地陈述出来"（*CPJ*, §32, 5:282），即使没有一个**先验**的判断是"建立在概念上的"。康德以一个年轻的诗人为例子来陈述这一观点，"一个年轻的诗人不能因听众还有他的朋友们的判断劝他相信他的诗是美的而左右自己"，即使到了后来，他很可能会来修正他对他青年时期所做的过高的判断。最后，康德用这样的一句话来总结这个例子，"鉴赏只对自律性提出要求。若把外人的判断当作自己判断的规定根据，这就会是他律了"（*CPJ*, §32, 5:282）。因此，在这里，"自律性"意味着仅仅根据自己对某一对象的愉快（或不愉快）以及自己对其实存本原的反思和评估，从而对这种情感的潜在普遍性做出鉴赏判断。

康德对这一观点并没有过多解释。但他确实主张，一个人需要用自己的力量来进行鉴赏判断，才能证明自己是否有美的鉴赏能力。这似乎是从把鉴赏判断作为一种特殊观念，转换到以拥有鉴赏能力作为个人能力即善于鉴赏判断的观念。从前者到后者，其间似乎有更多的东西。值得一提的是，既然对鉴赏判断常常会陷入错误，那么仅仅单纯地模仿他人的观点，则不会增加自己正确判断的机会。但这似乎是一种对休谟主义者的反对：如果一个人模仿的是批评专家的观点，而不仅仅是那些碰巧在周围的人，这难道不会增加做出正确鉴赏判断的可能性，甚至可能通过反复做出正确判断获得持久的好品位吗？或许康德对此的反应应该是认为它完全忽略了审美判断的要点：问题的关键不在于简单地四处寻找根据，以证明哪些对象应该被发现为具有令人愉悦的普遍有效性，而实际上是在于自己本身体验到了这种愉悦感。正如道德自律性并不仅仅在于了解道德法则是什么，而实际上是主体愿意按照道德法则行事。所以在审美案例中，如果事实上每个人都处于最佳的环境中去体验它们，那么仅仅知道什么样的对象会普遍地使人愉悦，就没有太大的价值了——而价值在于，主体本身实际上体验到了愉悦感。一个人应该为自己对对象进行判断，因为一个人应该为自己去体验它，而这是"知道别人是如何判断的"所不能代替的。但无论康德如何辩护他的主张，有一点是明确的：这与艺术的自律性无关。但没有什么能改变这一点——虽然他本可以引用一个自然美的例子来阐述他的主张，但他引用了"年轻诗人的诗"这个在艺术领域中的例子。在任何情况下，康德都声称无论是鉴赏判断还是鉴赏能力，都必须是自律的。然而，这并没有推动对审美愉悦的解释。由于康德赋予了想象力和知性等诸认知能力的自由游戏以先验性，所以这也不会影响到他随后提出的主张。换言之，就艺术而言，这种自由游戏是与理性理念以及德性理念相联系的，因此我们对艺术的创造和接受与道德关怀是分不开的。接下来，我们来谈谈这一观点。

（三）审美理念作为艺术的"精神"

在进行了鉴赏判断的演绎之后，康德给出了他的艺术观。[1] 因而他以艺术创造理论的名义提出天才的形式，并对之进行分析以呈现这一观点。但这一论述显然受前面的审美经验和判断理论的启发并与之相一致，从而与接受普遍的美，特别是艺术美的理论相一致。这一理论的核心主张是艺术的"精神"（*Geist*），即"精神，在审美意义上，就是指内心的鼓舞生动的原则……亦即置于这样一种自动维持自己，甚至为此而加强着这些力量的游戏之中的东西"，这是"**审美理念**表现出来的能力"，而一个审美理念是在于"想象力的那样一种表象，它引起很多思考，却没有任何一个确定的观念，也就是概念能够适合于它……很容易看出，它将会是**理性理念**的对立面（对应物）……是一个不能有任何**直观**（想象力的表象）与之相适合的概念"。康德进一步阐释道，审美理念"寻求接近理性（智性理念）的概念表达"，更确切地说，这是纯粹实践理性的理念，也就是德性理念或者至少是与道德和道德判断相关的理念。因此，康德似乎首先想到的是"诗人"，例如约翰·弥尔顿（John Milton）[2]，

> 诗人敢于把不可见的存在物的理性理念，如天福之国，地狱之国，永生，创世等等感性化；或者也把虽然在经验中找得到实例的东西如死亡、忌妒和一切罪恶，以及爱、荣誉等等，超出经验限制之外，借助于在达到最大程度方面努力仿效着理性的预演的某种想象力，而在某种完整性中使之成为可感的，这些在自然界中是找不

---

1 参见 Guyer, *Kant and the Claims of Taste*, ch. 12。这一章只出现在 1997 年版里。
2 参见 Sanford Budick, *Kant and Milton* (Cambridge, Mass.: Harvard University Press, 2010)。

到任何实例的。(*CPJ*, §49, 5:313–314)

在这里,康德似乎要把我们淹没在言语的海洋中,但他的基本思想就是这样。一方面,一件艺术作品必须(在艺术家的角度)起源于诸认识能力的自由游戏,(在观看者的角度)激发诸认识能力的自由游戏,才能使人愉悦;但另一方面,它必须有内容,特别是道德或与道德相关的内容。如果存在自由游戏,那么就能使我们在艺术作品中享受到真正的"自我维持"或持久的愉快感。道德理念与想象力的自由游戏相适合,因为道德理念超越了经验的一般限制,想象力的自由游戏也没有被概念化的普通界限所束缚。从某种意义上说,结合了道德理念的艺术作品在没有明确的规则来表现这些思想的情况下,他们会寻求对这些理念的富有想象力的表现。当然,天才的艺术作品是那些成功地找到令人信服、吸引人和自我维持的方式来表现这些理念的作品,而有些作品则不然:"但单独就其本身却引起如此多的、在一个确定的概念中永远也不能统摄得了的思考,因而把概念本身以无限制的方式做了感性的(审美的)扩展,那么,想象力在此就是创造性的,并使智性理念的能力(即理性)活动起来。"(*CPJ*, §49, 5:315)这样的艺术作品满足了美的经验的所有基本条件,也刺激了想象力的自由游戏,但现在又是一种与智性理念的自由游戏了,因此想象力的自由游戏不仅与知性有关,而且与理性也有关。只要存在与智性理念的自由游戏的可能性,审美就不一定与道德完全脱离——那么在这种意义上,艺术的自律性也不存在了。

为什么只有与道德相关的理念才能赋予艺术以精神?康德并没有解释。人们可能会认为,理论理性的理念可以发挥同样的作用;毕竟,人们也不可能完全被普遍的直观所影响,只有想象力的自由游戏才能完全起到作用。但在康德的学术生涯中,他认为道德理念是纯粹理性中唯一真正存在的理念。也就是说,在前两次批判中,他认为纯粹理性可以产生灵魂、世界和上帝的理性理念。但是只有在道德的基础上，这些理念才能被赋予明确的内容并被证明是正确的：道德要求我们认为灵魂是真正的自由意志，世界是实现道德的舞台，上帝是自然法与德性相一致的创造者。因此，在讨论天才时，虽然康德几乎没有展开这个观点，但他认为理性的唯一理念是道德理念。此外，康德认为只有道德理念才会引起我们持久的兴趣：纯粹形式的愉悦感很快就会消失，实际上对象很快会变得讨厌，而将自由游戏和纯粹形式与道德理念结合起来的愉悦感却会持久下去。这一推论是康德在一开始就提到的，他认为"如果美的艺术不是或远或近地被结合到那些唯一带有一种独立的愉悦的道德理念上来"，那么它们的"最终命运"只能是用来消遣，正如我们所看到的，"意识到他的在理性判断中违背目的的情绪而对自己不满和生气"而使得"对象逐渐变得令人憎恶"（*CPJ*, §52, 5:326）。艺术可以有道德内容而不放弃对美的追求。事实上，只有结合了道德内容的艺术才能保持着我们对其的满意。在某种意义上，我们可以单独地看待审美经验，这是一种自由游戏或具有一种自律性，但这并不是艺术自律性的理论。

这是康德理论的核心，即审美经验有一种自律性而艺术却没有。接下来，我们再简要地论述一下康德在审美经验和道德之间的几个深层次关系，以结束对康德的讨论。

（四）与道德的深层次关系

接下来，我们会从四个方面开始论述。第一，"美使我们准备好对某物，甚至对大自然也无利害地喜爱；崇高则使我们准备好对这些东西甚至违反我们的（感性的）利害而高度地尊重"（*CPJ*, General Remark following §29, 5:267）。因为康德并不认为艺术能够真正达到崇高，而只能是美丽地表现着大自然中巨大或强大的景象（*Anth*, §68, 7:243）[1]，而后

---

1 Immanuel Kant, *Anthropology from a Pragmatic Point of View*, trans. Mary J. Gregor (The Hague: Martinus Nijhoff, 1974).（"*Anth*"为该书的缩写。下同，不再注出。——译者注）

者并不影响艺术。[1] 前者似乎是关于艺术美或自然美的经验，我们认为这是因为对美的经验是非功利性的，只有基于此，主体才能学会如何凌驾于个人功利之上并享受其中的愉悦感。这有助于主体成为一个道德的人，因为道德往往要求我们在原则上超越个人利益，有时会要求主体在实践上也做到如此。康德并没有说美的经验对成为道德的人是**必要**的，它只是可能对道德有帮助。康德也不认为艺术一定需要道德内容才能产生这种益处；任何美、自然美或仅仅是装饰艺术的纯粹形式美或"美的艺术"的经验，似乎都有这种好处。然而，如果美的经验以及包括"美的艺术"的经验能带来这样的积极作用，那么除了我们在这方面的纯粹愉悦之外，我们将还在这种经验中发现一种道德上的兴趣。进一步说，如果艺术的某些方面会阻碍这种帮助，例如一些非道德的内容，那么我们就有理由去批评这种艺术——也许这个艺术作品可被批评的理由并没有那么有力，只是可能会引发不道德的行为。但如果确实存有这样的可能性，就仍然有一些被批评的理由。如果艺术经验是通过内容或者其他一些方式有助于道德，那么它也免不了被道德所赞颂；反之，如果它干涉了道德，甚至在某些特定情况下舍弃了支持道德的可能性，那么就可能会受到谴责。

第二，在我们对美的"智性兴趣"的标题下，康德认为既然我们对道德理念的"客观现实"感兴趣，那么，道德理念在本质上是可以被实现的。我们感兴趣就是感受到愉快——"（大自然）至少会显示某种痕迹或提供某种暗示，说它在自身中包含某种根据，以假定它的产物与我们的不依赖于任何兴趣的愉悦有一种合规律性的协调一致"；自然美的存

---

[1] 尽可参见 Paul Guyer, "The Poetic Possibility of the Sublime", in *Proceedings of the XII. International Kant Congress*, eds. Violetta Waibel et al., 5 vols (Berlin: Walter de Gruyter, 2018), vol. 1, pp. 297–316; with Robert R. Clewis, "A Case for Kantian Artistic Sublimity: A Response to Abacı", and Uygar Abacı, "Artistic Sublime Revisited: Reply to Robert Clewis", *Journal of Aesthetics and Art Criticism* 68 (2010): 167–170, 170–173。

在就是这样一种标志，因此，除了我们纯粹的审美愉悦之外，它也有我们享受自然美的道德基础（*CPJ*, §42, 5:300）。由于这一论点取决于我们对自然的合目的性的道德兴趣，它似乎只适用于自然美的情况。然而，由于康德的天才理论也主张天才是大自然的禀赋——"天才就是给艺术提供规则的才能（禀赋）"（*CPJ*, §46, 5:307）——艺术作品也是大自然的禀赋，它们的存在应该被看作是大自然对人类道德的合目的性的一个令人愉快的暗示，例如美丽的日落和海边的贝壳所暗示的一样。自然美与艺术美之间存有差异，虽然这差异并不是微不足道的，但也不能排除在"智性兴趣"中艺术美的存在——艺术包含了人为目的，而**其他**自然美不同（*CPJ*, §43, 5:303）。因此，即使没有显而易见的道德内容，也可以加强我们的道德责任，艺术可以凭借其内容或其他东西去破坏这一道德效应，似乎也由此有理由受到批评。同时，艺术由于其内容或态度而阻碍这种"智性兴趣"，在这一点上似乎是可以被批评的。

第三，康德主张"美是道德的象征"，因为美的经验和道德行为的内在条件有许多可类比之处。而首当其冲的是审美经验中的"想象力的**自由**"与道德动机和道德行动中的意志自由之间的类比（*CPJ*, §59, 5:354）。这两种自由有种类上的区别，因为审美经验中的"想象力的自由"是从知性所强加的规则中解放出来的，而道德中的意志自由则是按照理性强加的道德法则行事的。但是，美的经验是一种自由的体验，也许这也是我们唯一的自由体验。因为康德在关于道德的著作中曾提到，我们没有任何关于意志自由的直接体验。康德的意思是，审美经验给我们的自由提供了一种经验性的确认。从另一个意义上说，除此之外，我们没有其他的而且可能有助于道德的理由。这个论点和前一个论点一样，适用于艺术美和自然美的体验。同时，任何与道德对立的艺术似乎都会因此受到批判。

第四，康德认为这是一种艺术的美德，特别是它可以促使——"将

（社会）最有教养的部分的理念与较粗野的部分相互传达的艺术，找到前一部分人的博雅和精致与后一部分人的自然纯朴及独创性的协调，并以这种方式找到更高的教养和知足的天性之间的那样一种媒介，这种媒介……对于作为普遍的人性意识的鉴赏"，但对社会本身也是如此（*CPJ*, §60, 5:356）。我们用一个比喻，将艺术经验作为一种社会的溶剂或者胶水，虽然康德之前也曾指出人们可以利用他们对艺术作品的存有来区分自己，使自己高于他人之上（*CPJ*, §42, 5:298）。[1] 因此，这种效果是无法保证的。但是，虽然它可能并没有对一件艺术作品进行批判的根据，即它并没有积极地促进道德上的理想效果，但如果一件艺术作品以任何方式干扰它，播下对社会不和谐的种子，那么它肯定会有被批判的理由。并不是说艺术对**现状**（*status quo*）进行了批判或削弱，而是它就是一种艺术批评，因为**现状**本身可能就是一种社会的不和谐，事实上，它几乎一直都是。相反，康德的主张为艺术提供了进步的空间。但同样，这不是艺术的自律性。

在所有这些方面，无论艺术美是明确的还是隐含的，康德认为审美经验都能对道德的实现起到积极的作用。如果这一作用没有被直接发挥出来，这里可能就不存在对任何特定的艺术媒介、流派或个人艺术作品进行批判的理由，但如果这一作用被干预了，那就肯定存在被批判的理由了。我们至少可以说，这就与艺术自律性的学说相去甚远了。

五、又及：叔本华

因此，艺术自律性似乎并不是一个 18 世纪的主张。那么在哲学领域中呢？毫无疑问，这个主张有很多来源，叔本华的美学理论是其哲学

---

[1] 这也是鲍德里亚所控诉的，Pierre Bourdieu, *Distinction: A Social Critique of the Judgment of Taste*, trans. Richard Nice (Cambridge, Mass.: Harvard University Press, 1979)。

渊源，这对广义上的文化也有深远的影响。固然，叔本华深受康德理论的影响，但他也给康德的思想带来了一些巨大的扭曲。尤其是他的伦理理论从根本上背离了康德的道德理论，他赋予审美经验的作用与康德的也有很大不同。对叔本华来说，人生通常是一个否定的循环：要么我们欲求不得，而让我们痛苦，要么满足之后，但我们很快就厌倦了它们的实现，然后立即进入我们的下一个欲望，得到相同的结果——无论是哪种方式，都会有更多的挫败感。叔本华只认识到两种解决这种循环的方式：或者，我们完全超越对欲望的满足，采取由形而上学认识形成的一种"禁欲"的态度，即归根结底，我们都只是同一个物自体的表象，我们的个人利益和不同都是毫无意义的。然而这是一个英雄式的解决办法，需要超乎常人（个人）的意志力量，而实际上很少有人能够做到这一点。或者，我们可以采取一种审美的态度而不是禁欲的态度。在审美经验中，"在认识挣脱了它为意志服务（的这关系）时，突然发生的。这正是由于主体已不再仅仅是个体的，而已是认识的纯粹而不带意志的主体了。这种主体已不再按根据律来推敲那些关系了，而是栖息于及全神贯注于眼前对象的静观中，超然于该对象和任何其他对象的关系之外"[1]。通俗地说，我们在对美的静观中迷失了自我[2]，在排除了我们的日常关注以及不可避免的痛苦的意义之后，那么我们至少可以发现，如果没有激起积极的快感，我们就能从其他不可避免的痛苦中解脱出来。叔本华之所以认为这是真理，是因为我们在审美观照时所认识到的是大自然或艺术作品向我们呈现的"柏拉图式的理念"。也就是说，我们认识到的是事物的一个种类的基本形式，而不是摆在我们面前的特定事物，静观的是普遍性而不是个性，这使我们摆脱了对自身个性和特殊需求的服

---

1 Schopenhauer, *The World as Will and Representation*, vol. I, §34, pp. 200–201.
2 关于叔本华观点的表述，参见 Thomas Hilgers, *Aesthetic Disinterestedness: Art, Experience, and the Self* (London: Routledge, 2017)。

务。柏拉图式的理念涵盖了各个方面，从最基本的自然力量，如地心引力，在建筑作品中呈现的概念，到人类意志本身的本质，如在悲剧艺术和音乐艺术中呈现的理念。如果艺术的本质对象是人类的意志，人们可能会认为这是令人十分悲观的，那也无关紧要，只要艺术呈现给我们的是柏拉图式的意志观念，而不是激起我们个别的、实际的意志——根据叔本华的观点，对一般意志的观照总是使我们从特定事物中解脱出来。

基于这一理论，艺术旨在把我们从一般欲求中解脱出来，因为这些永远不会让我们得到快感的满足。甚至艺术可能会涉及道德问题，如人类意志的本质，但只要它包含了意志的柏拉图式的理念，那么至少在一定程度上，它仍能使我们从个别的、实际的意志中解脱出来。这是一种艺术自律性的理论，它可能源于康德关于美的非功利性的理念，但最终却渐行渐远。因此，这种理论在18世纪并没有形成。

刘旭光、谢淑祎译

第六章

经验与形而上学
——狄尔泰与桑塔亚纳的反黑格尔美学

一、导　言

威廉·狄尔泰在他的主要美学著作《诗人的想象：诗学的要素》（*The Imagination of the Poet: Elements for a Poetics*, 1887）（SW V: 29-173）[1]中写道："德国美学……受到了形而上学研究方法的负面影响。"（SW V: 51）并进一步指出："必须要反对当前由**黑格尔形而上学**主导的文学作品阐释。"（SW V: 138）尽管在其随后发表的论文《现代美学的三个时期及其任务》（"The Three Epochs of Modern Aesthetics and Its Task", 1892）中，狄尔泰将对于多样与**多变**的艺术风格的"历史意识"确定为19世纪美学理论的主要贡献（SW V: 200-205），但是，在《诗人的想象》一书中，他却拒绝了黑格尔的观点，即人类历史在理性方面有一个**逐步发展**的过程，该过程在哲学史中是明晰的，而在包括艺术史在内的其他学科中却是隐晦的。"黑格尔主义者们通过对观点的虚构的逻辑展开毁掉了我们对于现代哲学的理解。实际上，**一个历史情境**首先包含着**许多**

1　"SW V"为 Wilhelm Dilthey, *Poetry and Experience,* in Dilthey, *Selected Works,* eds. Rudolf Makkreel and Frithjof Rodi (Princeton, N. J.: Princeton University Press, 1985), vol. V 的缩写。下同，不再注出。——译者注

特定事实的多样性。"（SW V: 161）狄尔泰承认，"时代精神"能够体现在文化的多种艺术形式及其他方面中，例如"17世纪的理性精神与因果论在那个时代的诗歌、政治以及战争上留下的烙印"。但他并不认为还有其他任何"精神"能够在作为整体的人类文化和历史上被逐渐地意识到和表现出来。

在狄尔泰的两部作品发表几年后，乔治·桑塔亚纳的《美感：美学理论大纲》(*The Sense of Beauty: Being the Outline of Aesthetic Theory*, 1896）也出版了，这是他的第一本专著，同时也是他的第一本美学著作。同狄尔泰一样，桑塔亚纳在书中表明了自己对形而上学美学的批判，并且将矛头更为尖锐地指向了黑格尔。桑塔亚纳在书中写道："形而上学关于美的本质的阐释之所以有价值，并不是因为它们解释了我们的基本感觉，事实上也解释不了，而是因为它们描述了而且事实上也构成了我们随后的某些欣赏活动。"也就是说，如果一个人认同并接受了形而上学的（或理论的）观点，那么他就会用这样的方式来解释审美经验："蓝天所传达的某种意味应该归功于某种感性色彩，一切令人愉悦和纯洁的事物都有这种特质，而且，如果心中把这种愉悦与纯洁的本质跟上帝的观念联系起来，这种感性色彩也是种观念的特质。"[1] 然而，形而上学不能解释审美经验，因为它仅仅为那些认同这种解释的人们提供了一种理解方式。"柏拉图学说对我们的自然本性做了最精致优美的表述，既体现了我们的良知，同时又表达出我们最深刻的憧憬。"[2] 但是，就算没有柏拉图学说，我们也拥有这些本性、良知与憧憬，并且可以找到其他方式将它们表达出来。

---

1 George Santayana, *The Sense of Beauty: Being an Outline of Aesthetic Theory* (New York: Charles Scribner's Sons, 1896; reprint, New York: Dover Publications, 1955), p. 7. 已根据后来的版本重新编页。（中译参照：乔治·桑塔耶纳：《美感》，杨向荣译，北京：人民出版社，2013年。译文有修改，下同，不再注出。本书均译桑塔亚纳。——译者注）

2 Ibid.

如果美学的根基不是形而上学，那么究竟是什么呢？对于狄尔泰和桑塔亚纳来说，美学的根基必须是心理学。狄尔泰试图为诗学寻找普遍适用的规则或原理，这是"所有人类科学必须面对的困难，这些困难是人为限制的、综合的，甚至是无法进行分析的"。但是，"当代的经验和技术视野的确有助于我们"发现这些规则，甚至"从诗学与其他特定的美学学科提升到普遍美学"（SW V: 34）。具体来说，"美的原则和诗歌的规律只能从人的本性中得出。最初，诗学从古典主义诗歌中总结出一个稳定的规律，然后又在某些形式的形而上学的美的概念中发现了规律。现在，诗学必须在心灵生活中寻找这种规律"（SW V: 54）。在人类历史的进程中，人性以各种方式表达自己，但其表达方式不是由任何概念的逻辑决定的，而是由人类心理学决定并在此基础上得到支撑。因此，"黑格尔学派的美学必须被超越，因为该学派通过外部的辩证法将心灵的诗意状态相互联系起来"（SW V: 51）。同样，桑塔亚纳也拒绝了美学中的"说教式"方法，因为这种方法只适用于实践的批评，是"实际判断、赞扬、谴责和教化功能"，"把行为或者艺术作为人类学的一部分进行历史的解释"。与此相反，"心理学"及其方法"将道德和审美判断作为精神现象和心灵演化的产物。这里的主要问题是如何理解这些情感的状态与起源，及其与我们的社会现实的其他部分的关系"[1]。

尽管狄尔泰与桑塔亚纳都拒绝了先验的形而上学方法，并坚持经验的心理学方法，但他们的美学理论却似乎得出了相反的结论。狄尔泰的诗学的中心论点是诗人必须表达自己的 *Erlebinis*，这一概念被阿格斯塔（Agosta）和麦克雷尔（Makkreel）翻译为"体验"，这听起来颇具主观主义色彩。而桑塔亚纳的美学观点则是，美是"积极的、固有的和客观化的价值"，或是用"不太专业化的术语表述"，"美是被当作事物属性

---

[1] Santayana, *The Sense of Beauty*, p. 5.

的快感"[1]，这听起来与狄尔泰的观点恰恰相反。从狄尔泰的立场来看，审美经验似乎是一种内在的东西，它可以通过工具传达给他人，并可能引起另一种相关的内在经验。在这一过程中，经验始终与传播它的工具保持分离。然而对桑塔亚纳来说，美似乎是对象的一种客观属性，尽管它可能引发艺术家与观众的独特体验。

但是，术语可能会产生误导。在我看来，狄尔泰与桑塔亚纳的美学理论相差无几。尽管二者在术语的使用上有所不同，但他们都将艺术作品视为同时是客观又是主观的人类思想和情感的表现。也就是说，艺术作品在本体上区别于艺术家头脑中的意图（这与同时代哲学家贝奈戴托·克罗齐的观点不同），也区别于观众内心的反应。艺术作品完全浸透着艺术家的心灵生活、思想和情感，这些对于艺术家来说是特有的，但是对于更为广泛的人类群体来说却是典型的。因此，主体与客体在本体上的区别在现象学中并不重要。最好在这里说明一下，狄尔泰和桑塔亚纳都提供了一种关于艺术作品的现象学方法，在此基础上对艺术作品的体验充满了认知和情感意义，而不仅仅将其视为具有这种意义的触发或象征。正是基于这种方法，狄尔泰与桑塔亚纳对于黑格尔美学的反对应当被理解，因为黑格尔仅仅将艺术作品视为抽象理念的象征，却完全没有意识到艺术作品的情感影响。可以肯定的是，狄尔泰与桑塔亚纳不仅仅在术语的使用上存在差异，特别是后者围绕"材料"、"形式"与"表现"这三个概念来建构自己的观点，这与前者不同并有所改进。比起形式，狄尔泰似乎更多地谈论表现和材料。但是，当我们仔细考察桑塔亚纳所说的"材料"以及狄尔泰关于**体验**的论述时，我们会发现他们之间的差别并不大。

接下来，我将深入阐述狄尔泰与桑塔亚纳二者观点的相似之处。在

---

[1] Santayana, *The Sense of Beauty*, §11, p. 31.

结论中，我将简要讨论以下观点，即尽管黑格尔对审美经验的情感层面有所察觉，但在他的美学思想中渗透了狄尔泰与桑塔亚纳所反对的形而上学认知主义。

二、狄尔泰

与现代美学学科的创立者亚历山大·戈特尔布·鲍姆嘉通一样，狄尔泰以诗学的形式表达了他的美学观点，尽管他在运用其方法的同时也进行艺术批评。鲍姆嘉通通过分析"幸运的美学家"(*felix aestheticus*)的特质来阐述自己的诗学，因为他们更像诗人，而不是诗歌的读者。同样，狄尔泰也通过对诗人的素质和诗歌创作规则的描述来表达自己的观点，正如他的《诗人的想象》一书的标题所示。狄尔泰提出了一种"审美创作"而非"审美接受"理论，这一观点与尼采相似。尼采认为，"康德与其他所有的哲学家犯了同样的错误，即仅仅从'旁观者'的角度来思考艺术和美，而不是从艺术家（或创作者）的经验出发来考察美学问题"[1]。但是，尼采的评价对康德来说并不公平，因为康德最终用"天才"理论（审美创作理论）补充了他的"鉴赏力判断"理论（审美接受理论）。狄尔泰认为康德"在对鉴赏和愉悦的分析中"所要阐述的内容，"可以通过对同时体现在审美接受和审美创作中的复杂过程的说明延伸到整个创作过程，尽管前者不是那么明显"(SW V: 46)。审美创造与审美接受之间的差异是程度上的不同，而不是类别的不同。因此，该差异在下文中将被忽略，尽管它也体现在某些引用中。

狄尔泰首先将亚里士多德关于"文学的对象是人类的行动"的观点扩展到更广泛的领域，即"只有当心理因素或它们的组合达到与体验相

---

1 Friedrich Nietzsche, *On the Genealogy of Morality*, second and revised edition, ed. Keith Answell-Pearson, trans. Carol Diethe (Cambridge: Cambridge University Press, 2007), Third Essay, §6, p. 74.

关联的程度时，关于它的表达才可以成为文学的组成部分"。他接着又说："所有真实诗歌的底蕴是有关生命的鲜活体验或已有经验（Erlebnis oder lebendige Erfahrung）以及与之相关的任何心理内容。通过这种关系，每一个关于外部世界的形象都可以间接地成为诗人的创作素材。"（SW V: 56）我们很快就会看到，对于狄尔泰的"关系"（relation）一词必须详细加以解释，或许最好应该解释为**内部**关系，但是目前我们还是要专注于他所构想的"关系"上。狄尔泰认为，由诗人或其他艺术从业者创作的形象捕捉了艺术家的"体验"，并将这一体验及其认知和情感意义传达给观众。体验的认知意义是诗意的形象所捕捉的部分，因为"每一个对于体验的理解，都可以使体验普遍化、有序化并加强其适用性，这有助于诗人的创作"。同样，体验的情感意义也是其中一部分，因为"强大的心灵生活、对内心和世界的强烈体验（以及）概括与表现能力——所有这些都是包括诗人在内的人类实现最多样化成就的坚实基础"（SW V: 56-57）。认知和情感都包含在体验中，而体验包含在艺术形象中。

我们可以很快地回到狄尔泰关于体验与艺术形象或艺术作品之间的关系问题上，但首先我们还需要对他的"*Erlebnis*"或"体验"概念做进一步的说明。"*Erlebnis*"与没有形容词"*lebendige*"（有生命的）的"*Erfahrung*"不同，后者通常被直接翻译为"经验"。借用一位与狄尔泰同时代的哲学家威廉·詹姆斯的观点，我们可能会把**体验**作为与世界相遇时的"涌动而吵闹的混乱"[1]，而**经验**则是从中抽象出来的内容，例如为

---

1 William James, *The Principles of Psychology* (Cambridge, Mass.: Harvard University Press, 1981), p. 462.（中译参照：威廉·詹姆斯：《心理学原理》，方双虎等译，北京：北京师范大学出版社，2017年。——译者注）詹姆斯这里讨论的是婴儿如何从最初的意识中辨别出自己的面孔，但他同样认为我们会一直通过认知将离散对象从经验中辨别出来，"直至生命的尽头"。因此，我们或许可以将狄尔泰的"**体验**"和"**经验**"分别与詹姆斯的"涌动而吵闹的混乱"和"对离散对象的辨别"进行类比。相比于詹姆斯，狄尔泰还进一步做了补充，即诗意的形象或艺术的形象也是一种从**体验**的"涌动而吵闹的混乱"中辨别离散对象的方式，因此他也将其称为**体验**而不仅仅是**经验**。

确认或推翻某些假设的一组或几组观测结果。理解**体验**的关键一点是它始终是连续体的一部分，也就是狄尔泰所谓的"关联体"（nexus）。"内容通过多种多样的方式在感知和思想上相互联结，以此形成了连续定向的、如同发生在意识中的心灵生活的关联体"（SW V: 70），尤其是"相似的感知、再现或其组成部分相互交融"（SW V: 69）。同时，"在一个意识过程中统一起来的感知、再现或其组成部分，可以在某些关切的条件下对等地相互重现"（狄尔泰将它们称作"融合"[fusion]与"联想"[association]原则，参见 SW V: 70）。换句话说，尽管我们可以出于科学或实践的目的将特定的**经验**独立出来，但是具体的**体验**概念却具有误导性：**体验**更像是意识的节点，它既没有确定的内容，也没有确定的边界。但是，我们却既能够入乎其内，又可以出乎其外。因此，就艺术家在形象中捕捉"一个"**体验**而言，他并没有破坏其与心灵生活关联体的联结，而是以某种方式传达了体验的强度、构成与关联。这是狄尔泰所说的"诗人的创作总是取决于体验的强度"的第一个方面（SW V: 59）：科学**经验**可能被视为外延，它可以被划分为不同部分，而**体验**则更像是内涵，它不能被为拆分为离散的部分因而只能被经验为整体。[1]

"体验"的关联体的第二个方面是，它既具有情感维度又具有认知维度。这就是狄尔泰在关于"诗人的创作"讨论中继续要阐发的观点：

> 通过与生命情绪保持强烈共鸣的建构，甚至是报纸上关于犯罪的一个平常无奇的告示、一个编年史家乏味的记录或是一个离奇的怪诞故事，都可以转化为体验。就像我们的身体需要呼吸一样，我们的灵魂也需要在情感生活中通过音调、文字和形象产生回响，并在其中实现且扩充它的存在。只要感知充满了生命情感及其回响，

---

[1] "外延"与"内涵"的区别，参见康德《直观的公理》与《知性的范导》。Kant, *Critique of Pure Reason*, 1965.

它就能使我们充分满足自己。生命的往复、对被情感所激活和浸透的感知，以及在清晰的形象中闪耀的生命情感：这就是所有诗歌内容的本质特征。（SW V: 59）

——以及，推而广之，所有其他艺术。实际上，这段话提出了对狄尔泰美学思想至关重要的两个主张。首先，感知总是包含"情感的回响"或"被情感所激活和浸透"。也就是说，虽然**经验**的目标（例如科学观察）可能是将情感分离，并且只保留外部对象的"客观的"属性，但在实际的**体验**中，内部和外部、对象属性和我们对它们的感受之间没有严格的区分，它们是融合的。[1] 其次，诗歌（以及其他艺术）的任务是在形象中捕捉"主观的"情感和"客观的"属性的融合，以此传达对象或对象的体验以及我们如何感受它们（即艺术家如何感受对象或对象的体验，但艺术家为我们所有人感受，因而是我们如何感受它们，至少在某种文化中和某个时期里是如此）。因此，当"我们的体验所提供的事件的关联体……经历转变成为审美情节"（SW V: 57）时，该情节将带来关于它的情感以及人物与事件的再现，同时我们很难在其呈现与唤起情感的方式之间划定一条严苛的界线。二者之间没有人为标识的外部联系，它们之间的关系要更为直接。这就是我此前将其称为"内部"关系的原因，尽管这并不是指伯特兰·罗素（Bertrand Russell）批评 F. H. 布拉德利（F. H. Bradley）的那种专业意义上的关系。

在这一问题上，狄尔泰与桑塔亚纳的表述也十分接近。狄尔泰指出，"价值"仅仅是"在情感中对经验的再现，正是因为某些过程产生

---

1 这是科林伍德《艺术原理》（*The Principles of Art*, 1938）一书中第二编《想象力理论》的主要论题。这本书在狄尔泰的《诗人的想象：诗学的要素》（*The Imagination of the Poet: Elements for a Poetics*, 1887）出版的半个世纪后完成。科林伍德在书中没有提及狄尔泰的论著，也未提及自己的其他美学著作。

情感与某些刺激产生知觉的过程十分类似,……基本情感揭示了一个经验领域,我们可以将其对象的特征概括为评价"(SW V: 79)。我们可能倾向于将评价视为对于那些满足我们各种兴趣、激发我们各种联想的对象的主观反应,但是对于狄尔泰来说,对象与评价性反应之间的区分是人为的,因为评价基于愉悦。"在愉悦中,我们在一定程度上享受了对象的属性——它们的美和意义——我们也在一定程度上增强了自身的存在——赋予我们生存价值的我们自身的属性。这双重关系是基于我们与外部世界之间的互动。"(SW V: 79)也就是说,我们当然可以在自己与外部对象之间划分出本体上的区别,这些工作可以在哲学家的书斋中进行。但是在我们的体验或现象学上,由于我们可以同时在对象属性与自身的心理、认知、情感力量和活动中感受愉悦,因而愉悦的体验不能被分离。因此,价值也像是同时存在于对象和我们自身中的一个整体,而不仅仅是对完全统一的事物的主观反应。愉悦是审美反应的基础,因此愉悦的现象学决定了审美经验的现象学。意义与情感、客体与主体的融合最终取决于愉悦的统一:

> 每一件与我们生活紧密相连的事物,都体现了我们对它或类似事物的所有体验。我们呼吸的芬芳或秋风中一片飞舞的落叶对我们来说意味着多少啊!干枯的树叶缓缓地飘落在地面上,几乎没有什么——如果仅仅把它看作是可感知的形象的话——可以唤起一种审美印象;但是,它所唤起的所有思想都能重新激活我们的情感并使其统一起来,形成一种强烈的审美印象。此外,通过一种移情作用,部分关于形象的再现结构的情感内容也可以传递到与之无关的其他部分。(SW V: 89-90)

也就是说,没有"客观的"联系。这段文字中有关香气或落叶的简单形象概括了当前所有狄尔泰美学思想的主旨：在体验中，认知与情感、客体与主体之间没有严格的区别，或许应该说没有**感觉**上的区别，并且对象与情感在感受中的融合可以在艺术形象中被捕捉。

现在，让我们看看狄尔泰有关艺术形象如何捕捉并传达**体验**的论述。在桑塔亚纳看来，艺术作品的材料、形式和表现都有助于实现其"价值客观化"，并以感知对象的"内在关系"来解释"尚未感知到的事物"。[1]而狄尔泰强调，艺术的呈现是对于事物的直接感知与伴随认知和情感的非直接感知之间的关联体**体验**，这似乎把审美愉悦的来源局限在了桑塔亚纳所说的"表现"中。但实际上，狄尔泰并没有将**体验**局限在表现上，他意识到了桑塔亚纳所说的材料、形式以及表现性联想对于艺术作品捕捉**体验**的重要作用，因此他将审美愉悦的多重来源称作"情感领域"，并且将对这些领域的阐释侧重在形式和表现上：

> 由于审美想象力的形成过程是由情感的游戏产生的，因此在分析情感时必须寻求其解释的基础……对于形式与我们的情感关系的体验是意义的来源，该意义产生于建筑与绘画作品中线条的交错，以及力量、重量与对称性的分布中。通过感知我们的情感与音高、节奏、音量等声音的变化之间的关系，以此增强语气和旋律；通过理解性格、命运和行为对我们情感的影响，以此获得人物和情节的理想形式。造型艺术的理想是从心灵生活与多种肉体形式之间的神秘关系中浮现出来的。（SW V: 77）

这不能说明，上文中的线条、重量或音高等看起来像是材料的东西具有独立的审美特征。狄尔泰这里要讨论的是事物或它们的属性之间的关系

---

[1] Santayana, *The Sense of Beauty*, Part IV, §48, p. 119.

（即形式之间的关系），以及那些形式与"心灵生活中感受上的区别"的关系，例如"性格、命运和行为对我们情感的影响"。也就是说，由艺术形式激发的情感或对象通过该形式呈现的形象，构成了审美反应的主要来源。此外，狄尔泰随后对五个"情感领域"的讨论中还包含了可能被认为具有形式和情感联想的材料。

情感的第一个领域是"一般的和感性的情感"。"它们的特征是，当生理过程引起痛苦或愉悦时不会受到再现的干预。"（SW V: 79）狄尔泰在这里没有提供关于这一观点的任何示例，因此我不会进行猜测。"**情感的第二个领域**是在具有浓厚兴趣的**知觉内容**中显现出来的基本情感"，根据它们强度的不同，可能会产生不同程度的愉悦或痛苦。在这里，狄尔泰清楚地意识到了在视觉艺术和音乐等艺术形式中通常被认为很重要的多种知觉与对象的相关属性："歌德进行了有关简单色彩效果的实验。这种效果也存在于对简单音调的知觉中。"（SW V: 79-80）这似乎说明，当（某些）色彩和音调在某些特定的强度下被感受时，它们本质上是令人愉悦的，尽管可能在其他情况中有例外。"**情感的第三个领域**包括那些起源于感知的情感，以及由**感性内容彼此之间的关系**所唤起的情感"，例如"色调与色彩的和谐与对比"，"空间感"中的"对称"以及"时间感"中的"节奏"。此外，"一望无际的蓝天或大海也能唤起强烈的审美情感"（SW V: 80）。在这里，狄尔泰似乎想要说明的是，深蓝色的天空或大海（对天空或大海的特定体验）在本质上可能是也可能不是令人愉快的，但当它们由地平线或海岸界定时，它们就可能被合理地认为是一种形式，而辽阔的形式可能令人愉悦。情感第三个领域中的"关系"（relations）与第四个领域中的"联结"（connections）之间的区别不是显而易见的："**情感的第四个领域**包含多种多样的情感，这些情感源于有关**表象**的认知性**联结**，并且由我们的再现和思维过程的单纯形式引起，它们的内容之间的关系与我们的存在无关。"（SW V: 81）但是，狄尔泰在随后列举的例子中说明，就自觉的心灵活动来说，他现在所讨论的认知性"联结"与前文中的"关系"有所不同：

> 在这种广泛的情感领域中，我们在多种情感中发现了伴随着再现与思考的连续的情感中的不同层面——确证的快感与矛盾的不安、多元统一的愉悦、接受改变的欢喜、无聊时的厌烦、对笑话和喜剧的欣赏、出人意料的有力批判，等等。（SW V: 81）

用康德的术语来进行对照，或许感性"低级的"认知能力在某种程度上被动地接受了情感第三个领域中的"关系"，而例如理解力、判断力、理性、才思等"高级的"能力，则更积极地识别了情感第四个领域中的"联结"。但是，也许这两个领域可以归为一类，即通过对形式的认知产生的情感领域，该形式与由知觉或感官特征（例如颜色、音调等）提供的质料相关。如果这样是可行的，那么，由于我们先前省略了狄尔泰所谓的情感的第一个领域，因此，他现在列为第五个情感领域的实际上就是第三个情感领域，即情感联想领域：**情感的第五个领域**源于贯穿整个生命的特殊**物质冲动**，其整个内容都具有通过感受力获得的反思意识。"例如，

> 由感官感受的深处产生的驱动力包括汲取营养、自我保护或生存意志、繁衍以及后代的爱……当这些情感被阻碍或推动，或者它们之间的关系被理解时，随之而来的是虚荣、荣耀、骄傲、羞耻和嫉妒等感受，这些情感是特殊的，并且通常是复合的。然而社会完全由后一类情感支配，在这种情感中，我们体验着他人的痛苦和快乐，就像我们自己的痛苦和快乐一样。我们以自我为中心，通过看似同情、怜悯和爱的行为占有他人的生活。社会更微妙的活动和态

度主要取决于人类情感的这两个主要特征。（SW V: 83）

因此，狄尔泰认为，在**体验**中主要有三种情感的来源，即与感知直接相关的情感、与形式认知相关的情感（尽管它运用了一些认知能力）以及与全部情绪相关的情感，这些情绪产生于我们与对象世界、与我们自己以及与他人之间的交流，以此将**体验**呈现在形象或歌曲、诗歌等其他作品中。艺术也同样具有这三种情感基础。黑格尔的认知主义和形而上学的方法将艺术定义为理念的感性显现，即对现实抽象的、形而上的概念——如果要加强语气，那就是"**理念**的感性显现"，而非"**理念**的**感性显现**"——该方法拒绝承认艺术的关键在于呈现**体验**的情感而非抽象观念，也不能察觉到艺术所依赖的全部情感。

狄尔泰在我引用的上一段话后接着说："诗歌的基本素材应在情感领域中找到。题材和情节在生活扎根得越牢固，它们就越能够有力地打动人。"（SW V: 83）这似乎破坏了此前通过将第三种情感（即情感联想）分解，重新回归到第一种情感（即材料）而得出的三种情感来源的划分。但是，或许我们能够在直接构成艺术作品的材料——例如绘画中的色彩、音乐中的音调、诗歌中的音素等——以及艺术作品题材的素材之间加以区分。狄尔泰接下来可能会进一步指出，人类情感是诗歌或其他艺术作品的（典型的）题材。它必须具有不仅可以传达主题及其触发的情感，同时又能触发人们自身情感的媒介和形式，使我们能够在对象及对其的捕捉**体验**中感到愉悦。

问题的关键在于，我们对材料、形式以及人类意义的情感是相互融合的，并且与我们对一件成功的艺术作品的体验联系在一起。狄尔泰在对歌德《浮士德》的阐释中表达了这一观点：

形象由我们的情感塑造并在情感的影响下发生变化，就像夜晚树林中旅行者的情感影响并改变了岩石和树木的模糊轮廓。歌德描述了这种经历：

> 那些悬崖弯腰曲背，
> 还有那长长的岩鼻，
> 都在打鼾，都在透气！
> 那些像蛇一样的树根，
> 盘在岩石和沙土里，
> 伸出那些奇怪的带子，
> 威胁我们，要捉拿我们；
> 像一只饥饿的水蛭伸出触手，
> 捕获行人。（SW V: 95–96）[1]

可以肯定的是，歌德的诗歌在其强烈的生理和情感表现方面都是非凡的，这也许就是狄尔泰欣赏它的原因。但是，这也同时解释了为什么它最好被视为艺术的理想而不是艺术的典范。进一步说，我们在聆听巴赫的《平均律钢琴曲》(*The Well-Tempered Clavier*)这类理性的乐曲时产生的愉悦，与我们阅读《浮士德》中这段激烈的文字时的愉悦不同，其中悬崖的形象完全是独创的，但与此同时也呈现了对于森林中粗糙树根的普遍体验。尽管狄尔泰没有明确地指出，并非每件艺术作品都必须依赖全部的情感，依赖较多情感的艺术作品也并非比依赖较少的那些好。狄尔泰认为，情感作为艺术创作和欣赏的基础，必须要在美学理论中得到承认，而黑格尔的认知主义与形而上学的方法恰好相反。

---

[1] 引自 Johann Wolfgang von Goethe, *Faust*, trans. Walter Kaufmann (N. Y.: Doubleday, 1961), pp. 361, 363。（中译参照：歌德：《浮士德》，钱春绮译，上海：上海译文出版社，2011 年。——译者注）

现在，我们已经避免了将（重新整合后的）狄尔泰美学思想中的第一个情感领域与第三个情感领域混淆的风险。是时候将注意力转向桑塔亚纳了，因为在他的美学范畴中似乎也存在着类似的混淆。

三、桑塔亚纳

桑塔亚纳认为，"质料"、"形式"与"表达"是构成美作为"积极的、固有的、客观化的价值"的三个要素。桑塔亚纳在《美的质料》一章的开篇部分以多元立场展开论述："人类的所有机能都有助于美感。"[1] 这听起来似乎是为在接下来的三个章节中讨论知觉、认知以及情感的作用做准备，并且与狄尔泰提出的分别与对象的感性特征、对形式和关系的认知以及基本的人类冲动的情感联想相关的三个主要情感领域形成呼应，同时还是讨论美的质料这一问题的前提。但是，桑塔亚纳没有马上讨论关于对象的诸如色彩、声音等明显的感官特征——尽管他接下来会这么做——这就是他所说的"形式不能产生于无"，由此，"质料之美是一切高级美的基础：不仅形式与意义必须寄托于感性事物中的客观对象是如此，最先产生感性观念并唤起愉悦的人的精神活动也是如此"。[2] 相反，在章节开篇的论述之后，桑塔亚纳令人意外地谈到了"爱的激情的影响"与"社交本能及其审美影响"[3]，这些观点可能受到了埃德蒙·博克关于性交冲动与社交冲动中美的两种基本来源的定位的影响。[4] 博克认为，在友情、家庭生活与社交生活中，"爱的能力"——无论是两性之间的

---

1 Santayana, *The Sense of Beauty*, §12, p. 35.
2 Ibid., §18, pp. 49, 51.
3 Ibid., §§13, 14, pp. 37, 40.
4 参见 Edmund Burke, *A Philosophical Enquiry into the Origin of our Ideas of the Sublime and Beautiful*, ed. Paul Guyer (Oxford: Oxford University Press, 2015), §§VIII–IX, pp. 34–36.

爱还是更普遍意义上的爱——都能"给我们的沉思增添某种光辉，如果没有它，美就无法得以呈现"[1]。因此，"性的感情也延伸到各种第二对象上"，如"颜色、仪态和形体，它们都能成为激情的刺激物"[2]。与此同时，例如"'家'这个概念，在社会意义上它是一个幸福的概念，可是当它具体化为一间茅舍和一座花园时，就变成了一个审美概念，成为一个美的事物。这种幸福被客观化，对象也被美化"[3]。桑塔亚纳在这一点上似乎有点操之过急，他把原本应该留给《美的表达》或联想的内容纳入了《美的质料》中；或许在他看来，至少在现象学上，和颜色（例如皮肤、头发和眼睛）、声音（迷人的嗓音）或形象（典型的家庭）等对象属性相关的愉悦，与因为这些属性或形象而产生的愉悦不可分离，它们不需要在复杂的自然物与艺术作品中作为美的基础结合在一起。而且，即使没有这种猜测，我们也会认为，桑塔亚纳正是在双重意义上使用了狄尔泰的"质料"一词。也就是说，在《美的质料》一章中，桑塔亚纳不仅讨论了作为审美形式的**质料**，还讨论了许多艺术作品的典型**题材**，其中两性关系与社交关系无疑是最重要的。正如桑塔亚纳所说，"友情、财富、名誉、权力和影响力"，当然还包括性，"构成了幸福的主要因素"[4]，同时也成了艺术的重要题材。当然，我们还可以补充说，这些题材同样也是造成人们不幸生活的主要原因。但是，由于桑塔亚纳的美学价值是积极的，**快感**被视为事物的属性，因此，为了理解这一点，我们必须通过形式、知识与联想等审美的其他要素，将不幸的因素转化为愉悦。桑塔亚纳随后主要通过对悲剧的讨论而对这一观点做出了解释。[5]

桑塔亚纳认为，美的第二个来源是形式。形式"在一些本身平淡

---

1 Santayana, *The Sense of Beauty*, §13, p. 38.
2 Ibid.
3 Ibid., §14, p. 41.
4 Ibid.
5 Ibid., §§56–58, pp. 135–143.

无奇的感性因素经过组合后却在让人赏心悦目时被发现"[1]。为了论证这一点，桑塔亚纳做了举例说明。他用一组不同长度的线条作为材料，排列组合成三个不同的人脸侧影，其中两个丑陋，一个优美。桑塔亚纳强调，"构成形式的综合是一种思维活动"，它之所以令人愉悦，恰恰是因为它是心灵活动。[2] 但是，桑塔亚纳不主张在心智与身体之间划分出严格的界限，因此在他看来，形式或来自人们生理上的或无意识的欣赏活动，例如感知"我们所谓的优美的波状曲线"时，"眼部肌肉的自然而有节奏的系列运动"[3]；或是更具理性和自觉性，例如当对称性"通过辨识和节奏的魅力"[4] 吸引我们，抑或是"无限性……通过一与多的统一感打动我们"[5]。借用狄尔泰的话来说，这种对于关系和联结认知的愉悦，通常需要借助更为直接的对美的质料的愉悦来体现。或是用桑塔亚纳自己的话来说，则是**统觉**（*apperception*）的愉悦通常借助单纯的**感知**的愉悦来体现。例如"一首诗中的某个词"，其"效果的好坏在于贴切而不在于它固有的美，尽管固有的美也必不可少"。[6] 在这里，"贴切"表示一个词与另一个词在语境、节奏和韵律等方面的关系，以及在认知与情感意义上的关系，该意义由较大语境构建并在愉悦的心理活动中被我们辨别。

在这一章中，桑塔亚纳认为，由于如此多的审美愉悦和审美价值取决于认知活动，同时，不同的个体即使在生理上基本相同，在对特定对象进行统觉时也会有不同的认知和情感基础，"因此，人类能力的理想发展没有出现形成美的单一标准的趋势"，相反，"感觉和想象力之习惯的体现"仍将存在多种标准。[7] 桑塔亚纳拒绝任何单一审美趣味标准，这

---

1 Santayana, *The Sense of Beauty*, §19, p. 53.
2 Ibid., §23, p. 62.
3 Ibid., §21, p. 58.
4 Ibid., §2, p. 59.
5 Ibid., §25, p. 67.
6 Ibid., §28, p. 72.
7 Ibid., §31, p. 81.

似乎与狄尔泰为诗意的想象力寻求规则产生了张力。但是，狄尔泰作为一位历史学家，他的规则实际上保证了在不同文化和时期中，由于认知关系和情感联想的差异，审美倾向也会存在差异。因此，桑塔亚纳和狄尔泰在这一点上的任何差别似乎都是微不足道的。桑塔亚纳强调的是不同个体之间审美趣味标准的差异，而狄尔泰强调了不同文化和时期之间的不同，但二者都认同审美反应和审美愉悦来源的复杂性足以破坏人类所有文化和时期实行单一审美趣味标准的理想。

桑塔亚纳对形式的讨论还有很多其他内容，例如他对实用与美感之间关系的论述。[1] 但是，我们将不得不讨论与狄尔泰达成一致的第三范畴，也就是他所说的"表达"(expression)。桑塔亚纳在书的最后一章的开篇说："人类的意识并不像一面镜子那样具有清楚的界线和清晰的形象，历历分明和一览无余。"[2] 换句话说，桑塔亚纳认同狄尔泰的观点，即我们不是孤立地体验对象或形象，而总是把它作为包括回忆和预期在内的关联体的一部分，我们也不会使感官愉悦分离于认知和情感愉悦，这就是狄尔泰所说的**体验**在形象中的固定以及桑塔亚纳所说的价值的客观化。随后，桑塔亚纳将"表达"定义为"通过联想而具备的性质"，这主要指的是情感联想。在形式的认知或构成中，"我们不仅可以构造出可见的统一体和可识别的典型，同时还能意识到它们与当前尚未感知到的事物有密切关系。也就是说，我们发现它们带有某种最初并不具备的趋势和性质"。仅就它们的感性特征而言，"通过研究我们会看到这都是其他事物和情感共同具备的特征，并与我们的经验发生过联系"[3]。"因此，表达力是经验赋予任何形象以唤起内心其他形象的能力；并且，当由此唤起的联想所形成的价值与当前对象结合在一起时，这种表达力就具

---

1 Santayana, *The Sense of Beauty*, §§39–40, pp. 97–101.

2 Ibid., §48, p. 119.

3 Ibid.

有一种审美价值，也就是说成为表达。"[1] 但是，桑塔亚纳心中的"形象"（images）很显然主要是指情感，或者至少是带有感情色彩的形象。例如，"有关辛劳、野心、欲望、愤怒、迷茫、悲伤和死亡的思考必须与我们的沉思相结合，并通过各种表达形式赋予经验以与之密切相关的事物。因此，其他价值与审美价值相结合……"[2]

如上所述，与艺术作品相关联的客观化情感未必总是愉悦的情感，陈述这一事实是桑塔亚纳在《美的表达》一章中的主要任务。他将这一事实作为对他的观点的一种可能的反对意见，即审美价值是作为事物属性的快感。桑塔亚纳将表达性审美对象分为两种"概念"，第一种是具有感性特征和形式的艺术形象或作品，第二种是前者所表达的内容。因此，他的观点可以简单概括为"具有表达力的事物拥有的价值往往是一种完全不同于被表达的事物所具有的的价值"[3]，因为前者产生的愉悦也许超越或转化了可能与后者相关的痛苦。"表达的愉悦和题材的恐怖结合在一起，结果虽然题材的逼真性让我们感到悲哀，但是表达的手段却让我们感到愉悦。"[4] 此外，因对事物的认识而产生的愉悦，可以抵过事物本身所带来的不愉快："我们追求真理，想在一切事件中获得真理成为最高的快感。对不幸的描写同样能提供这种快感。"[5] 当然，这种处理悲剧与喜剧的悖论的方法尽管是陈旧的，曾经被鲍姆嘉通、摩西·门德尔松、康德等人所采用，但是它仍然具有合理性。

因此，桑塔亚纳认为，由感知和认知产生的愉悦可能超越并转化由联想或表达产生的不悦。它还可以通过另外一种方式起作用，即表达与认知活动产生的愉悦可以将感觉无关紧要的质料转变为美的事物："例

---

[1] Santayana, *The Sense of Beauty*, §48, p. 122.
[2] Ibid., §51, p. 128.
[3] Ibid., §50, p. 124.
[4] Ibid., §56, p. 136.
[5] Ibid., §58, p. 141.

如一个词语只需借助其意义和联想就可以显得很美，但有时这种表达性的美还需要借助词语本身具备的音乐性来体现。"[1] 也就是说，有时审美愉悦的三个来源在对特定对象的体验中是充分的，有时则较少。当它们全部充分的时候，愉悦的体验是统一的，并且只有通过具体的艺术批评和一般的哲学分析才能梳理出不同的来源。但是，它们不需要在任何特定的情况下都是充分的，尽管批判的或哲学的方法在理论上或多或少地能够区分现象学中的混淆。

现在，我们已经厘清了狄尔泰与桑塔亚纳在反形而上学与心理学美学的深层方法论之间的实质性联系。因此，我们只需要思考这样一个问题，即他们与黑格尔所谓的形而上学美学的对立立场是否合理？

四、结　语

狄尔泰与桑塔亚纳对黑格尔的批评也许并非完全客观，毕竟黑格尔将美定义为"理念的感性显现"，并主张"艺术的使命"在于"用感性的艺术形象的形式去显示**真实**"。[2] 因此，"艺术的内容就是**理念**，艺术的形式就是诉诸感官的形象"[3]。这似乎承认了艺术中感性质料及其形式（即形象）与理性内容（即理念）的重要性，从而证实了狄尔泰与桑塔亚纳某些多元化主张的正确性。但是，我们似乎也不难看到，尽管黑格尔将艺术史中的"古典时期"概括为感性形式与理性内容的和谐统一，但他并没有过多地关注感性经验中的愉悦与形式。并且，在他所谓的"浪漫时期"艺术中，即作为范式的现代艺术中，黑格尔也通常将艺术的感性形式视为对其传达**理念**或理性内容的一种约束和限制。这就是为什么

1　Santayana, *The Sense of Beauty*, §48, p. 121.
2　Hegel, *Aesthetics*, vol. 1, p. 55.
3　Ibid., p. 70.

"就其最高职能来说，艺术对于我们现代人已是过去的事了"[1]，继而被宗教与哲学超越。而狄尔泰与桑塔亚纳的多元主义方法从未将艺术美的感性方面视为局限，也从未有将艺术作为过去的压力。此外，黑格尔反对任何"艺术目的论"，即艺术"应该唤醒各种本来睡着的情绪、愿望和情欲，使它们再次活跃起来，把心填满，使一切有教养的或是无教养的人都能深切感受到凡是人在内心最深处和最隐秘处所能体验和创造的东西"[2]。但是，这恰恰是狄尔泰与桑塔亚纳所说的第三个也就是最终的审美愉悦的来源。

但是，黑格尔的美学理论或许没有那么糟糕，因为他有时也注意到了审美经验中的情感层面，实际上狄尔泰与桑塔亚纳最为反对的就是他在这一方面的缺失。以下这段话不是出自海因里希·古斯塔夫·霍托去世后出版的黑格尔讲义，而是他在黑格尔1823年的艺术哲学讲座上的原始抄录。黑格尔在这里强调了音乐体验的情感层面：

> 音乐所触及的是情感，这是主体性的最初扩展，是"我"在这种抽象中的具体化。例如，我们把悲伤、恐惧与快乐称为情感。当我的主体性与这些情感相关时，就能体验到内容……这里的情感就是当它与我的主体性相关时所包含的内容。这就是音乐主要思考的问题。[3]

好吧，甚至荷马有时也会打盹，黑格尔有时也会清醒。黑格尔在这里清楚地意识到了音乐的情感联想对我们的体验至关重要。但是，我们可以

---

1 Hegel, *Aesthetics*, vol. 1, p. 11.
2 Ibid., p. 46.
3 George Wilhelm Friedrich Hegel, *Lectures on the Philosophy of Art: The Hotho Transcript of the 1823 Berlin Lecture*, ed. and trans. Robert F. Brown (Oxford: Clarendon Press, 2014), p. 403.

客观地说，在黑格尔的哲学与艺术史中，音乐的地位并不突出。他将艺术的兴衰作为一个整体，建筑、雕塑与文学比任何其他艺术发挥更大的作用。这是基于他对艺术的感性形式和理性内容之间张力的设想，而非对于知觉、认知活动与情感联想三个层面的审美经验作用的认可，而这一点对于狄尔泰和桑塔亚纳的美学至关重要。因此，他们尽可能地与黑格尔保持距离似乎也十分合理。

韩筱蓁、刘旭光译

第七章

双重性、三重性和审美多元性

一、导　言

当理查德·沃尔海姆论及图像表象（pictorial representation）的"双重性"（twofoldness）时，他的论述或许会让人觉得，图像表象只有两个层面，即一个被标记的表面（marked surface）和一个形象（image），其中，形象存在于表面之前或表面之后。如果这正是他想表达的，那他或许遵从了一些可敬的前辈，例如亚历山大·鲍姆嘉通、摩西·门德尔松、伊曼纽尔·康德、亚当·斯密和亚瑟·丹托（Authur Danto），他们有时也会写一些关于艺术表象（而不仅仅是图像表象）的文章并认为艺术表象在本质上是双重的。但是，沃尔海姆详细论述了绘画中的愉悦来源于意义，这清楚地表明，上述的双重性不能穷尽所有的意义，甚至说，意义通常而言至少是三重的，它包括被标记的表面、由标记表面所暗示的形象以及由上述二者所暗示出的更进一步的意义，例如他所谓的"文本意义"（textual meaning），但这并不意味着这个更进一步的意义在本质上是必然的。从整体上来看，沃尔海姆有一些重要的前辈，例如康德（对美的艺术的论述）以及乔治·桑塔亚纳。此外，沃尔海姆还指出，意义的另一个维度（情感意义，emotional meaning）最典型地与意义的第三级或第三层（即文本意义）相关，但它又不局限于这种关联。康德没有预料到沃尔海姆的这点补充，但桑塔亚纳就意识到了。

我在这里要说明的是，通过对比三重性（threefoldness）和双重性，我们开始看到艺术意义的复杂性，这种复杂性使我在整部《现代美学史》中提倡的多元的（而非一元的）审美经验成为必要。[1]但我还要表明的是，艺术意义的三重（至少是三重）特性在许多典型的、范式性的艺术案例中——不仅仅是绘画——并不意味着每件艺术作品、每种艺术类型或媒介都必须运用到所有的特性，这也不意味着任何一件特定的艺术作品会因为它运用了更多的特性而比另一件作品更好。审美多元论揭示了审美的可能性，但它肯定不能为审美判断提供量化的尺度。

二、双重性

沃尔海姆在他的梅隆讲座"作为一种艺术的绘画"（书亦同名，*Painting as an Art*）中使用了"双重性"这一概念，其文于1984年在华盛顿发表，后于1987年正式出版。[2]其实早在1964年，沃尔海姆在伦敦大学学院的就职演说"论画一个对象"（"On Drawing an Object"）中就已介绍过这一概念，该演说于1965年出版。[3]在演说中，更大的争论是我们如何理解一个对象并把它画为一个整体（如果我们可以做到的话）。然而，仅凭这两点中的任何一点都不能证明另一点是正确的。但说到绘画，我们还必须认识到绘画有两个维度，即表面上所做的标记以及在这些标记前后（甚至表面上）存在的东西，这两个维度正是**表象**

---

[1] Guyer, *A History of Modern Aesthetics*.
[2] Wollheim, *Painting as an Art*, Bollingen Series XXXV, 33.
[3] Richard Wollheim, "On Drawing an Object" (London, 1965); reprinted in Wollheimn, *On Art and the Mind* (London: Allen Lane, 1974), pp. 3–30.

第七章　双重性、三重性和审美多元性

的起源。沃尔海姆描述了抽象画家汉斯·霍夫曼（Hans Hoffmann，沃氏称他为"纽约绘画之父"）的一次绘画练习。他要求他的学生"在白色画布上画一个黑色的色块"，然后站起来观察"黑色如何放在白底**上面**"以及"白底如何陷到黑色**后面**或**下面**"[1]，沃尔海姆推论道，即便是这样一次简单的绘画练习"也有两个截然不同的维度……顺着它们，'上面'、'处于同一水平'和'下面'这些方位都是有价值的：它们是物理维度，也是我们可以称之为图像维度的东西"[2]。沃尔海姆认为，**表象**是伴随着这两个维度产生的，因此，当我们看到一块黑色颜料在画布之上、之前或之后的时候，我们就已经拥有了表象。因此，我们无须借助**外形**（figuration）就能拥有表象，这就是把标记及其根基解释成某种可识别的物体而不是它们自身。但是，这两个维度对外形来说似乎也是充足的，在任何情况下，当我们观看某个对象、某个被标记的表面的时候，"将某物视为表象并将其视为外形"并非两种"互不兼容"的观看方式。接着，沃尔海姆发问道："视觉艺术所带来的大量愉悦与思维深度难道不是来自我们对作品质地、线条、构图的关注以及我们把它描绘成一头狮子、一碗水果、一位王子和他的随行队伍的能力吗？"[3] 沃尔海姆对表象与外形的区分对后文来说并不重要；我们在此关注到的是，通过他的论述，我们可以将表面视作一个有纹理、线条和结构等特征的被标记的表面，也可以视作一个像狮子、像一碗水果或其他东西的图像。沃尔海姆认为"视觉艺术可以带来大量的愉悦与思维深度"，那么，在其他艺术媒介的表象中，他刚刚挑选出来的这两个维度有没有可能穷尽艺术意义的来源和我们在其中所获得的愉悦呢？

在《作为一种艺术的绘画》的第二堂课中，沃尔海姆引入了"双

1　Wollheim, "On Drawing an Object", p. 26.
2　Ibid., p. 27.
3　Ibid., pp. 23–24.

重性"概念来指明他之前所描述的那两个表象维度，并且，他似乎再次表明，这两个维度穷尽了艺术意义的各个方面。他的讨论从"看进"（seeing-in）的现象开始，例如我们既可以看到墙上的污点、窗玻璃上的霜，也能同时在污点或霜中看到一个男孩或戴着面纱的舞者。沃尔海姆把它称为"现象学特征……'双重性'，因为在我们'看进'的时候，有两件事发生了：我在视觉上意识到我所看到的表面，与此同时，我能辨别出一些突显在前面或（在某些情况下）退隐到其他东西后面的东西，例如玻璃和'穿着神秘纱裙的舞者'"[1]。沃尔海姆强调，这两种观看方式是"单一经验的两个方面"，它们是"可以区分但又不可分割的"：两者同时被看到、同时被经验，而不是某个方面从另一个方面推断出来。但是即便如此，"看进的双重性……并不排除为了强调复杂经验的某个方面而舍弃另一个方面的可能"[2]。例如，或许我会专注于那些"使墙壁的原始纹路藏污纳垢而日渐模糊"的污点而"忽视了这些污点还呈现出一个男孩（形状）的模糊印象"[3]，又或者，我会对一幅画上涂厚的颜料印象深刻，以至于我几乎看不到它所呈现的形象；相反，我也可能会被它的形象所吸引，以至于我忽视了它那顺滑的笔触和镜面一般有光泽的表面。但是，无论以哪种方式，我都能在某种程度上同时意识到被标记的表面和它所表现的东西。[4] 接着，沃尔海姆在《作为一种艺术的绘画》

1　Wollheim, *Painting as an Art*, p. 46.

2　Ibid., p. 47.

3　Ibid.

4　在沃尔海姆阐述"双重性"概念时，他把它描述为"同时注意到所见之物及其媒介特征"，或者"同时……在视觉上意识到我在（绘画）x 中看到（图形）y 以及这种感知的持续特征"，这也就是说，我会把纸张或画布上的标记看成某种图形。参见 Richard Wollheim, "Seeing-as, Seeing-in, and Pictorial Representation", in Wollheim, *Art and Its Objects*, second edition (Cambridge: Cambridge University Press, 1980), Supplementary Essay V, pp. 205-226, at pp. 212-213。一些评论家强调，"看进"中的两种专注模式（或知觉模式）是同时发生的，甚至说，它们构成了某种单一的经验，这就使得"看进"不同于"看似"（seeing-as）。在"看似"的情况中，两种专注模式不会同时发生，例如在贾斯特罗（Joseph Jastrow）和维特根（转下页）

中指出，当某种东西被加入到纯粹"看进"的心理过程之中，**表象**就出现了。这个被加入的东西便是"正确和不正确的标准"。这也就是我们用正确或错误的方式（或者是一小部分正确而无限多错误的方式）来标记一个表面、表现一个男孩或一头野牛的标准[1]；沃尔海姆论述这样一个"标准"是为了给《作为一种艺术的绘画》中更大的论点提供一条进路，这个论点便是艺术的意义取决于艺术家的意图。意义"由艺术家的意图而设定……它被设定进每一幅画作之中"[2]。但在他论述的这个阶段，没有任何迹象表明，除了艺术家的意图（为了表现某个特定的对象，一个表面就应当以某种方式被标记）之外，我们还需要用其他东西来解释艺术表象。因此，双重性（虽然在这种情况下是一种有意图的双重性）又一次看上去像是绘画或艺术中意义之更普遍的本质。

如果这是沃尔海姆想要论证的，那他似乎有许多志同道合的伙伴。例如，现代美学的创始人鲍姆嘉通对比了意指之美（如措辞和雄辩）和所指之物的美（如"事物和思想"[*rerum et cognitionum*]）。这可以推出表象的双重维度，一种是美的表象，即符号的性质（像诗中的词或一个被标记的表面的性质），另一种是语言或图像所表现的对象之

（接上页）斯坦的"鸭-兔"案例中，一个人可以同时把图形看作鸭子或兔子并在两者之间来回切换，但不会同时把它看作两者。参见 Michael Newall, "Painting and Philosophy", *Philosophy Compass* 9 (2014): 225–237, at pp. 226, 231。在区分"看似"和"看进"时，我想重点讨论这样一种观点，即"看似"通常允许我们在图形的两种不同解释之间来回切换，而"看进"的两个方面则是被我们同时经验到的。这种观点肯定是在没有任何心理实验或神经科学证据的情况下得出的，况且我们很难知道这种情形是否会出现。但如果没有这样的证据，我们可以说，"看似"就是一种特殊的"看进"，即感知者有能力在他所"看进"的两个不同对象之间来回切换。

值得注意的是，我们在后文中不必过于严苛地强调这种同时性，因为我不想为了将审美经验归纳为（至少）三个层面而坚持认为艺术意义的第三个维度（或更进一步的维度）必然与我们对被标记的表面（或它在其他媒介中的相似物）的感知同时发生。

1 Wollheim, *Painting as an Art*, p. 48；也可参见 "Seeing-as, Seeing-in, and Pictorial Representation", pp. 205–207。

2 Ibid., p. 48.

美。[1] 摩西·门德尔松做出了乍看之下不同的区分。他借用沃尔海姆的概念说,"每个个体的表象都有双重的关系。它与面前那个作为对象的东西(一幅画或一件复制品)相联系,然后又与灵魂或思考的主体(它可以做出决定)相联系"[2],这种区分看起来不像是被标记的表面(或它在另一种艺术媒介中的类似物)与由此呈现出来的图像之间的区分,更像是一个对象的图像(当然,它是从媒介中产生的)和主体对此的反应之间的区分(例如认知反应或欲求反应)。但当门德尔松在第一个例子中提到思考的灵魂所做出的决定时,他的意思或许是,在表象中,我们应当区分感知自身的特质和感知表象的特质,用他的概念来说,就是要区分"感知的完美"(perfections of the perception)与"对象之完美的感知"(perceptions of objective perfections):所有"好的属性与坏的属性……都必须在两种关系中加以考察,一种关系是对于**对象**(或部分外在于我们的东西)的关系,另一种关系是对于**心灵的投射**或思想实体对它们的感知的关系"[3]。然而,这种区分使得一个丑的对象也有可能得到美的表象。这样一来,由于我们可以区分对象之表象的直接可感的属性和它的其他属性,我们就有可能在这种情况下获得愉悦和痛苦的"混合情感"。因此,门德尔松对于混合情感的论断(作为其美学理论的核心)似乎取决于符号性质和所指之物性质的双重区分。康德继而接受了门德尔松的区分,他写道,"自然之美是**美的事物**;艺术之美是事物之'**美的表象**'",正是这一区分使得"美的艺术的优点恰好表现在,它美丽地描写(或描画)那些在自然界中将会是丑的或讨厌的事物"(*CPJ*, §48,

---

[1] 参见 Baumgarten, *Aesthetica/Ästhetik*, §§18–20, vol. 1, pp. 22–23。鲍姆嘉通明确表示,他对诗歌的分析也可运用于绘画;参见 *Meditations philosophicae de nonnullis ad poema pertinentibus/Philosophische Betrachtungen über einige Bedingungen des Gedichtes*, §XXXIX, pp. 34–35。

[2] Mendelssohn, *Rhapsody*, p. 132.

[3] Ibid., p. 134.

5: 311-312)。这似乎又一次触发了表象的审美特质与我们对它的审美反应的双重区分。例如，一面是被标记的表面，另一面是由该表象所表现的东西，对象之形象暗示了它正是通过这种双重区分的方式使我们理解自己对艺术的反应。

亚当·斯密转变了艺术表象的双重概念。他在一篇身后发表的文章《论模仿艺术中模仿的本质》中指出，模仿的乐趣不是来自一个对象与"另一个同类对象"的相似性，而是"来自它与另一类对象的相似性"。这就像绘画一样，在绘画中，"画出某个平面不是为了和另一个平面相似，而是为了和一个三维实体相似"[1]。我们欣赏的既可能是"模仿对象与被模仿对象之间的差异"[2]，也可能是在这种差异之外表象达到的效果，又或许是在这种条件下表象展示出来的艺术技巧："正因为一个对象在本质上不会与另一个对象相似，所以当艺术做到这一点的时候，我们会非常高兴。"[3] 斯密更加充分地表明："这种快乐完全建立在看到一种物体如此美好地代表了另一种非常不同的物体而感到惊奇的基础上，建立在我们对这种艺术的欣赏之上，该艺术令人愉快地超越了自然在它们之间建立的差异。"[4] 但是，虽然斯密把我们对模仿艺术的兴趣降低到我们对艺术技巧的兴趣之上，但在对象中还有两个概念是不可或缺的：一个是媒介的特征（如绘画的彩色平面、三维雕塑的单色雕刻面等），另一个是被表现之物（如绘画所表现的三维对象，雕塑用色调单一而死气沉沉的石刻所表现的绚烂多彩、生机盎然的对象等）。因此，斯密似乎也认为，双重性足以用来分析艺术表象。

1　Smith, "Of the Nature of that Imitation which Takes Place in What are Called the Imitative Arts", pp. 178-179.
2　Ibid., p. 181.
3　Ibid., p. 183.
4　Ibid., p. 185.

两个世纪之后，我们可以用亚瑟·丹托最喜欢的一些表达方式来表明艺术在本质上是双重的。《寻常物的嬗变》一书始于"真实"对象和艺术作品之间的对比，例如一个红色的正方形与一幅名为"红色正方形"的画之间的对比。[1] 丹托得出的结论是，"艺术是种需要依靠理论而存在的事物；没有艺术理论，黑色的颜料就只是黑色的颜料，别无他物……所以在我们的研究中，我们必须了解艺术理论的本质，它是如此强大，以至于可以将对象从现实世界中分离出来而使它们自成一个不同的世界、一个**艺术**的世界、一个事物被加以**解释**的世界的一部分"[2]。这或许意味着艺术表象中涉及两个概念：一个是物理意义上的对象，例如一幅有红色、黑色颜料的画布；另一个是有关对象的解释，例如将该画布解释为莫斯科红场，甚至是将它解释为《出埃及记》中红海敞开的那条大道（它在以色列人穿过之后又重新闭合，最后淹死了埃及人）。相似地，丹托晚年更倾向于用"意义的呈现"(embodied meaning)来定义艺术。[3] 这或许暗示了同样的事情：一件艺术作品以及我们对它的反应可以被适当地归纳为呈现和意义这两个概念，即"一件给定的作品意味着什么，以及这个意义是如何在它所依附的物质对象中呈现出来的"[4]。然而，就像有人怀疑他是否打算在《寻常物的嬗变》中坚持这个严苛的双重艺术理论一样，二十年后的丹托在《美的滥用》前言中指出，尽管

---

1 Arthur C. Danto, *The Transfiguration of the Commonplace* (Cambridge, Mass.: Harvard University Press, 1981), p. 1.

2 Ibid., p. 135.

3 Arthur C. Danto, *The Abuse of Beauty: Aesthetics and the Concept of Art*, Paul Carus Lecture Series 21 (Chicago and LaSalle: Open Court, 2003), p. 66. 德维特·H. 帕克（DeWitt H. Parker）在他的《美学原理》(*The Principles of Æsthetics* [Boston: Silver, Burdett, 1920]）中曾经使用过"意义的呈现"(embodied meaning)概念（当时可能还不是一个明确的概念）。他在书中写道，一件艺术作品在感官媒介中投入了"目的、感觉或思想，在这种感官媒介中，一个人可以在表达自己观点或与他人交流的时候一次又一次地经验到这些东西"(p. 16)。

4 Danto, *The Abuse of Beauty*, p. 139.

第七章　双重性、三重性和审美多元性

他想保留早前作品中的观点（对象成为一件艺术作品的条件是"它必须表现某样东西并具有某种语义属性［semantic property］"），但他现在怀疑，这样的转变必须满足更进一步的条件，即"实用条件"（pragmatic condition）。这就是说，某物的目的不仅仅是表现，而且是通过表现来达成某件事情。历史上的大多数艺术作品可能已经实现了这些更为深入的目的。[1] 语义关系似乎是一种范式意义上的"双重概念"（two-termed）关系（即能指和所指之间的关系）。因此，这意味着艺术也能在一个双重关系（即符号关系）中被加以最好的理解，例如被标记的表面和它所指的含义。（事实上，即便是在符号和它所指对象具有双重关系的情况下，也会存在第三个概念，这便是"共同体"［community，即由符号的不同解释构成的共同体］。这一概念表明，符号意味着它的所指但又和所指意义的更深层次不尽相同。）

但是，所指可以是复杂的，或者用丹托早期的概念来说，一个解释可以是复杂的。并且，艺术作品呈现出来的意义不能被化约为某个单一的要素。无论丹托论述的情况如何，显而易见的是，尽管"双重性"概念是沃尔海姆**表象**论的核心，但它不会穷尽**艺术表象**的诸种可能。对我们来说，要理解这点至少需要三个概念（不把解释的"共同体"算作一个概念的话）[2]，我把它们称为"三重性"（threefoldness）。于是，我们将再次发现沃尔海姆是个很好的伙伴——我们将在他的论述中看到康德的"审美理念"论以及他对美的艺术的典范性论述，这种论述是三重而非双重的，而乔治·桑塔亚纳的艺术论同样也是如此。所以，我们现在要转向"三重性"概念。

1　Danto, *The Abuse of Beauty*, p. xix.
2　例如参见 Charles Sanders Peirce, Letter to Lady Welby, spring, 1906; in *The Essential Peirce*, ed. The Peirce Edition Project, Nathan Houser et al., 2 vols (Bloomington: Indiana University Press, 1998), vol. 2, p. 478。

三、三重性

在《作为一种艺术的绘画》中，沃尔海姆的这段话将"双重性"概念放置在了恰当的语境中：

> 艺术家需要欣赏者拥有并使用三种基本的感知能力，它们是……（一）**"看进"**；（二）**表达感知**；（三）体验**视觉快感**的能力。在这些感知能力中还有三种绘画的基本动力，并且其他力量也由此而来。这三种基本动力是（一）**表现**外部对象的力量；（二）**表达**心灵或内在现象的力量；（三）引发**愉悦**之特殊形式的力量……[1]

我无法论及沃尔海姆这一论点的每个方面，但这一论点是对绘画的意义采取格莱斯式（Gricean，或洛克-格莱斯式，Lockean-Gricean）的分析。根据他们的观点，艺术家的目的就是要通过艺术作品的方式把她自己的经验传达给欣赏者并向他们表明这就是她的意图。然而，我们没有（相对）确定的惯例或规则可以确保语言媒介（或非艺术的语言媒介）能够进行意图的传达。从现在这段话中可以看出：表象，包括艺术表象，其目的是产生"看进"，并且是**双重的**"**看进**"，它包括（自然的或艺术的）被标记的表面和一些图像表象（即便它只是一块在表面之上、之前或之后的色块）。而**表达感知**以及表达心灵或内在现象旨在**超越这种双重性**，由此呈现出艺术意义的**第三个**层面。因此，表象固然可以传达意义，但表象的双重性本身又传达了艺术的第三维度、意义的第三层面以及一切可能依赖于它的事物。[2]

---

[1] Wollheim, *Painting as an Art*, p. 45.

[2] 类似的体系可以在最近出版的 Edmund Husserl, *Phantasy, Image Consciousness, and Memory (1898-1925)*, in Husserl, *Collected Works*, vol. XI, trans. John Brough (Dordrecht: Springer, 2005) 中找到。其中，胡塞尔提出了**物理图像**（*Physische Bild*）、**图像客体**（*Bildobjekt*）(转下页)

第七章　双重性、三重性和审美多元性

　　沃尔海姆的进一步论证表明，绘画中有相当多的意义超越了表象的双重性。这些意义不仅是他所说的文本意义（通过表象传达出的概念性的但不一定是命题式的思想），而且还有情感意义。我们可以稍后再回过来讨论沃尔海姆论述中的更多细节，现在我想证明的是，一些美学史上最重要的论断都是以这种三重而非双重的艺术模型为普遍特征的（例如康德和桑塔亚纳的那些观点）。

　　康德在《判断力批判》第48节中对"美的表象"与美，或曰被表现之物的美，进行了比较，由此得出艺术表象的双重模式。但在紧接着的第49节中，康德又将他的"审美理念"视作美的艺术的"精神"的基础，这显然是艺术表象的三重模式。康德对审美理念的论述必须在此加以详细的摘引。康德首先将"精神"（*Geist*）定义为使艺术作品生动而非呆板的东西，它"把内心诸力量合目的地置于焕发状态，亦即置于……游戏之中"（*CPJ*, §49, 5:313），接着他说：

　　　　于是我认为，这个原则不是别的，正是把那些**审美理念**［感性理念］表现出来的能力；但我把审美［感性］理念理解为想象力的

（接上页）与**图像主题**（*Bildsubject*）的三重体系。举例来说，三者分别对应于：（1）一张纸或画布上的线条和颜料，（2）从中看出的对象的图像，比如马和骑手的图像，（3）被这个图像所表现的真人，例如马克西米利安皇帝（p. 21），或者说，这个人也可能是个虚构的人物（例如罗宾汉）。里贾娜-尼诺·库尔格（Regina-Nino Kurg）将这一体系与沃尔海姆的体系进行了恰当的比较并认为，沃尔海姆的艺术表象论在整体上还是包含了表象的三重性或第三层意义，即形象性内容（双重性中的第二层），因为它"可以归入非抽象的概念中，如桌子、地图、窗户、女人"。参见 Kurg, "Seeing-in as Three-fold Experience", *Postgraduate Journal of Aesthetics* 2 (2014): 18–26, at p. 22，转引自 Wollheim, "On Formalism and Pictorial Organization", *Journal of Aesthetics and Art Criticism* 59 (2001): 127–137, at p. 131。库尔格没有提到的是，胡塞尔认为三重经验的几个方面**不是**同时发生的。胡塞尔写道："我们有时把自己对某种颜色的感觉解释为颜色在纸上、画布上的客观分布，而有时则解释为一个骑士的形象、儿童的形象等等。"（p. 21）我引用这段话是为了表明，沃尔海姆自己对 n 重经验的多重性之同时性的强调是夸大其词的，其实这是没有必要的。关于库尔格对胡塞尔的广泛讨论，可以参见她的学位论文 *Edmund Husserl's Theory of Image Consciousness, Aesthetic Consciousness, and Art* (Université de Fribourg, 2014)。

那样一种表象，它引起很多的思考，却没有任何一个确定的观念，也就是**概念**能够适合于它，因而没有任何言说能够完全达到它并使它完全得到理解。很容易看出，它将会是**理性理念**的对立面（对应物），理性理念与之相反，是一个不能有任何**直观**（想象力的表象）与之相适合的概念。（*CPJ*, §49, 5:314）

间隔两段之后，康德为审美理念的智性内容补充了一些例子——"诗人敢于把不可见的存在物的理性理念，如天福之国，地狱之国，永生，创世等等感性化"——他继续写道：

现在，如果使想象力的一个表象配备给一个概念，它是这概念的体现所需要的，但单独就其本身却引起如此多的、在一个确定的概念中永远也不能统摄得了的思考，因而把概念本身以无限制的方式做了感性的［审美的］扩展，那么，想象力在此就是创造性的，并使**智性理念**的能力（即理性）活动起来，也就是在引起一个表象时思考到比在其中能够领会和说明的更多的东西……

然后他补充说，"有些形式并不构成一个给予概念本身的体现，而只是作为想象力的附带的表象表达着与此概念相联结的后果及这概念与另一些表象的亲缘关系，我们把这些形式称为一个对象的（审美的）**象征**，这个对象的概念作为理性理念是不可能有合适的体现的"，例如，"朱庇特的神鹰和它爪中的闪电就是这位威灵显赫的天帝的象征"（*CPJ*, §49, 5:315）。现在，正如我所解释的，审美理念中至少包含三个表现的因素。首先，康德认为审美理念不仅仅是理性理念的"对立面"，而且还是它的"对应物"，我想借此表明，一件艺术作品的（终极）内容（通常）是这个理性理念：在某种程度上，一件艺术作品的终极意义是某种类似于天福之国或地狱之国的理念（康德显然把但丁的《神曲》、弥尔顿的《失乐园》或克洛普斯托克的《弥赛亚》等作品视为典范性的艺术作品）。艺术家希望将这样的终极意义传达给观众，但作为理性理念对应物的审美理念本身是复杂的：它由一个形象构成，这个形象可被诗意地（或以其他方式）传达。正如朱庇特适合传达作为作品终极意义的理性理念，但他要通过自己的象征物来传达、表现，例如神鹰和它爪中的闪电；神鹰代表了朱庇特（就像圣劳伦斯的炉条、圣塞巴斯蒂安的箭、圣凯瑟琳的碌轮代表了各自的圣徒），它继而传达出威严的理念（在圣徒的例子中还能传达信仰的高尚品德、刚毅的精神以及殉道之类的理念）。因此，艺术对理念的表现与传达至少需要三个维度：符号及其最直接的特性、它们所指的对象以及由该对象所表现出来的更为抽象的思想。

康德的例子显然是从诗歌而不是从绘画中提取出来的，但他的叙述应该适用于所有美的艺术（*CPJ*, §51, 5:319）。[1] 在诗歌中，词语带有语音、节奏等自身的特征，这些特征描述了人物的特性、角色的行动、情节中的事件等等，人物、角色、情节都通过它们传达理性理念。而在绘画的例子中，我们有被标记的表面，它们呈现出特性、行动和事件的图像。这些图像暗示了它们背后的人物，继而又传达出理性理念。当然，具体作品的细节各有不同，而且我不认为诗歌和绘画必须有甚至能够有（或多或少）同样的、直接的内容——我不能苟同**诗如画**这个命题[2]——但在这两种情况下，我们都（至少）能区分媒介（文字和被标记的表面等）、由媒

---

1 康德强调说："我们一般可以把美（不管它是自然美还是艺术美）称为对审美理念的**表达**。"他没有解释**自然美**如何被视为审美理念的表达，但他断言我们倾向于在自然对象中解读出智性和道德的意义——用沃尔海姆的一个例子来说，我们不仅能在云（的形状）中看到某个人物，甚至还能看到他的道德意味。

2 Horace, *Art of Poetry*, p. 361. 鲍姆嘉通在《关于诗的哲学默想录》中引用了这个例子。参见 Baumgarten, *Meditationes philosophicae de nonnullis ad poema pertinentibus/Philosophische Betrachtungen über einige Bedingungen des Gedichtes*, §XXXIX, p. 34。

介所暗示的对象之图像（它们本身或多或少都是复杂的）和这些图像所暗示的思想或意义。所以，审美经验的特性不是双重的，而是三重的。

虽然那种被康德视为艺术之终极内容的理念是明显带有深刻情感的，但他并没有注意到这一事实。康德认为，"这种鉴赏当它为了愉悦需要混有魅力和激情时……它就永远还是野蛮的"（*CPJ*, §13, 5:223），这一论断使他声名狼藉。除了美的经验在本质上是令人愉悦的这一事实外（当然，这是他整条美学进路的基础），康德对审美经验的情感层面通常是视而不见、缄口不言的。乔治·桑塔亚纳同样强调美的愉悦性：他将自己对美的定义注释为"积极、内在、客观的价值"，即"美是一种愉悦，这种愉悦被视为事物的特性"。[1] 这一现象学式的声明表示，我们将愉悦（以及触发它的对象性质）作为一个整体加以经验，但这一声明也不妨碍我们对对象造成愉悦的不同方式、不同层面进行哲学分析。这正是桑塔亚纳在其余的观点中所揭示的。像康德和沃尔海姆一样，他也发现对象（通常）产生审美愉悦的方式有三个层面。沃尔海姆的模型（而不是康德的模型）表明，由审美对象引发的情感在桑塔亚纳的模型中扮演着重要的角色。它们与美的第三个层面（即与意义相关的第三个层面）有着明显的联系，这也与沃尔海姆和康德的第三个层面遥相呼应。但是，情感还与桑塔亚纳指出的审美对象的第一个层面有关。此外，我们也没有明显的理由说它们为什么不能和第二个层面联系在一起；因为桑塔亚纳也给我们举了一些这样联系的例子。桑塔亚纳关于美的理论教导我们，美或美学的任何方面在更为普遍的意义上都会激发情感，而这种可能性将会极大地促进我们在审美中感受愉悦。

桑塔亚纳的三重模型与康德或沃尔海姆的模型都不相同。对他来说，美的三个要素是"质料"、"形式"与"表达"。一是显而易见的质

1　Santayana, *The Sense of Beauty*, §11, p. 31.

料（比如颜色和声音），他认为这些质料可以被我们（艺术家和/或观众）组织成形式。例如，一组线条可以组成各种各样的人脸轮廓，一些轮廓是美的，另一些则不是。[1] 在这个例子中，质料——线条——在美学上可能是无关紧要的，而从中显现出来的形式——脸——却是美/不美的。但在其他例子中，质料（例如颜色或线条）却可能是令人愉快的，因此，质料和形式有时也能有助于美。而在另一些情况下，只有形式适合于质料或强加于质料才能做到这样。不管如何，这两种美的元素（质料和形式）似乎都对应于沃尔海姆的双重再现模型——颜色或线条这样的东西是被标记的表面的属性，而形式则是从再现的第一层中突显出来的图像的属性，或者更准确地说，是使它们显现的东西。这虽然不是桑塔亚纳观点中的某个部分，但（我们可以推断出）所有的审美双重性都是表象的双重性；在音乐中，我们有的是质料加上形式（而不是表象）。这在桑塔亚纳的论述中尤为突出，沃尔海姆则很少谈及。然而，更大的区别在于，桑塔亚纳在"质料"这一标题下讨论的东西并不全是颜色或声音，而是像表面上的痕迹或其类似物。桑塔亚纳在《美的质料》一章的开头就说，"人类的所有机能都有助于美感"[2]，因此，机能为美提供了质料。他关于人类机能的前两个例子是"爱的激情"[3] 与"社交本能"[4]。桑塔亚纳还没有完全阐明这些观点，但是可以推测出来的是，对象的某些层面激发了爱的激情与社交本能，它们有助于我们对对象产生积极的、内在的、客观的愉悦。对象的这些层面或许很简单（例如头发或眼睛的颜色），也可以很复杂（例如把一座小屋的图像视为家的原型）。[5] 在后

---

1 Santayana, *The Sense of Beauty*, §19, p. 53.
2 Ibid., §12, p. 35.
3 Ibid., §13, p. 37.
4 Ibid., §14, p. 40.
5 Ibid., §14, p. 41. 审美反应与审美判断虽然因人而异、因文化而异，但这对桑塔亚纳来说不是问题，因为他从来不认为审美判断必须是普遍有效的。事实上，他认为这是不可能的。参见 ibid., §9, pp. 26-28; §31, pp. 79-82。

一种情况中，我们已经用到了双重性——因为一个图像是由颜色和线条等质料组成的，这些质料以某种方式相互构形、相互联系——这是前一种情况所没有的。但不管如何，当桑塔亚纳在下一章中把形式作为美的第二个主要层面时，我们便得到了一种双重性。现在的主要观点是，质料和形式可以是愉悦的来源，而且质料和形式都有愉悦的、情感上的关联。目前，我们就质料而论质料，以"颜色的价值"为例，各种颜色的价值"明显不同，并且，这种不同和其他感觉的不同有相似之处，正如香甜的气味与辛辣的气味、高音与低音、大和弦与小和弦，它们对感官的刺激各不相同。因此，红色与绿色不同，绿色与紫色也不同"，并且，每一种属性都可能有它自己的"情感特质"（emotional quality）。[1] 桑塔亚纳认为，特定的感觉可能会让人身心愉悦。因此，绘画表面的一些痕迹或其他艺术媒介中与之类似的痕迹可能已经使我们身心愉悦了。

这样一来，感觉就可以被理解为令人愉悦（或不悦）的形式。桑塔亚纳探讨形式问题的出发点是，我们对某些形式的**感知**包含了令人愉悦的生理活动，例如，"流畅而优美"的曲线会诱发"眼部肌肉自然而有节奏的运动"，这是令人愉悦的[2]，而他所说的对于其他形式的**统觉**则牵涉到一种更为智能的感知能力以及它所特有的愉悦（正如"对称性"所表明的那样[3]）——自然主义者桑塔亚纳并没有在生理和智力之间划出任何明显的界限。但是，尽管这些形式（以及我们对它们的感知、统觉）是令人愉悦的，它们似乎没有任何明显的情感关联。然而，随着桑塔亚纳继续他的论述，他认为形式也可以具有情感关联。例如，"在一致性中感觉到的多样性"可以给我们提供一个"无限"的概念，而"无限"又

---

[1] Santayana, *The Sense of Beauty*, §17, p. 47.

[2] Ibid., §21, p. 58. 在此，桑塔亚纳的论述会让人联想到威廉·荷加斯在《美的分析》（*The Analysis of Beauty*, 1753）中对"蛇形线"（serpentine line）的美所做的解释。

[3] Santayana, *The Sense of Beauty*, §22, p. 60.

会导致我们"难以忍受的焦虑感和敬畏感"。[1] 在其他情况下,"我们学会在自然中看到"特定的形式"并将(它们)供奉在艺术中"[2],而"这些形式可以带有明显的情感关联"。例如,"(美)在灵魂与自然之间承诺某种可能的一致性,由此,我们把它(作为)至善信仰的根基",这当然是带有强烈情感的思想。[3]

最后,桑塔亚纳将美的第三个层面描述为"表达",这一概念指的是对象的"特定性状和特质"(certain tendency and quality),这"不是它们原本的意义和基调,因为原本的意义和基调也是其他对象和感觉的恰当特征,它们则会在我们的经验中与目前的对象相联"[4]。桑塔亚纳的意思是,审美对象呈现给我们的质料和形式(无论是被我们自然地视为图像还是用沃尔海姆的方式"表现"为图像)会引导着我们超越它们自身并将我们带到与这些思想相关的思想、情感中去。这些思想和情感可能是(也可能不是)已经被质料和形式本身所激发的情感。"因此,表达可以在不经意间透露出它自身所蕴含的东西,由此造就美。或者说,它也可以加强自身已经拥有的美。"[5] "例如,一个词通常因为它的意义和联想而变得美丽;但有时,这种表达之美也会被附加到这个词本身的音乐特质中去。"[6]

桑塔亚纳通过两种"概念"之间的区别来解释"表达":"在所有的表达中,我们可以……区分两种概念:第一种概念是实际呈现的对象、

---

1 Santayana, *The Sense of Beauty*, §25, p. 67. 在此,桑塔亚纳似乎考虑到了康德的崇高论。
2 Ibid., §36, p. 94. 在此,桑塔亚纳的观点可以和阿奇博尔德·艾利森(Archibald Alison)的观点联系起来,参见 Archibald Alison, *Essays on the Natures and Principles of Taste*, first edition (1790), second edition (1811).
3 Santayana, *The Sense of Beauty*, §67, p. 164. 这段话其实是他这本书的结语。在此,桑塔亚纳很可能考虑到了康德在《判断力批判》第 42 节中对美的"智性兴趣"所做的论述。
4 Ibid., §48, p. 119.
5 Ibid., p. 120.
6 Ibid., p. 121.

语词、图像、可表达的对象；第二种概念是暗含的对象，进一步的思想、情感或图像，被表达的对象。"[1] 这听上去好像他把表达理解为一种双重而非三重的概念。但他并不是这样理解的，因为第一种概念（可表达的对象）本身可以被理解为是双重的——在桑塔亚纳的模型中，它由质料和形式构成；而在沃尔海姆的模型中，它由被标记的表面和形象构成。而第二种概念（被表达的思想和／或情感）则是由第一种概念表达、传达的，它本身包含这两个层面，因此，数一下就会发现，它实际上是美的第三个层面。如果你认为情感要以（与第一种概念相关的）思想为先导，那么，这第三个层面自身将由两部分构成。由此，三重性将变成四重性。[2] 但是，桑塔亚纳的论述是开放的，他认为第三个层面可能由思想**或**情感构成，也可能两者兼而有之：这种情感究竟产生于它和第一层概念的关联还是它和（第一层概念所蕴含的）思想的关联，这是个开放的问题。无论如何，桑塔亚纳强调，从现象学的角度来看，美或艺术意义的多层经验（无论有多少层）都是融合在一起的："第二层概念的价值必须包含在第一层概念之中，因为表达之美与单纯的感知行为一样是内在于对象之中的。它会和之后的（审美）进程相联，也会受之前的印象影响。"[3]

桑塔亚纳乐于强调"表达"中的这两种概念，因为它们解释了为

---

[1] Santayana, *The Sense of Beauty*, §48, p. 121.

[2] 甚至是五重性：德维特·帕克大概受到了桑塔亚纳的启发，他列举了审美经验的五重要素，它们是（1）"作为表达媒介的感知"，（2）附加在这种感知上的"感觉"或"情绪"，且"不同于它们所意指、表现的任何东西"，（3）第（1）种要素可能表现的"事物"、"理念或意义"，（4）"这些理念轮番……引发的"情感，（5）"来自不同感官部位的图像……它们与理念或意义相伴而生，并使它们具体而完整"，这显然超越了我们在艺术作品的物质媒介中直接"看进"的任何东西。参见 Parker, *Principles of Æsthetics*, pp. 53–54；对此的讨论可以参见 Guyer, *A History of Modern Aesthetics*, vol. 3, pp. 266–280，特别是 p. 270。

[3] Santayana, *The Sense of Beauty*, §48, p. 122. 罗伯特·霍普金斯（Robert Hopkins）在他最近关于"描绘"（depiction）的论述中也强调，感知和概念在现象学上融合于"经验之中"，这便是他对艺术性描绘的回应。参见他的 *Picture, Image, and Experience* (Oxford: Oxford University Press, 2009)，例如 pp. 132–133。

何"表达对象所获得的价值往往与被表达对象自身所拥有的价值完全不同"[1]。由此，它们还为我们理解门德尔松的混合情感理论提供了一条进路（混合情感源于各种复杂的审美现象），尤其解释了他是如何解决古典悲剧的悖论的。[2] 但我要强调的是，他意识到了质料、形式和表达这三种美的主要来源中的任何一种都可以是艺术中**愉悦**和**情感**的潜在来源。我们对它们的经验是艺术愉悦的一部分，即便艺术中的情感有时并不快乐，但联想到情感自身以及它们所处的日常语境，也可以是令人愉悦的。桑塔亚纳从康德身上汲取了很多东西（尤其是心灵在鉴赏、构建形式时会产生愉悦），但桑塔亚纳也不反对情感是趣味的"野蛮的"补充，他认识到情感关联在审美经验的每个层面上都有它的可能性与价值。情感与我们对特定质料、形式的经验相联，它也在概念上、智性上与美的前两个层面相联，因此，桑塔亚纳表明，多元的（而非一元、还原论的）美学理论是必要的。

在我进一步探讨这一点之前，请让我补充一下，沃尔海姆也注意到了这种多元性。《作为一种艺术的绘画》表明，沃尔海姆对"什么构成了三重性的第三层面"这一问题的理解与桑塔亚纳一样复杂。我们可以忽略沃尔海姆那些意图主义的细节，他研究艺术的方法是通过描述艺术家如何向观众传达（communicate）作品的意义并将重点放在传达的层面上（我无意质疑这一点）。沃尔海姆在第二讲中首次将表象描述为有意"看进"的东西，接着，正如我们已经注意到的那样，他认为表象传达的是"文本意义"，但在绘画的情况下，我们只能将其理解为文学作品之命题意义的类似物（或是更广泛地加以理解），由此创造一个适用于所有艺术的概念。就一幅画或它的主体部分而言，文本意义可能只是

---

[1] Santayana, *The Sense of Beauty*, §50, p. 124.

[2] Ibid., §§55–58, pp. 134–143.

一个概念,而不是一个命题(就像沃尔海姆在第三讲中阐述的那样)。他延伸出去分析了马奈作品中的"全神贯注"并把它视为许多画作的主题。在第五讲中,沃尔海姆展示了一件作品或作品中的主体部分是如何表达一种特殊情感的。他从安格尔(Ingres)的作品以及弗洛伊德的病人"狼人"所画的图画中揭示出父权的焦虑。沃尔海姆对精神分析的喜好是出了名的,所以他不会认为艺术家的意图(尤其是他要传达特定理念的情感意义的意图)必须完全发自艺术家的自我意识。对沃尔海姆来说,艺术作品的创作当然是有意识的,但并非艺术表达的每个层面都需要意识。在第四讲中,沃尔海姆展示了艺术家如何表达他的文本意义,表达的方式不仅是通过他自己的图像,而且是通过他从其他画家那里借来的图像。在第六讲中,他还解释了图像隐喻是如何表达文本意义和情感意义的。最后一堂讲座结束时,他解释了乔凡尼·贝利尼(Giovanni Bellini)的《圣徒克里斯托弗、杰罗姆和图卢兹的路易斯》(*St. Jerome with St. Christopher and St. Louis of Toulouse*,约 1513 年,藏于威尼斯圣乔瓦尼基督城)这幅作品。这幅画中的图像隐喻是圣杰罗姆坐在一棵无花果树下,他正在翻译圣经(身边没有他的狮子)。我们透过一个拱门向他看去,而其他两位圣徒正站在拱门前(这幅画有很多的双重性)。沃尔海姆写道:

> 这幅画的表达价值是显而易见的。这是人与自然的全然和解,有两个尖锐的细节使之典型化:一是无花果树这个有趣的存在,它让圣杰罗姆立刻拥有了一座诵经台和他所需的稀疏阴影,二是圣人自身不可思议的简化轮廓。[1]

沃尔海姆说了更多,但我只想指出,在他的论述中,这幅画的核心隐喻

---

[1] Wollheim, *Painting as an Art*, p. 354.

表达了一个概念，即人与自然的全然和解。这显然是一个充满情感的概念、一个充满了人类最深情感的概念，这是一种在自然中栖居（而不是与之格格不入）的感觉。事实上，沃尔海姆在结束讲座时所用的按语基本上与桑塔亚纳在一个多世纪前所用的按语如出一辙，正如我们在桑塔亚纳《美感》的最后一句话中读到的，"美是灵魂与自然之间可能的一致性的承诺"[1]，这确实是一个充满情感的想法。

这个例子表明，我们对艺术作品的经验（例如贝利尼的圣杰罗姆）是三重的，甚至是多重的。第一，我们经验到的是画布上的标记。第二，我们经验到的是呈现出来的人类男性形象、无花果树等等。第三，我们明白这些形象是对特定人物的描绘，如圣杰罗姆、圣克里斯托弗和圣路易斯。但是，我们显然需要相当多的文化背景来理解这幅画。并不是所有人都走进过教堂，即便这幅画上有一个标题并且他/她可以阅读它，人们也很难理解这些人物中谁是谁。第四，我们可以理解这些人物所蕴含的一个理念，例如人与自然的全然和解（尽管这听起来更像是康德或桑塔亚纳对绘画的解释，而不是正统的基督教解释）。第五，我们可能会对最后一重经验（事实是我们会对之前所有的"多重"经验）产生多种多样的情感反应。我们对绘画的经验（像贝利尼的那幅画）绝不仅仅是双重的，事实上也不仅仅是三重的，而是多重的。

当然，这一想法提出了许多问题。例如，经验的所有层面是否可以同时存在（正如沃尔海姆最初提出双重"看进"的两个层面一样）？[2] 为了让审美经验算作是 n 重的，是否每个人都必须经验到这种 n 重性，甚至更多？但这里没有空间去追问这些问题。最后，我只想从中引出两条教益（morals），以此作结。

1　Santayana, *The Sense of Beauty*, §67, p. 164.
2　参见第 176 页注 4。

四、结　语

　　第一个教益是，我所论述的三重性（或 n 重性）模型为美学多元主义提供了进一步的支持，它们替代了审美经验的一元论和还原论，这一点是我在整部《现代美学史》中所提倡的（尽管桑塔亚纳和沃尔海姆在这部作品中已经被归入多元主义之中）。我所说的一元论或还原论是指这样一些思想，它们**要么**认为最恰当的审美反应只能处在形式的自由游戏中（康德持有这种观点，至少他在《美的分析论》前 15 节是这样认为的），**要么**认为这一本质是对（重要）概念和理念的认知（黑格尔的观点），**要么**认为它是情感的交流（托尔斯泰）或情感的明朗化（科林伍德在《艺术原理》中的第一条论点）。被桑塔亚纳和沃尔海姆（甚至还有康德的审美理念论）发展出来的三重性模型表明，艺术作品（也许更普遍地说是审美对象，因为它也可以是自然的作品）可以对**所有**这些潜在的愉悦之源加以利用：我们可以发现、建构形式并通过这些形式表达概念、意义、情感关联（虽然康德并不承认末者），甚至可以表达那些被形式化了的质料（虽然康德对此也持有保留意见），以此享受心灵活动的乐趣。[1] 此外，正如我们所见，情感关联的可能性不必局限于那些（审美）层级中的某一层，例如不必局限于概念意义的表达或交流。它可以在任何层面、每个层面上实现。[2] 如果我们坚持认为这些层面中仅有一层是审美反应的适当对象，并且仅有一层回应了适当的审美反应，那么，我们审美愉悦的源头就被毫无理由（或无充分理由）地限制住了。例如，通过把趣味限制在（人们更有可能赞同的）审美对象的某一方面

---

[1] 在《判断力批判》第 14 节中，康德提出了这样一个观点，即"纯粹的"颜色本身可能具有足够的形式特性（它们产生于光的均匀振动），从而导致真正的审美反应。

[2] 甚至康德也承认，特定的颜色可能具有特定的道德联想（*CPJ*, §42）。因此，如果他承认：(1) 特定的颜色本身可能是审美反应的适当对象，(2) 道德联想具有情感维度；那么，他就可以承认在美的质料中也可能存在以审美为中介的道德联想。

第七章 双重性、三重性和审美多元性

而增加人们在趣味上达成一致的可能性（康德自己在第13—14节中的形式主义动机），或者是在一种形而上学的倾向中寻求审美经验（黑格尔的动机）。

然而，这并不是说每一件艺术作品（或其主体部分），以及艺术的流派或媒介，都必须运用三重性的所有三个特性以及审美愉悦的所有资源（resources）。我们也不能说运用更多特性的作品会比运用较少特性的作品更好。一些特定的作品（或某类特定的作品）在没有充分运用这些资源的情况下也是令人满意的。在沃尔海姆所关注的绘画类型中，例如贝利尼、普桑甚至毕加索的作品，它们显然是通过丰富的色彩、（在被标记的表面之外）构建图像所需的复杂而生动的形式、这些图像所传达的深刻而有趣的主题以及由这些元素所激发的丰富情感来产生愉悦之感的。但是，正如沃尔海姆用纽约画派抽象表现主义画家（如弗兰兹·克莱恩［Franz Kline］、杰克逊·波洛克［Jackson Pollock］、马克·罗斯科［Mark Rothko］或汉斯·霍夫曼本人）的例子所表明的，他们的作品不需要任何（被那些非具象的图像所暗示的）明显的概念性内容就可以唤起强烈的情感。因此，它们只需要颜色和形式就能激发情感，甚至在克莱恩的作品中只需形式，而在罗斯科的作品中只需颜色。这并不意味着它们激发的经验必然不如贝利尼或普桑的作品那样令人满意。无论如何，它们都必须被经验而非**先验**所决定。同样，一部音乐作品，如巴赫的《马太受难曲》（*St. Matthew's Passion*），就明显地涉及大量的听觉材料、复杂的编曲、概念性内容和情感联想。它在所有方面都深深让人满意。而他的另一部作品，如《平均律钢琴曲》，就有可能将自由游戏中的智慧与和声音程（harmonic intervals）、复调结构（contrapuntal structures）联系在一起。但它既没有概念性的内容也没有明显的情感关联，我们除了对它的优秀抱以纯粹的钦佩之外，并不会感到同样的满意。乐器演奏出来的音乐是一个整体，它和抽象画一样，可能会放弃概

念性内容这个层面,而这个层面则有助于(带有歌词和人声的)音乐达到同样强有力的效果。另一方面,文学可能会被谴责为一种概念意义,它需要依靠我们对图像的想象力,而不直接呈现于视觉或听觉之中,因而缺少一个类似于被标记的表面的东西。然而,文学可以通过它编译图像、表达复杂思想的能力而达到与其他任何艺术一样(或更强大)的效果——自从杜博神甫和莱辛的时代以来,理论家们一直在争论这一点。我不想以18世纪的方式抛开艺术的等级制度而以"三重性"概念为基础建立一个完整的体系。[1]我的观点是,哲学家们不必根据艺术(或具体作品、作品的主体或作品的类型)运用了三重性(或更多重)中的多少特性来评判它们的价值。他们不能这样评判的原因还在于,作品取悦我们的方式和程度之间并没有**先验**的关联。美学理论的作用仅仅是向我们展示艺术作品(或自然)**能**(*can*)取悦我们的方式;它取决于经验,以及其在批评中的阐述,如此以向我们展示特定对象**实际上**(*do*)取悦我们的程度,以及其原因。

刘宸译,刘旭光校

---

[1] 这是康德在《判断力批判》第53节中试图做到的。

第八章

什么成了电影中的人?

——斯坦利·卡维尔

一、导　言

"让他的作品难忘的不是对技术问题而是对鲜活经验的关注。"[1]这句话是关于画家大卫·霍克尼（David Hockney），不是关于哲学家斯坦利·卡维尔的。但它也同样适用于卡维尔论电影的著作。卡维尔并没有提供关于作为艺术媒介的电影的一般理论，这种一般理论会包括电影在银幕上投影出动态影像的所有类型，除了对演员的拍摄而形成的虚构故事片外，还应包括动画片、纪录片、新闻片和其他电影类型。卡维尔对电影的论述也不是基于这样的假设：他关注的演员的动态影像和声音要用胶片而不是数字摄影机录制。因此，把卡维尔的理论称作关于电影（cinema）或更明白地说关于影片（movies）而不是关于胶片（film）的会更合适。[2]卡维尔的理论也不试图涵盖所有由拍摄演员而形成的类型

---

[1] Deborah Solomon, "Yet Another Shift in Perspective", *New York Times*, Sunday, September 10, 2017, Arts and Leisure section, p. 84. 我在看到 D. N. 罗德维克写的"卡维尔问……什么成了电影中的物（或人）"之前，已经确定了这章的标题。见 Rodowick, *Philosophy's Artful Conversation* (Cambridge, Mass.: Harvard University Press, 2015), p. 208。我的观点是卡维尔关于什么成了电影中的物的论述，只是为论述什么成了电影中的人做的准备。

[2] 一般而言，"cinema"是个整体的电影概念，比较正式，"movie"则比较通俗，"film"有胶片的意思。这里强调的是，卡维尔所关注的并不在于电影是数字的还是胶片的。——译者注

电影，他不打算哲学化西部片、侦探片、战争片、间谍片、友情片、公路片、动作片，以及其他或新或旧的可辨认的类型电影。卡维尔关于电影的论著集中在两种类型电影上（尽管不完全限于这两种），他称之为"再婚喜剧"和"关于无名女人的情节剧"。对卡维尔而言，这两种类型涉及了人类境况的基本特征，应当像其他媒介（如文学、戏剧、歌剧和绘画）中的伟大的艺术作品一样被认真对待。[1] 然而，使得卡维尔的著作成为电影哲学的，是他关注这种投影出演员的动态影像并伴有演员说话的同期录音（和其他声音，如砰地关上的门、挥动高尔夫球杆的声音，以及背景或前景中音乐的声音）的媒介的具体特征是如何构成了把人在银幕上呈现给观众的方式，以及观众如何在知识和情感上体验并回应这一切。这就是卡维尔把他关于电影的第一本也是最理论化的书叫作《看见的世界——关于电影本体论的思考》（*The World Viewed: Reflections on the Ontology of Film*）的原因。这里的本体论应当在康德的意义上被理解，不是关于独立于人类体验方式的客体或客体的特征，而是人类体验自身世界的方式的本质特征。

威廉·罗斯曼（William Rothman）曾写过："卡维尔论电影的著作能够帮助学院内的电影研究从很大程度上未受质疑的教条中解放出来……（因为）这些教条如电影银幕上呈现的明星是'角色'（personas），是话语性的意识形态构造，而不是真人；银幕上投影出的现实世界是一种意识形态构造，不是真的；甚至所谓的现实世界也是这样一种构造。"[2] 这基本上是正确的，不过卡维尔的作品不只是反对学院派的电影理论，而且是面向包括哲学家和普通的电影观众在内的所有人，这些人可能会由于过分注意这个事实——他们看到的是在黑暗的房间的银幕上闪烁的

---

[1] 但是，卡维尔从未声称只有这些是值得关注的类型电影。

[2] William Rothman, ed., *Cavell on Film* (Albany: State University of New York Press, 2005), Introduction, p. xiv.

人的影像，而不是离他们十英尺或十码的有血有肉的人，从而破坏了对卡维尔所关注的类型电影的体验。卡维尔的电影本体论的核心特征是一种自相矛盾，或者我们可以沿用康德的概念称之为二律背反——观众把银幕上所呈现的**既**看作闪烁的光，**又**看作过着真实生活的真实的人；或者，把这种矛盾说得更复杂一些，观众体验到的是由电影演员产生的闪烁的影像，就好像这些影像中的人是有着真实的爱、恐惧、希望等情感的真正的人，并会对这些产生强烈的感受，这些感受会反过来让人们反思自己的生活。但同时观众清楚地知道演员是在扮演角色，并且银幕上的影像是在演员不在场的情况下投影的。

　　之前的作家当然也注意到了许多审美经验中存在的矛盾。理查德·沃尔海姆写过对绘画的经验的"双重性"，人们既把绘画看成颜料在画布上留下的物理痕迹，也看成图像——无论是一种颜色的平面在另一种之上那样的简单图像，还是像尼古拉斯·普桑的绘画所再现的神话场景那样的复杂图像。[1] 两个世纪之前，摩西·门德尔松注意到像舞台台口（the proscenium arch）这样的艺术媒介的特征，它们使人能够认识到呈现在眼前的、引起人们知识和情感上的反应的只是演员的角色扮演，发生的事件也都是假的。亚当·斯密则注意到人们从"模仿"中得到的愉悦的很大部分来自媒介给人一种和它自身完全不同的体验，比如冰冷的白色大理石却能给我们一种温暖和活生生的人的感觉。[2] 卡维尔并没有引用这些前人的作品，不过即便他这么做了，他依然可以称他关于电影影像的基本观点是有原创性的，他的观点是，在某个层面上观众体验到的是银幕上闪烁的光而不是真实的人，这个事实使得人们被这些影像所刻画的世界拒之门外，但完全了解这个事实也使得人们在另一个层面上

---

[1] 参见 Wollheim, *Painting as an Art*, Bollingen Series XXXV, 33。

[2] Mendelssohn, *Rhapsody* (1761), pp. 131-168, at pp. 138-139; Adam Smith, "Of the Nature of that Imitation which Takes Place in What are Called the Imitative Arts", pp. 176-213，例如 p. 183。

能够完全沉浸在那个世界中，而不必担心可能会干扰角色或者扮演他们的演员，并把那个世界当成真的一样来体验。如卡维尔在增扩版《看见的世界》中对该书的评论《看见的世界补录》一文中所写的："电影中现实不仅仅是被描述或再现。当它在银幕上呈现在我们面前时，很明显它也不是实际在场的（无论如何，肯定不是与我们同在的）。因此我认为使得电影媒介不同于其他事物的，是它呈现在我们面前的现实的不在场，即观众不存在于电影呈现的现实中。（但是）电影注定要通过对现实的呈现（而非现实本身）来反映现实和幻想，在呈现中现实得以自由地表现自身。"[1] 这是卡维尔"电影本体论"的核心，在此基础上他形成了对"再婚喜剧"和"关于无名女人的情节剧"的阐释。

有人可能会问，电影的"本体论"和其他叙事艺术（比如小说或戏剧）的"本体论"有多大的不同。无疑，这些艺术不同于电影，因为它们呈现在我们面前的不是银幕上闪烁的影像，而是书页上的文字或有血有肉的演员在扮演角色，但我们难道不是也像回应真实的人一样对这些艺术做出反应吗？卡姆斯勋爵在思考阅读和于剧场中看戏（但不是看电影）时无疑是这么认为的。他引入了"理想存在"（ideal presence）的概念——它"补足了真实存在的缺失"，"在观念中人们感知到行动和受苦的人，就像真的看到一样"，卡姆斯勋爵还认为"语言激发情感的力量"完全基于"形成生动和清楚的图像"。[2] 但在卡维尔的论述中并没有提出电影由于它的双重性而独具特色的观点，因此我不再深入讨论这个问题。

---

1 Cavell, *The World Viewed*, p. 166.（中译参照：斯坦利·卡维尔：《看见的世界——关于电影本体论的思考》，奇字、利芸译，北京：中国电影出版社，1990年。译文有修改，下同，不再注出。——译者注）

2 Henry Home, Lord Kames, *Elements of Criticism*, vol. 1, ch. II, p. 69.

二、怀疑论和完美主义

卡维尔是迂回地走上论述电影之路的。他 1926 年出生于美国亚特兰大并在这里长大，后来搬到萨克拉门托（加州首府）。卡维尔和大萧条时期的许多人一样，在童年时期经常去看电影。[1] 后来他进入了加州大学伯克利分校（UCLA），并对音乐产生了兴趣。之后他去了茱莉亚音乐学院，但开始阅读哲学著作。因此他回到了加利福尼亚州，成了加州大学洛杉矶分校的哲学研究生。在卡维尔参加一次会议时，他遇到了来自哈佛大学的实用主义者、思想史家莫顿·怀特（Morton White），那时怀特正与奎因（W. V. O. Quine）和纳尔逊·古德曼（Nelson Goodman）一起反对分析–综合的区别（analytic-synthetic distinction）[2]，怀特鼓励卡维尔申请哈佛大学的博士项目。[3] 卡维尔这么做了，博士期间他还成了哈佛的初级研究员。正是在这一时期维特根斯坦的《哲学研究》（*Philosophical Investigations*）出版了，并且卡维尔接触到 J. L. 奥斯丁（J. L. Austin）本人和他的作品，奥斯丁于 1955 年在哈佛做了关于威廉·詹姆斯的讲座，后来结集出版为《如何以言行事》（*How to Do Things with Words*）。两者都对卡维尔关于怀疑论的作品——他的博士论文和最终出版的杰作

---

1 卡维尔在《看见的世界》的前言、第一章以及自传《所知甚少》（*Little Did I Know* [Stanford: Stanford University Press, 2010]）中描述了他自己看电影的历史。

2 怀特对这一时期的描述，参见 Morton G. White, *A Philosopher's Story* (University Park: Pennsylvania State University Press, 1999)。

3 卡维尔最早的几篇论文是关于实用主义的，但他没有再版这些论文。有一次我问他为什么，他说实用主义没有悲剧意识。这一观点他后来在《语言之城》的导言中阐述了，他写道："在我看来，实用主义没有认识到人的不安的深度，或者说人在不伤害自我的情况下（除了忘我时）就不能逃避自我日常持续的分裂，因此实用主义对我的启发虽然重要，但是有限。" *Cities of Words: Pedagogical Letters on a Register of the Moral Life* (Cambridge, Mass.: Harvard University Press, 2004), p. 5. 换句话说，实用主义者认为所有的问题都能被解决，而没有认识到某些问题的不可解决正是人类生活的必要条件。在这个意义上，卡维尔称作"爱默生式的完美主义"的，是对以约翰·杜威为代表的美国实用主义传统的替代。

《理性的诉求：维特根斯坦、怀疑论、道德和悲剧》[1]，产生了重要影响。在初级研究员期满后，卡维尔回到伯克利分校任教，在 1963 年又调到哈佛大学，作为美学和一般价值理论的沃尔特·M. 卡伯特（Walter M. Cabot）讲席教授（最初是副教授）在通识教育项目任教，他之后一直在哈佛。

卡维尔第一本出版的书，1969 年的论文集《言必所指？》[2]，展现了贯穿其学术生涯的对传统哲学问题、文本和艺术作品的反思，而对艺术作品的反思一直会是他作品的特点。但在这本书中他关注的是音乐和戏剧而不是电影，其中有关于现代派音乐的、莎士比亚《李尔王》的和贝克特《残局》(*Endgame*) 的论文。接着是 1971 年他第一本关于电影的书《看见的世界》和 1972 年的《〈瓦尔登湖〉之义》[3]，后一本书对梭罗的《瓦尔登湖》进行了反思，并标志着卡维尔的作品中美国哲学不断增加的重要性。1979 年《理性的诉求》出版，随后是 1981 年的《追求幸福：好莱坞再婚喜剧》[4]，然后是以爱默生的作品和卡维尔称为"爱默生式的完美主义"为核心的几本论文集。"爱默生式的完美主义"是《不可接近的新美国》(1989) [5]、《帅与不帅的条件》(1990) [6] 和《语言之城》(2004) 的主题。《语言之城》是对卡维尔作品的总结，这本书中关于哲学和电影的章节交替出现，其中讨论的哲学家是在卡维尔整个学术生涯中对他而言最重要的，他们或是启发了他或是他的攻击对象；讨论的电影则是对他而言一生中最重要的电影。这本书重新呈现了卡维尔在他活跃的教

---

[1] *The Claim of Reason: Wittgenstein, Skepticism, Morality, Tragedy* (New York: Oxford University Press, 1979).

[2] *Must We Mean What We Say?* (New York: Charles Scribner's Sons, 1969; reprinted, Cambridge: Cambridge University Press, 1976).

[3] *The World Viewed* (New York: Viking, 1971). 本章后文所引均此版本。*The Senses of Walden* (New York: Viking, 1972).

[4] *Pursuits of Happiness: The Hollywood Comedy of Remarriage* (Cambridge, Mass.: Harvard University Press, 1981).

[5] *This New Yet Unapproachable American* (Albuquerque: Living Batch, 1989).

[6] *Conditions Handsome and Unhandsome* (Chicago: University of Chicago Press, 1990).

学生涯的最后十年、在哈佛核心课程"道德论证"的部分课上（以及在芝加哥大学的一次访问中）讲授的内容。其中关于哲学的章节也是他早期在哈佛的通识教育项目、与教古代哲学的罗杰斯·艾布列顿（Rogers Albritton）合开的课程"人文学科5"中（我在1965—1966年上的这门课）讲授内容的产物。同时，卡维尔论电影的第三本书，也是第二本专门讨论好莱坞电影的经典题材《抗争之泪：好莱坞关于无名女人的情节剧》在1996年出版。[1]

我之所以提到卡维尔早期在"人文学科5"课程的一些讲课材料成了《言必所指？》和《语言之城》的哲学章节的内容，特别是他关于《李尔王》和《残局》的论文，是因为这一关系既反映了卡维尔整个学术生涯中的文本和问题意识的深刻延续性，也反映了他的学术生涯的重要发展，即在早期处理了怀疑论的问题后，他发展出对他称之为"爱默生式的完美主义"的阐释。卡维尔对传统哲学中怀疑论问题的回应在《理性的诉求》中已经根本性地完成了，但他关于完美主义的概念和主张那些他关注的好莱坞喜剧、情节剧是完美主义者的"道德生活的体现"的观点，在之后的四分之一个世纪里才充分发展出来，并在《语言之城》中体现得最为明显。但在卡维尔对怀疑论的回应和他对完美主义的理解之间存在深刻的联系。用某些卡维尔自己不用的传统术语来说，我们可以把前者看成他的理论哲学，把后者看成他的实践哲学，二者都是基于这样的信念：无论是在获取知识还是在做道德决定时，人们都不能通过借助标准或规则使我们的判断获得笛卡尔曾经梦想过的确定性，并得出无可指责的结论。相反，人们必须学会接受这样的事实：我们的知识之诉求和关于如何生活的决定都是带有风险的，这是既在认识上有限又在道德上自由的代价。卡维尔的哲学最终是关于人类自由的哲学，

---

[1] *Contesting Tears: The Hollywood Melodrama of the Unknown Woman* (Chicago: University of Chicago Press, 1996).

就像康德哲学一样，而在他一生中吸引他的电影是那些处理人类自由问题的电影。

卡维尔论电影的著作是在他对怀疑论做出了回应并发展出对完美主义的理解的背景下完成的。因此在我们直接转向他论电影的作品之前，有必要对这两方面进行描述。

卡维尔对怀疑论的回应是在《理性的诉求》中体现的，在这本书于1979年最终出版前，他思考这个问题长达二十年。他的看法或许可以和同时期的埃德蒙·格蒂尔（Edmund Gettier）在20世纪60年代关于认识论的观点相对比。格蒂尔认为，知识的传统定义——能被证明的真的信念——是不充分的，因为证明和真相可以分离：你总是可以想出某些特殊情况，其中被认为是对情况为真的充分证明，并不能证明情况就是真的。这使得人们给知识下其他定义，它不基于证明和真相之间的必然联系。比如用"可靠性"（reliabilism）来定义知识，这种定义把任何产生于日常可靠的证明或证实方法的主张看作知识，然而在特殊情况下，一般而言是可靠的结果并不能带来真相。对知识的实用主义定义"被保证的可论断性"有类似的问题。但对卡维尔而言，重新定义**知识**（knowledge）不会对人有任何帮助，这只是语义学上的变化，并没有实际改变什么。卡维尔认为，怀疑论的问题是，它通过彻底拒绝处理世界上的事务来回应不确定性，而他认为更好的做法是：**承认**（acknowledge）许多事的确定性总是超出人的掌控，并学会接受这个关于人类境况的事实。[1] 我说"许多事"，是因为卡维尔从未反对在逻辑或数学等问题上获得确定性的可能，他关注的是人们确定对外部世界的知识的可能性或不可能性，其中首要的是对自身和对他人的认识。而且

---

[1] 关于卡维尔对怀疑论的立场的简短但深刻的描述，参见 Timothy Gould, "Stanley Cavell: Survey of Thought", in *Encyclopedia of Aesthetics*, ed. Michael Kelly, second edition, 6 vols (New York: Oxford University Press, 2014), pp. 27–33, at pp. 27–28。

学会接受我们关于人类境况的认识的有限性并不是一件小事，这不是耸耸肩膀而后毫不改变的行为，也不是收敛自身、限制探寻和行动来最小化犯错的风险，而是学着在有风险的情况下如何继续前进，我们可能会认为首要的是在人际关系中，而卡维尔会更直接地说首要的是在爱和友谊中。

卡维尔的重要作品《理性的诉求》，更像是扩展的对话而不是教科书式的阐述，它的观点难以总结，在这么短的篇幅内更是不可能做到。这本书可以被认为开始于对维特根斯坦的"标准"（criteria）概念的阐释。一些人认为维特根斯坦通过"标准"指的是使用概念的条件，即如果概念被正确使用，就会保证观点的正确性。但在卡维尔看来，可能除了在分析判断的有限领域，没有什么能做到这一点。在使用概念时满足公认的标准，这是确认形成的观点为真的最佳情况，但即便如此，观点也不一定是真的。如卡维尔所写，"标准对我们了解存在或现实无疑是必要的，而且……它们可以出于必要被明显地否定……**通常**标准的存在（我们说**那**就是我们称作'被压抑的愤怒'）会保证对象的存在（他真的感到愤怒），但并不是一定的（推断式地？）"[1]。卡维尔的立场可以和格蒂尔相比，格蒂尔认为看似是某个知识宣告的最佳证明的情况有时可能并非如此，比如一个晴天某人在乡村公路上开车，汽车的挡风玻璃很清晰，该人戴着合适的眼镜，在这样的理想环境中这个人自信地做出看到一堆谷仓的判断，但实际上他看到的是逼真的仿制品。（可能他不知道，一部好莱坞电影刚在这里完成了拍摄。）用卡维尔的话来说，在这样的情形下个人常做的，是从看到的对象的部分的表面中"推断"出没看到的但他认为存在的部分，但有时这种推断可能是错误的。不过卡维尔认为，这不应该引起一般化的或笛卡尔式的怀疑——推断总是错误的，或

---

[1] Cavell, *The Claim of Reason*, p. 168.

者不应该进行推断。因为担心这一点，就不冒偶尔会犯错误（而且通常可以被纠正）的风险，是不理智的；即使个人不能总是对现实确信无疑，拒绝承认这个世界的现实却不是理性的而是疯狂的。

但是，对外部对象的知识不是卡维尔真正关注的，他只是借此来介绍他真正关注的内容——我们如何了解自己说的语言的意思，我们是否能够确信他人对我们所说的话的意思甚至我们自己说的话的意思。（因此《理性的诉求》和十年前的《言必所指?》中的主要论文的主题是一致的。）更一般地说，卡维尔关注的是我们如何能够确定他人通过他们的全部行为（包括但不只限于语言）所表达的含义，以及我们通过自己的全部行为所表达的含义。这里他的基本观点是，尽管在学习语言时，我们的确认识到他人通过某些话通常表达的含义，因此也就是我们通过这些话可以通常表达的含义，但在任何情况下都不能保证他人或我们自己通过这些话表达的就是这些含义。因此在从话语到含义的转化过程中总是有风险存在，但是我们别无选择，只能接受这一风险，为它承担责任。用卡维尔的话来说，

> 如果我要有母语的话，我就必须接受"年长者"说的并随之照做；并且他们也要接受我按照他们说的、做的去说和做，甚至要为此喝彩。我们不能提前知道人与人之间相互认同的内容是什么，共识能到什么程度，对语言的责任有多大。但如果我要用自己的声音讲话，我就必须为他人而讲，并允许他人为我而讲。另一种选择……不是私下里为自己讲话，而是无话可讲，没有声音，甚至都不是声音减弱。[1]

---

1 Cavell, *The Claim of Reason*, p. 28.

（以上是在讨论维特根斯坦的"私人语言论证"的背景下。）换句话说，一个人只有在承担了如下风险的情况下，才能拥有为自己发言的声音，成为众人中的一个：不了解他人和自己通过话语所表达的含义。这里，风险意味着在发现自己不理解他人甚至不理解自己所表达的含义时的失望。但是，在这种情况下，疯狂的不是提出对知识的可能性的一般疑虑，而是不能留意到话语和含义可能并不相配，以及爱上某个不该爱的人只因为被他的话欺骗，或是不能爱上某人，因为想要从他的话中得到比他能给的更多。

在《言必所指？》的《爱的避免》一文中，卡维尔将这种洞察用于对《李尔王》的解读，并在《理性的诉求》最后部分用于对《奥赛罗》的讨论。李尔的悲剧来自相信、认可女儿高纳李尔和里根对他的爱的过度宣扬，而不能察知到考狄利娅不浮华的表达背后深刻的爱。奥赛罗的悲剧来自他过度相信伊阿古的谎言，并剥夺了苔丝狄蒙娜辩解的机会，尽管她从未对他说谎，或者说直到她不能解释她丢了意义重大的手帕以前，她从未对他说谎。在这个故事中，对婚姻的错误理解——在婚姻中夫妻二人可以变为一人，二人不再有距离、差异和独立，因此也不会有任何困惑或误解——误导了奥赛罗，因而最终在他发现苔丝狄蒙娜"外部和他也是分开的"、无论在哪方面都超出他的控制时，（他）会认为这是不可原谅的。[1] 但是这种对婚姻的幻觉是一般化的认为人与人之间可以完全相互理解的幻觉的一个例子。就世俗化而言通往幸福的道路，或者就戏剧化而言通往明智的道路，只在于对人不可能总是完全理解他人甚至自己的事实的认可和接受，但我们还是可以爱他人和自己。（无疑李尔和奥赛罗都不能很好地理解他们自己的动机，尽管他们的辞藻很华丽。）

---

1 Cavell, *The Claim of Reason*, pp. 486, 491.

对卡维尔关于奥赛罗和苔丝狄蒙娜的失败婚姻的阐释的讨论,可以直接联系到他对再婚喜剧的讨论,因为他从那些电影中得出的教训是:只有在双方都了解到在真正的结合中他可以做自己、婚姻是一种在相互信任和认可的条件下二人确认彼此的自由的关系,婚姻才会成功而且可以被再次确认。但在直接转向那个观点之前,我们也要对卡维尔的"爱默生式的完美主义"的概念进行评论,因为这在他关于电影的讨论中有所展现,如我所说,他的实践哲学是建立在理论哲学基础上的。

用"完美主义"来描述卡维尔所称的"道德生活的体现"(而不仅仅是他的道德理论)可能会引起误解,因为卡维尔的观点是正如期望"标准"能够带来我们对外部对象的知识或话语的含义的彻底肯定并获得对他人和自身的完全确定的认识是一种幻觉,期望人类行动是完美的、任何道德原则或理论能够为任何情况提供完全确定的指引也是一种幻觉。(这是卡维尔对功利主义、对康德自身和他长期的同事约翰·罗尔斯[John Rawls]的康德主义的批判,这也是为什么他称他的完美主义是"道德生活的体现",而不仅仅是道德原则或理论。这种完美主义不认为每种道德困境都有独特的解决办法,甚至如卡维尔几次指出的,它甚至不那么关注道德困境,而和整体上人们如何过自己的生活更有关系。)[1] 相反,我们必须学会接受人类的努力总是达不到完美的,并有鉴于此学会接受自身和他人。在这一点上,将"爱默生式的(或卡维尔式的)完美主义"称为"不完美主义"似乎更为合适。同时,道德要求我们怀有对完美生活的理想,并继续努力实现它,在这一点上,这个立场可以被称为完美主义,毕竟,或者也许,"完美主义"不是一个丑陋的

---

[1] 按照道德哲学的当代分类,如果卡维尔式的完美主义既不是功利主义也不是康德主义,那它一定就是"美德论"(virtue theory)或"道德特殊主义"(moral particularism)。但后两种也倾向于假定在每种情况下都有正确的行为方式,即便这种方式不能从规则中推导出。卡维尔式的完美主义并不假定这一点。

新词。如上面已经指出的,卡维尔在 20 世纪 80 年代以后开始写作一系列关于"爱默生式的完美主义"的论文,他对这一点的最清晰的表达可以在《语言之城》的导言《代替教室》("In Place of the Classroom")中看到,这也是(除了自传《所知甚少》外)他对哲学和自己长期关注的电影的最终陈述。他清晰地写道:

> 在爱默生和梭罗对人类存在的理解中,达到灵魂的最终状态是不可能的,只能不断朝向爱默生称作"未实现但可实现的自我"迈出步伐,这个自我总是但又从不是我们的,这一步不是从坏到好,而是从困惑和自我限制到自我认识和善于社交。[1]

在向柏拉图和康德致意的同时,卡维尔也把完美主义描述为基于"分裂的自我和双重世界的概念,它提供了一种视角,按照世界所能达到的状态对世界实际的状况进行判断"[2]。某人可能会认为自己或周围的人总是达不到某些理想,这听上去似乎会带来失望和苦涩,但也可能是因为他的理想一开始就是有问题的(比如卡维尔认为是再婚喜剧的典范的《费城故事》中被抛弃的新郎乔治·凯瑞奇)。但最终认识到自己或在乎的其他人是不完美的,这是朝向值得珍视的理想迈出了一步,是人能够获得幸福的条件,即便没有人能完全实现这个理想。用卡维尔的话说,"爱默生式的完美主义……明确反对任何最终能够达到完美的观念"[3]。相反,它明智地确定了不断朝向理想前进的观念。奥赛罗是非爱默生式的完美主义者,他不能接受除了最终的完美外的任何结果,但最后什么也没有得到;C. K. 狄克斯特·海文是爱默生式的完美主义者,最终使得翠西确

---

[1] Cavell, *Cities of Words*, p. 13.

[2] Ibid., p. 2.

[3] Ibid., p. 3.

信她也能快乐地成为这样的完美主义者。

卡维尔还常常把完美主义的"道德体现"描述为让我们自己是"可理解的"(intelligible)而不是想出对道德困境的独特解决办法,"让自己被关心的人理解"也意味着让自己能够被自身理解。[1] 我们可以把这一点理解为在这种道德生活的体现中,我们不装作能够证明:我们已做的或未做的,更一般地说,想要和不想要的,是对所处境况的唯一可能回应。但这种理解对我们自己和他人(特别是那些我们在乎的人)是有意义的,因为它证明了我们是理性的人,不是疯子。我这样说,是因为在卡维尔谈论的电影中,人物的滑稽行为看上去常常像疯子的行为,甚至在电影中的其他人物看来就是疯子的行为(比如《育婴奇谭》)。但在主角夫妇最终发现他们的行为可以被自身和彼此理解时,二人就达成了和解,无论这个过程有多漫长,也无论他们是否被世界上的其他人所理解。

在对卡维尔式的完美主义进行评论后,我们已经在通往卡维尔对好莱坞再婚喜剧的阐释的路上。但在到达之前,让我们先看看卡维尔"关于电影本体论的思考"为这种阐释提供的框架。

三、《看见的世界》:自动的世界投影和好莱坞明星

《看见的世界》中核心的、"本体论的"观点是电影把自身作为"连续自动的世界投影"呈现给观众。卡维尔这样总结他对这一观点的阐释:

电影媒介的物质基础(正如在一块平面、有边缘的画布上的颜料是绘画媒介的物质基础一样)是……**连续自动的世界投影**。"连

---

1 Cavell, *Cities of Words*, p. 22.

续"包括影片中不同程度的运动:影片所描绘的运动、一系列描绘运动的画面、剪辑镜头的并置。"自动"强调了摄影的机械性,特别是不用人手参与形成画面和放映时不出现摄影工具。"世界"是指摄影以及对象的本体论事实。"投影"指观看的现象学事实,还指摄影机在拍摄世界时的连续运动。[1]

应当立刻就很清楚的是,这一描述不是关于事物独立于人们体验它们的方式的陈述,像"太阳大约离地球 93000000 英里"一样——尽管它可能预设了对度量单位的人为选择(英里而不是千米、里格或光年的一部分),但太阳和地球的距离的事实是独立于人的经验的。如果这一段话是对客观事实的直接陈述,它会是自相矛盾的,因为剪辑镜头的并置明显是人为选择的产物,因此不是自动的。为了认识到一部典型的电影不是通过打开闭路电视摄像机(或者更好的是,让它自己打开)来制作的,它只是简单地记录前面发生的一切,然后回放(尽管自然会有一些聪明人提出相反的例子,比如安迪·沃霍尔的《帝国大厦》[Andy Warhol, *Empire*])[2]。你不必成为一个电影作者论者(卡维尔也不是)。卡维尔无疑知道以下事实,因为不仅在他讨论的好莱坞经典电影中是这样,在任何被制作的电影中都是这样:一部电影是由导演和摄影师拍摄演员的表演而成的,演员化过妆、穿着戏服、被光照亮,说着由其他人写的、有时自己即兴创作的台词,并且置身于由艺术总监设计、许多工作人员搭建出的场景中,画面拍好后要被剪辑,加上配乐和其他音响效果等等。电影中的一切都是大量人为决策和活动的结果。相反,如上面引用的卡维尔的最后一句话表明的,他的宣告实际上是关于电影的**现象**

---

[1] Cavell, *The World Viewed*, pp. 72–73.
[2] 参见 Cavell, "Crossing Paths," in *Cavell on Film*, ed. William Rothman (Albany: SUNY Press, 2005), pp. 361–382, at pp. 371–372. 卡维尔对电影作者论的评论,参见 *The World Viewed*, p. 9。

学的,关于人们是如何**经验**[1]电影的,或者说那些把电影当作文化的一部分的人是如何学会经验电影的;如果说卡维尔的论述是本体论的话,那么它是康德意义上的本体论,即它是对人类如何体验事物的基本结构的分析——尽管卡维尔并没有主张经验电影的现象学是一种**先验**的本体论,是分析对客体的经验能够产生先天综合判断的原则的必要条件。确切地说,他分析的是在19世纪末期和20世纪早期在欧洲和北美发展出的看电影的活动,这种活动现在几乎扩散到世界各个地方。卡维尔关于电影是连续自动的世界投影的描述,说明的是**我们经验**电影就好像电影是对处在真实环境中的真实的人构成的真实世界的呈现,电影中的人和真正的人一样在做着事情和说着他们所做的,就好像没有所有我们所清楚知道的参与电影制作的人的介入一样,而且也没有**和我们**——观众的互动,甚至没有我们和剧院舞台上的演员的不同程度但通常是最低程度的互动。我们经验投影就好像它们是**自动的**,意味着我们经验电影是通过光投影在银幕上的人物,就好像他们是真人一般。我们把连续投影的影像经验为一个**世界**的投影,意味着我们把他们当作彼此互动以及与电影刻画的环境互动的真人。我们把这一切经验为**投影**,意味着我们把这个世界经验为不能与其互动、我们和它之间被银幕隔开,不过我们可以看到并观察这个世界。

但是,矛盾的是,我们把投影出的世界经验为好像与我们隔开的,最多只能从银幕或窗户中看那个世界(这种印象有时被电影中窗户的影像加强,观众或电影中的人物通过窗户观看,如斯特拉·达拉斯要通过窗户看她女儿的婚礼)[2],这样的事实并不简单地让我们和那个投影世界及其中的人物疏远。相反,这个事实让我们能够沉浸在那个投影世界中,

---

[1] "experience",在此是作为动词,指主体获得关于对象的经验的过程,也可译为"体验",但意义稍有差异。——译者注

[2] 参见 Cavell, *Contesting Tears*, pp. 210–216; *Cities of Words*, pp. 270, 275, 279。

就像墙上的一只苍蝇或窥视孔后的一只眼睛,它们可以经验到那个世界进行的一切,或者就像任何人观察其他人能经验到的,被观察的人并没有注意到我们或因我们的存在而干扰到他们正在做的事情。我们和电影世界被隔开了,正是这一点使得我们能够感受电影中的人,而且是在双方都没有意识到的情况下。电影中的世界是被投影到银幕上的,并且我们和那个世界是隔开的,这一事实,让我们能更加充分地体验那个世界,而不是相反。卡维尔如下描述这一核心观点:

> 说我们想要看到世界本身,即是说我们想要获得可以观看到世界的条件。那是我们和世界建立联系的方式:通过观看它,或获得观看的视角……
>
> 看电影让这种条件可以自动实现,使我们不必承担责任。因此电影似乎比现实更为自然。这不是因为电影让人逃避到幻想中,而是因为电影让我们摆脱个人的幻想及其责任,忘记这个世界**已经**是由幻想构成的事实。而且这不是因为电影是梦,而是因为电影允许自我被削弱,因此我们能够停止把渴望藏到内心深处。电影使我们确认这个世界的现实……[1]

我们把电影经验为连续自动的世界投影,意味着我们经验电影就好像它们是真实世界的投影,而且由于在看电影时我们摆脱了自身日常的关注并沉浸在电影的世界中,我们就觉得电影更加真实了。

艺术媒介允许人们将个人利益放在一边,并因此体验那些**从人们的自身关切**出发无法体验到的人类现实,这是美学中的传统思想,并不新奇。不过卡维尔对这一点在电影中是如何体现的描述是有原创性的。这

---

[1] Cavell, *The World Viewed*, p. 102.

种思考审美经验的方式早期体现在爱德华·布洛（Edward Bullough）遭到误解和诽谤的作品中。他在1912年的论文《作为艺术因素与审美原则的"心理距离"》中举的例子：一个人只有放下对自身安全的担心才能欣赏海上的雾，常被作为对审美只经验形式、颜色等表面特征的证明。[1]但他在这篇论文后面部分对观看《奥赛罗》的体验的讨论，阐明了欣赏海雾的例子只是用来引入他对艺术经验的描述——个人应当把自己直接关注的事情放在一边，以充分体验戏剧中呈现的人物和**他们的**情感。[2]而且布洛1907年在剑桥大学关于美学的讲座，进一步使这一点清晰了：艺术经验正是以这种方式使得人们能够超越自身个体生活的有限现实，扩展有关人类可能性的概念。"从美学上讲，我认为我们必须把艺术的功能、在世界上的作用，看作对完整人格的扩大和丰富，对总体意识经验的增加和促进……只有'审美文化'能对我们整个人进行教育，丰富我们**所有的**能力，并且扩大总体的内在生活，使其超出现实生活分给每个人的一小部分。"[3]卡维尔的电影本体论，他关于电影的现象学——人们把电影经验为连续自动的世界投影，正是展现了这种教育是如何通过电影实现的。

另一个电影更具体的特征，或至少是卡维尔关心的那种电影的特征是"明星"，通过这种特征电影达到了教育效果。如卡维尔所写，"舞台上，演员把自己变为角色；银幕上，表演者把角色加到自己身上"[4]。尽管从生理学的角度来说，我们在银幕上看到的只是一些闪烁的光，我们却

---

[1] Edward Bullough, "'Psychical Distance' as a Factor in Art and an Æsthetic Principle", *British Journal of Psychology* 5 (1912): 87–118; reprinted in Bullough, *Æsthetics: Lectures and Essays*, ed. E. M. Wilkinson (Stanford: Stanford University Press, 1957), 例子在第93—94页。

[2] 参见 Bullough, "'Psychical Distance' as a Factor in Art and an Æsthetic Principle", pp. 97–98。

[3] Edward Bullough, "The Modern Conception of Æsthetics", in Bullough, *Æsthetics*, pp. 87–89. 关于布洛观点的更多扩展讨论，参见 Guyer, *A History of Modern Aesthetics*, vol. 3, pp. 150–157。

[4] Cavell, *The World Viewed*, p. 27.

认为看到的是真实的人在扮演或"呈现"某个具体角色。不过反过来我们也会通过某个演员曾经和正在扮演的角色，而不是他生活中的样子来定义他这个真实的人。"在《马耳他之鹰》(The Maltese Falcon)后，我们认识了一位新明星，他对我们而言只很遥远地是一个人。'鲍嘉'[1] **意味着**'在一组电影中创造出的人物'。"[2] 所有这一切：我们通过明星呈现的角色认识他，但我们对他这个人的看法也被他所呈现的角色所定义，他个人似乎只是使我们远离了一部特定电影投影出某个特定世界的现实。我们怎么能够把银幕上闪烁的光当作好像这真的就是萨姆·斯佩德，一个叫作萨姆·斯佩德的强硬的私家侦探，而同时又把那个人物当作亨弗莱·鲍嘉，或至少是"鲍嘉"呢？即我们既把他看作真正的人，但同时也看作是一个被他的典型角色所定义的人（而不是真实的劳伦·白考尔[3]可能认为的有爱的丈夫）？表面上看我们关于明星是真人的观念会使得他的角色对我们而言减少而非增加真实性。但事实可能是我们知道电影演员是真实的人（即便不是人们基于他们的典型角色而想象他们所是的那种人），使得银幕上闪烁的光对我们而言更为真实，而不是相反。我们知道银幕上的影像是通过拍摄真人产生的，这使得他们对我们而言不只是单纯的影像。而且即便我们通过典型角色认识明星、将其定型化，比如把银幕上的人看作定型化的"鲍嘉"而不是亨弗莱·鲍嘉，那也至少使得一种**类型**对我们而言是真实的。用卡维尔的话来说，"我们必须注意到（银幕）表演者也塑造出一个角色——不是作者创造的那类角色，而是某些真实的人所是的：一种类型"[4]。某种意义上，电影明星是一种幻想，"鲍嘉"而不是亨弗莱·鲍嘉，"斯坦威克"而不是芭芭拉·斯坦威

---

1 电影《马耳他之鹰》中男主角萨姆·斯佩德的饰演者亨弗莱·鲍嘉。——译者注
2 Cavell, *The World Viewed*, p. 28.
3 演员亨弗莱·鲍嘉的妻子。——译者注
4 Cavell, *The World Viewed*, p. 29.

克或鲁比·凯瑟琳·斯蒂文斯（她的本名），但同时明星也是真实的人，使得银幕上闪烁的影像对我们而言也成为真人。当然，这一切随着当代电影中越来越多地使用电脑生成的角色可能会被改变，至少在一些类型中是如此。但卡维尔并不试图为投影到银幕上的任何动态影像找到绝对必要的条件，他只是为某些类型的电影，可能只在它们历史的某一时期找到典型的"本体论的"条件。

以上内容足以说明卡维尔的电影本体论，或他关于电影媒介运作方式的描述。现在让我们考察他最关注的两种类型电影。

四、再婚喜剧

再婚喜剧指的是这样的浪漫故事：一对曾经或正式或象征性地结婚了的夫妇，之后却因为各种各样的不信任、错误预期和外部压力分手了，最终发现他们还是应该在一起，但这种发现只有在双方都学会了接受彼此和自身身上所有的与人类境况有关的长处和不足——最主要的长处是在接受对方有类似的自由的情况下，做自己的自由——之后才能产生。卡维尔认为有七部喜剧构成了这种类型，尽管有其他电影带有再婚喜剧的类型的特征，而且原则上可以举出更多的例子。它们按照时间先后是《一夜风流》(*It Happened One Night*，弗兰克·卡普拉导演，1934)、《春闺风月》(*The Awful Truth*，莱奥·麦卡雷，1937)、《育婴奇谭》(*Bringing Up Baby*，霍华德·霍克斯，1938)、《女友礼拜五》(*His Girl Friday*，霍华德·霍克斯，1940)、《费城故事》(*The Philadelphia Story*，乔治·库克，1940)、《淑女伊芙》(*The Lady Eve*，普莱斯顿·斯特奇斯，1941)和《亚当的肋骨》(*Adam's Rib*，乔治·库克，1949)。卡维尔认为《费城故事》在许多方面是这种类型电影的典范，因为电影中的翠西·劳德（凯瑟琳·赫本饰）和 C. K. 狄克斯特·海文（加里·格兰特饰）先结婚后离婚，结尾又再婚，实际上举办了他们第一次由于私奔而逃避的婚礼。这发生在翠西发现她选择了不合适的新郎乔治·凯瑞奇（约翰·霍华德饰），并和闯入她生活的新闻记者麦考利·康纳（詹姆斯·史都华饰）有了意外的交往之后，最终翠西确信自己不是女神，尽管拥有财富和美貌，但是个普通人，并准备好和她原来的丈夫——他一直是一个诚实的人，有爱喝酒的缺点，也因此被翠西拒绝——进入一段真正的关系中。《春闺风月》同样可以被当作这种类型的典范，因为这部电影中的丈夫杰瑞·华瑞纳（同样由加里·格兰特饰演）和妻子露西（艾琳·邓恩饰），都学会了在选择忠于彼此的同时信任自己和对方，特别是要相信双方都可以自由做出决定而不会让他们的婚姻处于风险中。在这部电影中，不仅是女性被几个男人教育，让她认识到自己的人性，而且双方都被教导从而认识到：在他们自身、对方以及那些他们之外的人有弱点的情况下，做一个真正的人、一个最终能够理解彼此和自身的人意味着什么。

关于这些电影可以提出的一个问题是，当普通人和其中角色的容貌、财富相距甚远的情况下，这些电影如何能够教给我们有关结合人类自由与其终极的主题——亲密的爱——的可能性的条件？对这个问题的社会学答案是，当时的电影观众只是想摆脱大萧条和二战准备阶段日常生活的贫穷状态。（这七部电影中的六部都是在美国1941年12月参加二战前拍的，除了《亚当的肋骨》是在1949年上映的，因此它处于一些女性努力把握战时条件下女性工作条件改善的机遇的时期，这部电影中，妻子阿曼达·邦纳［再次由凯瑟琳·赫本饰演］是一位富有魅力的律师，比她的丈夫地区助理检察官亚当［斯宾塞·屈塞饰］更有魅力，而不是一位普通的职业女性。）但是，基于卡维尔在《看见的世界》中对电影本体论的分析，他对这个问题的回答会是：凯瑟琳·赫本、艾琳·邓恩和加里·格兰特这样的明星的魅力，和他们所处环境的富裕

(如劳德一家在费城不可思议的奢华地产），尽管一方面使得观众不能认为自己真的参与到那个世界中，就像他们看到的实际上只是银幕上闪烁的光造成的这个事实一样，另一方面也使得观众有可能忘记自身、完全沉浸在那个投影在他们面前的世界和其中的活动中。进一步可以认为，赫本、邓恩和格兰特以及亨利·方达（《淑女伊芙》的男主角）这些演员的不可否认的魅力和少许弱点的结合，演员吉米·斯图亚特在这些特质外还具有的普通人的感觉，使得这些角色和他们的行为能被普通观众接受，同时也把这些演员塑造为无与伦比的明星。

卡维尔对《费城故事》的寓意总结，我们可称之为是在两种意义上清楚地表明了：爱中存在风险，成为成年人的基础是愿意为爱冒险。的确，在翠西拒绝了多疑且控制欲强的乔治、同意了狄克斯特的求婚从而拯救了婚礼后，她问狄克斯特是否愿意承担再婚的风险。二人都承认已准备好承担风险。我们可以看到这种风险的严肃性和成为真正的人的困难：翠西告诉她父亲，她想成为有人性的人，而不是女神，但她却不能自己对婚礼宾客发言（尽管一种不太厚道的解读是，虽然翠西确实成了有人性的人，但她要狄克斯特帮忙才能把对宾客的话说完整，说明她还没有完全成为成年人）。[1] 在《语言之城》中，卡维尔以自己成熟的完美主义的观点来表达他的阐释。完美主义是道德生活的体现，同时也体现在电影中的主角身上：

> 他认识到道德生活的困难不是产生于对义务的无知，而是不清楚自己渴望、喜欢和厌恶什么，比如，是否想要和婚姻有关的责任，是否能够承担离婚带来的失败感，你承认自己渴望在这个世界

---

[1] 这个观点来自帕梅拉·福（Pamela Foa）。

上有所作为，但你却无法付诸行动，这是否只是因为恐惧或你想要变得完美、完整、不需要人类陪伴的虚荣心。第二，提出这种困惑本质上需要来自朋友的理解。第三，强调为了使某人在困惑的情况下能够面对另一个人，特别是当她没有向这个人寻求建议时，需要证明这个人是和她站在同一道德立场上的。[1]

这并不是说把自己的欲望和恐惧告诉一个朋友，一个最终成为配偶的朋友或最终成为朋友的配偶，就能保证问题的成功解决。没有什么能保证这一点，电影也只能呈现相互有交集的人的生活的下一阶段的开始，就像《费城故事》结尾处的结婚的场景，它明显被变为一张快照，因而电影终止了对二人生活的叙述，既没有展示也没有声称"他们从此过着幸福的生活"。但作为爱默生式或卡维尔式的完美主义者，既然主人公朝向成年人自由但有爱的生活的理想冒险地踏出了一步，那么他们就有更多理由相信有可能实现并且了解到要如何实现这种理想。

《春闺风月》清楚表明了这需要双方愿意承担变化的风险。这部电影开始于丈夫杰瑞和妻子露西断定彼此不忠诚，露西立刻要求离婚，杰瑞同意了。二人都认为只要有不忠诚就不能有信任，而没有信任就不会有亲密关系，因此离婚是必要的。在一系列意外事件，特别是露西试图让自己对滑稽的、和她不般配的有钱乡巴佬单·里森（拉尔夫·贝拉米饰）感兴趣之后，这对爱人恢复了理智，意识到对彼此的爱及爱中包含的风险，刚好及时地避免了离婚的最终判决。最后一幕包含了好莱坞电影中最富哲学性同时也是最精彩的对话——它完全可能出自赫拉克利特，或像卡维尔所说的是出自巴门尼德的话。结尾杰瑞和露西在露西姑妈的乡间别墅里，和其他人相距几英里，卡维尔认为这标志着他们属于彼此

---

[1] Cavell, *Cities of Words*, p. 42.

而不是其他人，但二人在不同的房间——这是分隔的标志但很快会被再婚克服。杰瑞不断地以一个又一个借口（砰砰作响的门、吱吱作响的弹簧床）从他的房间跑到露西的房间，直到最后在离婚判决生效的午夜来临之前，露西邀请他到自己的床上，这会使离婚判决无效并修复他们的婚姻。在这样的背景下非凡的对话发生了，露西说："情况和以往一样，但你也没变，所以我想情况再也不会一样了。"杰瑞回答："情况是不同了，但换一种方式看还是一样的。你和以往一样，不过我曾是个傻瓜，但我现在不傻了。只要我和以往不一样了，你不认为情况还会和以往一样吗？只有一点不同。"[1] 卡维尔把这段对话阐释为表现了人的本性的双重性，或更一般地说，复杂性，在露西身上是"她社会性的高雅和性爱上的冒险的双重特征"，我们要理解这些以（像卡维尔经常说的）让自己对自身和对他人而言是可理解的。对话中的相同和差异的辩证法也说明了完美主义的另一个特征：在一个层面上，每个人物都和从前一样，有同样的优缺点，有同样的使自由与爱结合起来的愿望，但变了的是现在他们更好地理解自身和彼此了，并且认识到成功的婚姻必须是带有背叛的内在风险的"自由"与对彼此的"信任"的结合——他们让自身可理解了。他们理解了一个极坏但也极好的事实。卡维尔将其描述为他们认识到人的幸福既要有分别也要有团聚："承认他人的差异性，承认不可避免的分离是人类幸福的条件，这是一个可怕的、令人敬畏的真理。"[2] 所有的再婚喜剧都是基于对这一事实的认识。

五、关于无名女人的情节剧

不过有时由于没有足够的基础对差异和身份进行必要的调和，婚

---

[1] Cavell, *Cities of Words*, pp. 377–378.
[2] Ibid., p. 381.

姻不能被拯救。那就是关于无名女人的情节剧的寓意，电影中的女人的真实本性为自己所知，但不为男人（她的丈夫）所知，男人的真实品质却被这个女人所了解。这些电影不是喜剧，至少对女主人公而言不是喜剧，因为结局不是结婚或再婚。但它们也不是悲剧，因为即使女主人公结尾没有结婚，她也不是简单地处于悲惨状态中。如《慈母心》(*Stella Dallas*)中的斯特拉（芭芭拉·斯坦威克饰），她在为女儿而不是自己找到幸福后，最终认识到她必须自己去（为自己）寻找幸福，或是在女儿的幸福中她也找到了自己的幸福，即便这种幸福不是她会为自己选择的。对《煤气灯下》(*Gaslight*)中年轻的宝拉（英格丽·褒曼饰）而言，未来则有另一场不同的婚姻存在的可能性。在前一种情况下，幸福和预期的形式不同，而且考虑到人们一般认为婚姻是必要的，这种幸福可能是不完美的。在后一种情况下，幸福被推延到未被刻画的未来。但根据完美主义，幸福总是不完美并且至少部分是被推延的，总是未实现但还是可实现的，因此它是被期待的。

让我们来看看卡维尔对《慈母心》的解读。在这部电影中，来自工人阶级家庭的年轻女性倾心于来自上层阶级家庭的工厂经理（即便是这个位置还委屈了他），并成功地嫁给了他。他们有了个女儿劳蕾尔，但后来二人分开了，男人最后再娶了一个和他同一阶级的女人，她对劳蕾尔很好。劳蕾尔在上层阶级的环境中长大，后来也嫁给了和她一样同为上层阶级的男性。斯特拉不能参加婚礼，因为那会毁了她女儿的荣耀时刻，最终她只能透过窗帘拉开的窗户往里看，就像其他在富人家外面的看客一样，然后离开了婚礼现场但同时也走向了观众。对这个结尾的一般阐释是斯特拉为了女儿的幸福牺牲了她自己的。但卡维尔对斯特拉离开婚礼现场的阐释是，"这是她的教育的完成：她认识到窗户里的世界、那个她最初哭着要进入的高雅的世界，不属于她"，"劳蕾尔明显渴望的世界——有法律、教会、排他性、财产——不是她喜的"。[1] 当然，卡维尔说"明显"，是因为不能保证年轻的劳蕾尔认为确保她幸福的一切的确会如此，就像她妈妈年轻时认为这一切会确保她的幸福那样。根据完美主义，幸福是可能的，但从不是被保证的。卡维尔在《语言之城》中补充道，斯特拉"对她自身喜好的坚持认可，可以被称为对她自身存在的思考立场，对她自己'我思故我在'的宣告，而这一切如笛卡尔对此的呈现，是在不了解她自己是谁、谁在证明她的存在的情况下发生的"[2]。这有点难以理解，但意思似乎是斯特拉在不完全了解自己是谁或自己在证明什么的情况下，证明了她自身的存在，确认了她的持续存在及这种存在的所有不完美和风险。那是对完美不抱有幻想的完美主义者的立场。

六、接　受

卡维尔论电影的著作在开始出现时，并不符合任何被承认的范式——无论是分析哲学美学、电影理论还是电影批评。他对电影呈现了一个世界这一意义进行了微妙阐释：一方面这个世界似乎是自动产生的，另一方面它似乎又和观众隔开。这不同于巴赞（André Bazin）的更为简单的观点：电影满足了人们对现实主义的渴望。[3] 卡维尔的观点也不符合20世纪在许多哲学美学中占主导地位的形式主义，不符合分析美学以外占主导的、受到阿多诺对"文化工业"的批评影响的意识形态分析方法。但随着这些理论思潮中的一些减弱了影响力，卡维尔对电影的分析如同他对莎士比亚和哲学怀疑论的分析一样，获得了更大范围的受众，而且不只是在英语世界，还在德国、法国、挪威等等。

---

[1] Cavell, *Contesting Tears*, pp. 211–212.

[2] Cavell, *Cities of Words*, p. 281.

[3] William Rothman, "Cavell and Film", in *Encyclopedia of Aesthetics*, vol. 2, pp. 33–39, at p. 35.

关于卡维尔的总体哲学的书的数量不断增加，也有一些书研究他对电影的分析。关于卡维尔的总体哲学的值得注意的书包括：斯蒂芬·马尔霍尔（Stephen Mulhall）的《斯坦利·卡维尔：对日常世界的哲学讲述》(*Stanley Cavell: Philosophy's Recounting of the Ordinary*, 1994)、蒂莫西·古尔德（Timothy Gould）的《听见事物：斯坦利·卡维尔写作的声音和方法》(*Hearing Things: Voice and Method in the Writing of Stanley Cavell*, 1998)、埃斯彭·哈默（Espen Hammer）的《斯坦利·卡维尔：怀疑论、主体性和日常》(*Stanley Cavell: Skepticism, Subjectivity and the Ordinary*, 2002)和伊丽莎白·布隆芬（Elisabeth Bronfen）的德语著作《斯坦利·卡维尔介绍》(*Stanley Cavell zur Einführung*, 2009)。关于卡维尔论电影的著作包括：威廉·罗斯曼和玛丽安·基恩（Marian Keane）的《阅读卡维尔的〈看见的世界〉：关于电影的哲学视角》(*Reading Cavell's* The World Viewed: *A Philosophical Perspective on Film*, 2000)、劳伦斯·卢（Lawrence Rhu）的《斯坦利·卡维尔的美国梦：莎士比亚、哲学和好莱坞电影》(*Stanley Cavell's American Dream: Shakespeare, Philosophy and Hollywood Movies*, 2006)。《电影-哲学》(*Film-Philosophy*)期刊2014年的一期专门讨论了卡维尔的作品，作者有大卫·麦克阿瑟（David Macarthur）、丽莎·特拉海尔（Lisa Traheir）、罗伯特·辛纳布林克（Robert Sinnerbrink）等。D. N. 罗德维克的《哲学的艺术对话》(*Philosophy's Artful Conversation*, 2015)把卡维尔的哲学放在从19世纪晚期开始的关于人文主义与自然-科学的理解模式的差异的讨论的背景下，并把卡维尔关于电影的作品和吉尔·德勒兹（Gilles Deleuze）的著作相比，这也就把卡维尔放在英美分析哲学和大陆现象学哲学的对立阵营中间。考虑到卡维尔既把维特根斯坦和J. L. 奥斯丁，又把海德格尔当作他的总体哲学和在《看见的世界》中对电影的研究的启发者，这种做法是可理解的。尽管在卡维尔的学术生涯中，他被许多哲学专业的人看作是局外人，然而到他 2018 年去世时他越来越被认为是 20 世纪后半叶最有持久影响力的美国哲学家之一，并且在对这个世纪最重要的艺术之一——电影的意义的讨论中发出了有原创性、启发性的声音。[1]

沈若然、刘旭光译

---

[1] 我对自由的内在风险或卡维尔称之为作为（being）、成为（becoming）人的讨论，得到了我的妻子帕梅拉·福对《费城故事》《春闺风月》和《奥赛罗》的分析的帮助。我还要感谢她仔细读完了整篇论文。

第九章

美与爱

——亚历山大·内哈马斯

在《只是幸福的承诺：美在艺术世界的地位》中，亚历山大·内哈马斯发现："康德援用了一套机制——想象力和知性的'自由游戏'——来支持自己的观点，即鉴赏判断归结于每个人的赞同，无论谁声称某物是美的，他都希望**每个人**可以赞同自己讨论的对象。康德断定这套机制对每个人来说都是一样的，并且总是神秘莫测。"相反，内哈马斯强烈反对良好的趣味只有在对任何人、每个人都有效的判断中才能表达出来——"无论如何，认为美学以一种普遍的声音说话的代价是过高的"[1]——他反对康德将鉴赏判断分析为普遍的、主观的有效性，同时，他也反对想象力与知性的自由游戏。内哈马斯对美的幸福承诺的解释本身可以被理解为一种对愉悦的理解，即让想象力在知性的规律性所设定的广阔边界内发挥作用。内哈马斯的主题是"爱美"（love of beauty），他强调艺术对情感的影响，认为我们对某件艺术作品的爱就像对某个人的爱那样，是与探索、理解对象的欲望密不可分的。换言之，爱美离不开审美经验在认知方面的认识，也离不开探索的过程，它既需要想象力，又需要我们能把风险看开。这里既包括对象让我们失望的风险，也包括

---

1 Alexander Nehamas, *Only a Promise of Happiness: The Place of Beauty in a World of Art* (Princeton: Princeton University Press, 2007), p. 79.

重塑自我的风险——"美指向未来，我们在不知道它会带来什么的情况下依旧追求它"[1]——这些都能被视为审美经验中自由游戏的要素，前提是我们愿意放弃不涉及利害的审美观念，放弃分文不取的审美游戏和代价高昂的赌博游戏之间的僵化界限，而这正是杜博神甫试图在现代美学的开端之处建立起来的。

这样阅读内哈马斯的书似乎不太自然。生于希腊的内哈马斯本科就读于斯沃斯莫尔学院，他跟随门罗·比尔兹利学习美学，随后在普林斯顿大学与柏拉图专家格里高利·弗拉斯托斯（Gregory Vlastos）和尼采专家沃尔特·考夫曼（Walter Kaufman）一起完成了研究生工作，最终成为普林斯顿大学人文学科的埃德蒙·卡彭特三世（Edmund Carpenter III）教授。长期以来，内哈马斯一直把柏拉图和尼采作为他研究工作的北斗星[2]，他对康德不是特别友好。在《只是幸福的承诺》中，柏拉图（而非康德）成了显赫的英雄人物——不是写《理想国》的那个柏拉图（他担心艺术冒充知识可能会导致道德上的无政府状态），而是写《会饮篇》和《斐德若篇》的那个柏拉图（这两篇都由内哈马斯翻译）[3]，他把人体之美视为抵达超验之善的爱的过程的起点。内哈马斯不相信超验之善，也不相信审美经验必然会让我们爱上道德之善，但他确实相信我们对于美

---

[1] Nehamas, *Only a Promise of Happiness*, p. 63.

[2] 内哈马斯以前的作品集中于尼采和柏拉图，尤其是苏格拉底的形象：他的第一本书是《尼采：文学的生活》(*Nietzsche: Life as Literature* [Cambridge, Mass.: Harvard University Press, 1985])，第二本书是《生活的艺术：从柏拉图到福柯的苏格拉底式反思》(*The Art of Living: Socratic Reflections from Plato to Foucault* [Berkeley and Los Angeles: University of California Press, 1998])。这本书集中讨论了一个悖论，即当苏格拉底的格言告诫我们"认识你自己"时，我们该如何把苏格拉底视为自己生活的楷模？内哈马斯的许多论文都在主题上与柏拉图相关，其中，一篇著名的论文探讨了柏拉图对艺术（对大众文化）的攻击，这篇文章收录在《真实的美德：关于柏拉图和苏格拉底的随笔》(*The Virtues of Authenticity: Essays on Plato and Socrates* [Princeton: Princeton University Press, 1999])中。

[3] Plato, *Symposium*, trans. Alexander Nehamas and Paul Woodruff (Indianapolis: Hackett Publishing Company, 1989); and *Phaedrus*, trans. Alexander Nehamas and Paul Woodruff (Indianapolis: Hackett Publishing Company, 1995).

的经验（无论对象是人还是艺术）的最好描述就是爱，而不是无利害的愉悦。这似乎会导致他与康德之间无法调和的对立——他在书中的第一章追溯了柏拉图（作为一个饱含激情的爱美的哲学家）和叔本华（他在对美的沉思中发现了从所有激情中解脱的可能性）之间的辩证关系，而叔本华那种纯粹的、不涉及意志的知性主体又可看作是康德式的、不涉及利害之愉悦的极端形式。尽管如此，我在这里还是要表明，内哈马斯在解释爱美意味着什么的同时也解释了康德提出的"想象力和知性的自由游戏"。

内哈马斯与柏拉图争辩道，对于美的基本态度是爱——"美离不开知性或欲望"；"最抽象、最具智性的美激发了占有它的欲望，这不亚于最有肉欲的东西会激发我们更好地去了解它的激情"[1]——之后，他的作品批判了某些由康德提出的现代美学基本原则，这些原则也是康德从（一些）18世纪的前辈如哈奇生那里传承下来的。内哈马斯反对审美经验是无利害的愉悦，反对用审美来替代美，"因为这样一来，美学与世界其他部分的关系就被完全割裂开来，它不能承诺任何尚未存在的东西，不能制造幻觉，也不能引发任何欲望"[2]。同时，内哈马斯还反对我们对美的反应是直接的，他反对鉴赏判断是我们对（与我们达成交易的）美的对象的直接而无利害的反应的表达，他拒绝现代美学的"信条"，即"当我们做出价值判断的时候，我们与艺术的交互关系就终结了"[3]。内哈马斯并不认为我们能在美的对象中获得直接的愉悦，他论述道，"美引起的反应太复杂，不能简单地认为是愉悦"[4]，正如爱本身，无论是对一个人还是对一件艺术作品的爱，它们都太复杂了，不能被简单地还原

1　Nehamas, *Only a Promise of Happiness*, p. 7.
2　Ibid., p. 10.
3　Ibid., p. 15.
4　Ibid., p. 24.

为愉悦（尽管其中必然包含着愉悦的时刻）。内哈马斯也不认为批判性判断可以断定与我们达成交易的作品是否具有价值。他认为，一个批判性判断（例如审判结束时通常会有的裁决）只是"这样一个可能或不可能实现的承诺——我们花在一些艺术作品上的时间是值得的"[1]，如果我们选择倾听这样一个承诺，它会开启一个与作品相遇、向作品探索的过程（至少在真正美的作品那里）。这一过程永无止境，也不会得出某个结论——在这方面，对判断之述评的结构**不是**审美经验本身的模型。内哈马斯写道：

> 审判总是以裁决结束，但这些裁决又特别单薄。它们告诉我们的东西很少，像"有力的"、"流畅的"、"窃窃私语的细节"，甚至像"奇妙的"这样的描述，与其说是为了表达某种理性的、增长见识的判断，不如说是为了引发好奇心、激发兴趣，进而邀请我们自己去观看（去阅读或聆听）。这些裁决不是结论，而是激励。[2]

内哈马斯在这一段之前还有一个扩展的论点，他反对弗兰克·西布利（Frank Sibley）和其他人给美学术语或美学"词汇"赋予特殊的等级，反对他们在审美谓词和非审美谓词之间划分明显的区别。其中，非审美谓词（如"蓝色的"）表示一个事物通常的感性属性，而审美谓词（如"优雅的"）则表达了附属于非审美属性的审美反应。内哈马斯认为，"我们语言的每一个部分都可以用在审美上"[3]，也就是说，当它们被用在一场争论中时，我们投入到作品里的时间就是值得的。但是，批评中使用的任何词汇（甚至本应是审美的词汇，如"精致"或"优雅"）都不

---

[1] Nehamas, *Only a Promise of Happiness*, p. 52.

[2] Ibid.

[3] Ibid., p. 50.

具有跨越所有语境的、固定的批评功能——"精致"或许是一件作品的优点,但也有可能是另一件作品的缺点。因此,"精致"可以在某种评论中是赞扬的术语,而在其他地方是批评的术语。[1] 就这点而言,内哈马斯承认康德(以及随后的阿诺德·伊森伯格 [Arnold Isenberg])的观点是正确的:"不可能……有规则可以强迫某人承认某个事物是美的"[2],即便如此,康德(和伊森伯格)也没有意识到一个更普遍的观点,即批判性判断不是一个结论,而是一个邀请。

内哈马斯对"无利害性"、"审美判断"这些标准概念的攻击为他自己将审美经验描述为一种爱的形式铺平了道路,但是最终,他的观点产生了恶果。内哈马斯的论述始于一段描述,即在一家美术馆的开幕仪式上遇到一位美人是怎样的感受:你被一群人包围着,其中一些人你可能认识,而另一些人则不认识。"突然间,一切都变成了背景——除了一双眼睛、一张脸、一个身体,其余的东西都从你的视野中推离出去。她给你一个敬畏和喜悦的瞬间,甚至是充满激情的渴望。至少有一刻,你看到的正是美。"

然后?我知道,当这种情况发生在我身上时,我的第一反应,几乎是无法抗拒的,就是继续盯着看。但是,那种渴望只是一种从远处了解你的努力,它很快就会被接近你、观察你、与你交谈、近距离了解你的欲望所取代……这种冲动源于这样一种感觉:这样做是好的,也就是说——稍稍戏剧性地说——如果你能成为我生活的一部分,它将变得更好。这不是道德意义上的"更好":这个词(就像我所期望的感觉一样)是含糊不清而又缺乏具体内容的,它

---

[1] Nehamas, *Only a Promise of Happiness*, p. 46.
[2] Ibid., p. 47, quoting *CPJ*, §9, 5:21–22。

的范围从直接的愉悦和满足一直到长期生活的整体质量——在吸引的早期阶段,我不知道我能从我们的互动中期待什么。[1]

现在,第一眼看到一个人就被深深迷住,这和充分发展的爱情是不同的——甚至"一见钟情"也不完全是这样——当他/她的美貌邀请我们去更好地了解这个人的时候,也许有很多理由可以解释为何有人不接受这样的邀请——"我不总是这样做,也许是出于羞怯或害怕被拒绝,也许是出于关心别人的感情,甚至是出于我对所作所为之后果的不确定性",因为我已心甘情愿和别人结伴或开始从事别的事情——"但是有时候,我还是会这么做"。[2] 这也适用于艺术作品:一件作品可能会让我觉得它很美,但不管出于何种原因,我都不会顺从它的邀请去更好地了解它——我已深深投入到另一件作品、另一种体裁、另一个媒介中去了。在博物馆里我只剩几分钟时间,然后我必须去开会(正是这场会议让我来到这座外国城市)或者(因为会议已经结束)必须去机场赶飞机……但关键是,对一个人或一件作品之美的最初感觉是一张邀请我们去更好地了解他/她/它的邀请函,而最初的吸引力(虽然还不是爱)或许会在我们更好地理解对象之后转变成爱,变成一种让我们想去更好地了解他/她/它的爱——当然,在最后,更好地了解对象或许会逐渐削弱我们对他/她/它的爱,明显的例子是,面对同一个人、同一件艺术作品(例如斯万和奥黛特适应了"一段冷漠的婚姻",这是内哈马斯引用普鲁斯特的例子)[3],曾经看起来意义深刻的东西最终也有可能变得虚浮而脆弱。

内哈马斯强调,"在所有这些情况下,我对你是美的这个判断(它与激情的欲望相同)决不会构成一种裁决"——一方面,这是某人对最

---

[1] Nehamas, *Only a Promise of Happiness*, pp. 53–54.
[2] Ibid.
[3] Ibid., p. 57.

第九章 美与爱

初的美感与随之而来的欲望之间的复杂关系的看法，另一方面，这也是持久的美感与随之而来的爱，这为内哈马斯批判审美判断及其标准模式打下了基础。其实，我们最初"对于美的事物的反应就是想把它们占为己有，这就是柏拉图把'爱若斯'（erōs）称为占有美的欲望"[1] 的原因，这一观念本身足以破坏审美反应是无利害的传统观念。我们不能把"利害"限制为在经济、法律意义上拥有某样东西的欲望（事实上，这些都是夏夫兹博里在《道德家们》中试图从审美经验的基本观念里排除出去的东西），从广义上说，利害是充分了解对象、享受对象的欲望。

当内哈马斯分析完人的美，转而分析艺术美的时候，美也从最初的邀请变为持久的爱的对象。他在持久的意义上谈论美并将之前的观点总结为："总之，美是我们在一个人身上所爱的一切。当（我们说）爱的**确实**是一切，不是这个或那个，而是那个人本身时，我们说不出那是什么。"——说不出，这是因为我们爱这个人的一切，总有太多的话要说。"我们能说的只是我们已经知道的东西，但它们永远不足以解释作为爱的对象的美，这就使得爱与学习的欲望密不可分。"[2] 接着，内哈马斯将这一说法应用于我们与艺术作品的关系："我们用美与爱的词汇去谈论艺术是相当自然的"，然后，他又从之前对词汇的分析中推断出，"当我发现一件艺术作品很美的时候，我总想知道关于它的更多东西"，并且，"我们之所以不能向别人或自己充分解释为何这样东西是美的，是因为鉴赏判断根本不是一个简简单单的**结论**"。[3] 爱，即使它建立在对美和欲望的最初一瞥之上，它也离不开更好地了解其对象的渴望。"美的事物并非孤立无援，它们会将我们的注意力和欲望导向我们为了理解、拥有它们而必须学习、获取的任何其他事物"，——同样，"拥有"是从广义

---

[1] Nehamas, *Only a Promise of Happiness*, p. 55.

[2] Ibid., p. 72.

[3] Ibid., pp. 74–75.

上来说的（而非狭隘的经济含义）——"它们使生活的感觉活跃起来并给予它崭新的样式和方向"。[1] 然后，内哈马斯详细描述了他多次欣赏爱德华·马奈的油画作品《奥林匹亚》（收藏于巴黎奥赛美术馆）的经历。他写道，

> 当我说，我发现马奈的《奥林匹亚》之美压倒一切时，我不仅仅是在报告当我看着这幅画时它给我的感觉。我的意思是，我真的想把我生命中的一部分奉献给它——不仅仅是看它（尽管这肯定是它的一部分），而且要更好地了解它、理解它、看到它的成就。[2]

随后，内哈马斯描述了一个复杂的探究过程，这个过程延续了好几年时间。几年间，他阅读了有关这幅画的最新解读并将马奈的作品与那些已知的、可能影响马奈创作的画作进行了比较，探讨了早期的批评和夸张的描述。内哈马斯首先把这幅画视为马奈对弗朗索瓦·布歇（François Boucher）早期作品的拙劣模仿，然后把它看作对布歇的致敬，最后——也就是目前——认为它描绘了两个女人（一个妓女和她的仆人）摆好姿势准备拍照，而不是一个妓女从顾客那里接过鲜花、表情略显困惑。这幅画的"欣赏者发现他自己……扮演了摄影师的角色，他把奥林匹亚的照片拍成广告，或者仅仅是色情作品"，并且，"欣赏者在欲望和冷漠之间摇摆"。[3] 这条评论表明，虽然内哈马斯与《奥林匹亚》这幅画的关系是坦诚的爱情，但他与奥林匹亚（作为一名妓女／情妇／模特的维多莉安·缪雷德［Victorine Meurend］）的关系却不是这样。换句话说，在艺术中，表现与被表现物的区别总是很重要的。但是更为重要的是，当内

1　Nehamas, *Only a Promise of Happiness*, pp. 76–77.

2　Ibid., pp. 105–106.

3　Ibid., p. 119.

第九章　美与爱

哈马斯将这幅画解读为正在拍照的奥林匹亚的绘画时，他与画作之间纷繁复杂的关系（欲望与冷漠）可能会达成某种和解。但无疑，这样的关系将在未来继续下去，就像情人和爱人之间的关系一样——最初会有一个吸引、激发欲望的阶段，进而导向探索和理解——在欣赏艺术作品时被我们称为"解读"（interpretation）的行为或许要在爱一个人的时候被称为"理解"（understanding）——爱，在这种情况下是由作品维持的，然而在另一种情况下，它或许会在我们熟知这幅作品、熟知它的所有内涵并在我们调查它的起源、语境、目标和类似作品的时候被逐渐削弱。

在内哈马斯那里，我们对一件作品的爱和我们对它的知识是密不可分的，而知识的本质（以及爱的本质）正是他拒绝无利害性观念（尤其是叔本华那种纯粹沉思的形式）的原因。爱和更好地了解某物的欲望是不可分割的，它既导致这样的欲望又由此构成。了解某物意味着了解它与世界其他部分的关系，而不是把它们割裂开来。"爱一样东西和想要了解、理解它是不可能彼此分开的，这种欲望不会让我们与世界隔绝，而是把我们直接带到世界中去。"[1] 内哈马斯还认为，爱一件作品并开始了解它，就像爱一个人一样，意味着不仅要把它融入自我之外的"世界"，还要把它融入自己的生活和性格中。我们不仅要在作品中找到连贯性，还要让它与我们的生活相连贯。这就是内哈马斯反对康德和其他人提出"鉴赏判断的普遍有效性"的原因：每个人的性格或生活都是不同的，即使一部作品可以有意义地融入一个人的生活，我们也没有理由认为它可以融入其他人的生活。此外，我们也没有理由认为每个人都能爱上某个人并达致真爱。因此，内哈马斯认为"美的判断是**个人的**"："我们发现美的东西处于趣味或鉴赏力的中心，在我们自主行动（而不是按照程式或惯例所规划的路线行动）时，它们就会显现出来。"[2] 同时，正如内

---

[1] Nehamas, *Only a Promise of Happiness*, p. 120.

[2] Ibid., p. 85.

哈马斯所强调的,我们必然想和其他人、朋友分享自己的审美发现。因此,虽然内哈马斯同意"道德价值观将我们彼此联结在一起"并"促使我们尽可能地拓宽我们关爱的范围",但他坚持认为"审美价值的范围更窄","它将我们引向更小、更特殊的群体"。[1]因此,虽然我们所理解的爱的范围是非常有限的,但我们还有一种更大的领域——友谊,它可以为审美经验的本质提供一个模型。我们希望发现自己和最好的朋友在趣味上有何差异与共性,与此同时,我们也享受这些差异与共性带来的乐趣。[2]

至此,我们已经看到内哈马斯将艺术中的审美经验与爱、对知识的欲望、对所爱作品的最终解读以及趣味的个体性联系了起来,从而反对了康德的无利害性、直接性、普遍趣味等范式。那么,有什么正当的理由可以证明,内哈马斯对审美经验的看法其实解释了康德"想象力和知性的'自由游戏'"这一基本观念呢?通常,内哈马斯不太使用"想象力"这个词,但他描述的肯定是某种关于爱和知识的想象形式——想象某人在更好地了解了一个对象后获得的满足感,想象我们探索这个对象及其与世界的关联而不知道它将把我们领向何处。在他使用"想象力"这一术语的一段文章中,他写道:"在这一点上,康德和柏拉图融为一体:我们所知的一切都不足以证明某件事物是美的,我们所爱的一切总是超越我们的理解。想象力的愉悦是期盼的愉悦,而不是成就的愉悦。"[3]让想象力指导我们的探索可能会被认为是一种让想象力在知性的普遍指导下进行游戏的方式,而在内哈马斯看来,这一过程中产生的结果实际上是知识,而不仅仅是想象(这是具开放性的、可被扩展和修改的知

---

[1] Nehamas, *Only a Promise of Happiness*, p. 86.

[2] 早期的一项研究认为,我们既重视趣味方面的个体差异,又重视一致性,参见 Charles Wegener, *The Discipline of Taste and Feeling* (Chicago: University of Chicago Press, 1992)。

[3] Nehamas, *Only a Promise of Happiness*, p. 76.

第九章 美与爱

识,甚至在康德看来,所有的经验知识都是如此)。[1] 探索一件心爱的艺术作品并对它进行解释就像更好地理解一个心爱的人,这听起来可能会比"想象力的游戏"正经一些。究其原因,那是因为我们常常不认真对待自由游戏的观念,而不是因为我们对引发探索的开放式想象过程加以贬低。正如一开始提出的那样,内哈马斯还描述了一种在吸引力绽放为爱情的过程中存在的风险因素,无论对象是一个人还是一件艺术作品,风险总是带有某些游戏形式的特征,例如机会游戏或体育游戏中的损失风险(尽管现代美学创始人之一杜博神甫想把这样的风险排除在我们的艺术经验之外)。内哈马斯说,"把美看作幸福的承诺,就是愿意生活在无法改变的不确定性之中"[2],这至少是某些游戏形式的特征。在这一点上,内哈马斯远离了柏拉图,"对柏拉图来说,没有分歧是最终无法解决的",所有哲学的目标都是要消除不确定性和风险——许多艺术形式可能带有不确定的风险并导致无政府状态,这就是柏拉图想把它们从理想国中清除出去的原因。但是柏拉图认为,以适当的形式去爱美——从美的人体上升到美的形式和善的形式——是没有风险的。然而,内哈马斯却不相信会有任何一种不带风险的爱:"不像柏拉图,我不相信对于美的追求必然会导致美德和幸福,出于这个原因,我在其中发现了一种不可遏制的风险因素。"[3] 既然风险是某些游戏形式的特征,那么内哈马斯的审美经验论就有可能和这些游戏形式结合在一起;既然他还认为审美经验包含想象力,那么我们就能将他的论述看作他对想象力和知性之间自由游戏观念的解读。因此,他用想象力的自由游戏概念(以及我们的知性和情感)综合了审美经验中的情感层面和认知层面。

---

1 参见康德《纯粹理性批判》中"先验辩证论"的附录以及我在《康德的自然与自由体系》(*Kant's System of Nature and Freedom* [Oxford: Clarendon Press, 2005], chs. 1-3)中关于这一点的讨论。

2 Nehamas, *Only a Promise of Happiness*, p. 130.

3 Ibid., p. 133.

尽管如此，内哈马斯依旧认为康德提出的想象力和知性的自由游戏观念是"神秘莫测的"，而且就目前而言，他的论述与康德观念的关联似乎只能触及某些游戏形式的附属层面，而非核心层面。但是，内哈马斯在他著作的最后也承认了"康德天才观中的真理"[1]，这个迹象表明，尽管他拒绝了康德美学中的无利害性、直接性和普遍性观念，但其中的核心要素仍然是他愿意接受的。《只是幸福的承诺》主要关注的是艺术经验而不是艺术创作，这就是尼采所谓的"旁观者的美学"而不是艺术家的美学。[2] 但在书的最后，内哈马斯简要地转向了艺术家的视角并再次回到马奈，他描述了"马奈以各种方式模仿委拉斯开兹（Velasquez），但他仅仅是在模仿他的成就而不是促成这一成就的作品"[3]，也就是说，在不模仿早期画家作品的情况下，马奈将委拉斯开兹主题和风格中的特定元素作为自己作品的灵感来源。（在此，我们不能把马奈对委拉斯开兹几幅作品的完全复制视为简单的、有意的抄袭，而应该将它们视为马奈在前辈提供的框架中开创自我风格与元素的练习。[4]）一个艺术家可以从另一个艺术家的成就中获得灵感，他以此为基础创作自己的作品而不单纯地模仿，这便是内哈马斯在康德的天才观念中找到的真理。但是，相对于旁观者的美学，康德的天才观念属于艺术家的美学。而且，关于一个艺术家在另一个艺术家的作品基础之上进行创作而不受其限制的想法，是康德站在艺术家（而非欣赏者）的角度来解释想象力和知性的自由游戏时的部分观点。同时，这也是康德论述艺术天才时的观点，正是艺术家的天才激发了欣赏者（对作品的）想象力和知性的自由游戏。这些欣赏者不止后来的艺术家，而且还有像内哈马斯所论述的那样，任何一

---

1 Nehamas, *Only a Promise of Happiness*, p. 136.

2 Nietzsche, *On the Genealogy of Morals*, Third Essay, §6, pp. 73-74.

3 Nehamas, *Only a Promise of Happiness*, p. 135.

4 参见 Michael Fried, "Manet's Sources: Aspects of his Art, 1859-1865", *Artforum* 7 (1969): 28ff.; *Manet's Modernism or the Face of Painting in the 1860s* (Chicago: University of Chicago Press, 1996).

个爱艺术作品的人都可以通过他的探索把作品带到艺术家无法预见或想象的地方，例如他会探索这件作品与艺术家后期作品的关联并将它融入自己的生活中。这种方式显然是艺术家计划不到、预见不了的。康德的艺术天才论对应于审美经验中想象力和知性的自由游戏观念，因此，我们可以把内哈马斯对康德天才论中真理的认可延伸到他对爱美的解读之中。爱美可以理解为自由游戏，它是审美经验的核心要素。这样一来，内哈马斯对美的论述便将审美经验中的认知层面、情感层面与想象力的自由游戏结合了起来。这也算是完成了康德自己只完成了一部分的（审美）综合。

因此，我们可以用下面的观点来给末章（以及这一整部美学史[1]）做一个总结：尽管自然经验与艺术经验的综合可以充分唤起我们的认知力，但是我们的情感和想象力（及其自由感）总是在许多美学家那里难以维系。这些美学家受到一股离心力的驱使，将这些人类所具有的能力截然分开。他们用其中的一种或两种能力来认定审美经验，而不是全部的三种。但是，美学家们仍有可能受到向心力的驱使而将它们联系起来。我们只能在此推测，只要哲学家们还被艺术打动，美学这门学科就会持续发展下去。也就是说，只要人类还存在，无论是离心的还是向心的美学方法，都将呈现出新颖而有趣的形式。

刘宸、刘旭光译

---

[1] 指盖耶的三卷本著作《现代美学史》。——译者注

"复旦中文系文艺学前沿课堂系列"出版书目

第一辑

《黑格尔的艺术哲学》　　　〔德〕克劳斯·费维克　著　徐贤樑　等译

《情感与行动：实用主义之道》〔美〕理查德·舒斯特曼　著　高砚平　译

《美学与对世界的当代思考》〔德〕沃尔夫冈·韦尔施　著　熊　腾　等译

第二辑

《现代美学史简论》　　　　〔美〕保罗·盖耶　著　刘旭光　等译

《论艺术的"过去性"：黑格尔、莎士比亚与现代性》

　　　　　　　　　　　〔美〕保罗·A.考特曼　著　王　曦　等译

《地理批评拼图》　　　　　〔法〕贝尔唐·韦斯特法尔　著　乔　溪　等译

图书在版编目(CIP)数据

现代美学史简论 /（美）保罗·盖耶著；刘旭光等译. -- 北京：商务印书馆，2025. --（复旦中文系文艺学前沿课堂系列）. -- ISBN 978-7-100-24852-5

Ⅰ. B516.31

中国国家版本馆 CIP 数据核字第 202591NU47 号

权利保留，侵权必究。

现 代 美 学 史 简 论
〔美〕保罗·盖耶　著
刘旭光　等译

商 务 印 书 馆 出 版
（北京王府井大街36号　邮政编码100710）
商 务 印 书 馆 发 行
山东韵杰文化科技有限公司印刷
ISBN 978 - 7 - 100 - 24852 - 5

2025年5月第1版	开本 640×960　1/16
2025年5月第1次印刷	印张 16¼

定价：98.00 元